Norbert Horn (Hrsg.)
Die AGB-Banken 1993

BrV 4

Schriftenreihe der Bankrechtlichen Vereinigung

herausgegeben von

Walther Hadding, Mainz
Klaus J. Hopt, München
Herbert Schimansky, Karlsruhe

Band 4

Walter de Gruyter · Berlin · New York

Norbert Horn (Hrsg.)

Die AGB-Banken 1993

1994

Walter de Gruyter · Berlin · New York

♾ Gedruckt auf säurefreiem Papier, das die US-ANSI-Norm über Haltbarkeit erfüllt.

Die Deutsche Bibliothek – CIP-Einheitsaufnahme

Die **AGB-Banken 1993** / Norbert Horn (Hrsg.). – Berlin ; New York : de Gruyter, 1994
  (Schriftenreihe der Bankrechtlichen Vereinigung ; Bd. 4)
  ISBN 3-11-014209-0
NE: Horn, Norbert [Hrsg.]; Bankrechtliche Vereinigung: Schriftenreihe der Bankrecht-
  lichen ...

Printed in Germany
Datenkonvertierung/Satz: Frohberg GmbH, Freigericht
Druck: Ratzlow-Druck, Berlin
Buchbinderische Verarbeitung: Mikolai, Berlin

Inhaltsverzeichnis

Vorwort

Die Neufassung 1993 der AGB-Banken und die entsprechende Überarbeitung der AGB der anderen Kreditinstitutsgruppen stellen in der Geschichte der zahlreichen Überarbeitungen dieser Klauselwerke einen Einschnitt dar. Statt punktueller Änderungen wird hier ein grundsätzlicher Neuanfang unternommen, der sowohl neuen Entwicklungen des bankgeschäftlichen Verkehrs als auch den Ergebnissen von über fünfzehn Jahren AGB-Rechtsprechung Rechnung tragen soll. Angesichts der zentralen Bedeutung der AGB für die Abwicklung des bankgeschäftlichen Verkehrs ist die rasche und ausführliche literarische Aufarbeitung des neuen Klauselwerks für die bankrechtliche Praxis und Wissenschaft von großer Bedeutung. Die bankrechtliche Vereinigung hat daher am 12. März 1993 in Frankfurt eine Sondertagung zu diesem Thema veranstaltet. Die Veranstaltung fand eine lebhafte Resonanz. Der vorliegende Band enthält die vier auf dieser Veranstaltung gehaltenen Referate. Auf die Wiedergabe der Diskussion wurde verzichtet; die darin gegebenen Anregungen wurden von den Autoren zum Teil berücksichtigt. Ein ausführlicher Textanhang informiert über die neuen AGB der verschiedenen Kreditinstitutsgruppen und über die einschlägigen Texte des EG-Rechts. Bankrechtliche Vereinigung und Herausgeber hoffen, mit dem vorgelegten Band einen Beitrag zur notwendigen Diskussion über das neue Klauselwerk zu leisten.

Köln, im Mai 1993   *Norbert Horn*

Die neuen Allgemeinen Geschäftsbedingungen der Banken (Nr. 1–10)

von *Klaus Wagner-Wieduwilt*, Bonn

I. Vorbemerkungen

1989 beauftragte der Ausschuß für Rechtsfragen des Bundesverbandes deutscher Banken e. V. einen Arbeitskreis „AGB-neu", die „Allgemeinen Geschäftsbedingungen" (nachfolgend AGB-Banken) einer grundlegenden Prüfung zu unterziehen. So sollte in einer ersten Arbeitsstufe ermittelt werden, welche praktische Relevanz jede einzelne AGB-Bestimmung im heutigen Zeitalter des hochtechnisierten, modernen Bankgeschäfts noch besitzt. Für die Klauseln, die danach unabdingbar als notwendiger Rechtsrahmen für die Bankgeschäfte benötigt werden, sollte sodann geprüft werden, welche AGB-rechtlichen Gestaltungsmöglichkeiten im Lichte der zunehmend kritischeren AGB-Rechtsprechung, insbesondere des XI. Senats des BGH, verblieben sind. Bei der konkreten Gestaltung der neuen Klauseln sollte schließlich besonderer Wert auf eine optimale Transparenz der Formulierungen im Sinne einer bestmöglichen Allgemeinverständlichkeit gelegt werden. Die neuen AGB-Banken sollten also im Interesse der Verbraucherfreundlichkeit, ausgerichtet auf den Kunden als „Konsumenten der vielfältigen Bankdienstleistungen", ausformuliert werden.

Bei dieser grundlegenden Überprüfung wurde zunächst festgestellt, daß die meisten Klauseln ihren Ursprung in der ersten Fassung der einheitlichen AGB-Banken vom Dezember 1937 hatten. Demgemäß war es in einem ersten Schritt möglich, solche „alten Zöpfe" abzuschneiden, deren Existenz sich nur aus den Verhältnissen der damaligen Zeit erklären ließ (z. B. die Regelung der bisherigen Nr. 8 AGB-Banken zu Übermittlungsfehlern bei telefonischer Auftragserteilung, bei der sich angesichts der seinerzeitigen schlechten Qualität der Telephonverbindungen häufig Übermittlungsschwierigkeiten ergaben). Daneben stellte sich für den Ursprung einzelner Klauseln heraus, daß sie offenbar aus Anlaß einzelner Schadensfälle in die AGB übernommen worden waren, ihnen aber keinesfalls allgemeine Bedeutung („*Allgemeine* Geschäftsbedingungen") beigemessen werden konnte. Hinsichtlich der Klauseln, die nach diesen Vorprüfungen übrigblieben, galt es, eine aus Sicht des Kunden „vernünftige" Gliederung und für die einzelnen Bestimmungen klare Formulierungen zu finden. Dies fiel im Zuge der Rechtsprechung des BGH zum sogenannten Transparenzgebot[1] ausgesprochen schwer. So stellte sich die Frage, welchen Transparenzmaßstab der BGH bei der Beurteilung der AGB-Banken als rechtliches Rahmenwerk für die gesamte Geschäftsverbindung zum Kunden und damit für eine Vielzahl von Einzelgeschäften unterschiedlichster Art anlegen wird. Wollte man insoweit die sehr abstrakt gehaltenen Ausführungen des III. Senats in seiner Ausgangsentscheidung zum Transparenzgebot[2] zur Grundlage machen, wäre es bei jeder Klausel darauf angekommen, ihren Regelungsgehalt für den „Durchschnittskunden" leicht verständlich darzustellen und nachteilige Wirkungen „hinreichend deutlich erkennbar werden (zu) lassen". Dies wörtlich genommen, hätte mit Sicherheit dazu geführt, daß die neuen AGB-Banken die Dicke eines Lehrbuchs zum Bankrecht erhalten hätten. So ergab sich bei den Beratungen des Arbeitskreises „AGB-neu" nämlich schon in einer frühen Phase die Notwendigkeit, die konstitutiven Klauseln in eine Vielzahl deklaratorischer Bestimmungen einzubinden, sei es in Form der deklaratorischen Wiedergabe der Gesetzeslage oder in Form der Beschreibung der tatsächlichen Arbeitsabläufe bei der Abwicklung von Bankgeschäften. Andernfalls hätte, weil der BGH sich bei seiner Rechtsprechung zur Transparenz im Lichte des § 9 AGB-Gesetz nicht mehr von Überlegungen zur materiellen Unangemessenheit in Relation zur Rechtslage nach dem Gesetz leiten läßt, sondern die „Angemessenheit" einer Klausel daran mißt, inwieweit die Formulierung für einen „Durchschnittskunden" verständlich gewählt wurde, befürchtet werden müs-

---

1   Dazu grundlegend BGH, WM 1988, 1780 (Anm. von Bruchner, in: WM 1988, 1873 und von Canaris, in: WuB I E 4.-2.89); zu der sich anschließenden Fülle instanzgerichtlicher Entscheidungen siehe Wagner-Wieduwilt, in: WuB I E 4.-4.90; der XI. Senat des BGH hat sich zu diesem Themenkomplex in folgenden Urteilen geäußert: WM 1990, 1367 (= WuB I E 4.-12.90/Westermann); WM 1990, 1989 (=WuB I E 4.-5.91/Bruchner); WM 1991, 1115 (= WuB I E 4.-12.91/von Rottenburg); WM 1991, 1452 (= WuB I E 4.-16.91/Wolf); WM 1991, 1944; WM 1991, 2055; WM 1992, 218 (= WuB I E 4.-2.92/Wagner-Wieduwilt); WM 1992, 395 (= WuB I E 4.-5. 92/Wagner-Wieduwilt).
2   WM 1988, 1780.

sen, daß einzelne Klauseln allein auf Grund ihres (zwangsläufig hohen) Abstraktionsgrades wegen „Unverständlichkeit" verworfen werden. Die schwierige Frage, die bei den Beratungen zu entscheiden war, bestand deshalb darin, wieweit man bei derartigen Erläuterungen gehen wollte, war doch am anderen Ende der Skala damit zu rechnen, daß immer umfangreicher gewählte Klauselgestaltungen gerade wegen ihres Umfangs als unzumutbar und deshalb unangemessen qualifiziert werden. Letztlich mußten daher Kompromißlösungen gefunden werden, zu denen die Entscheidung des XI. Senats vom 10. Juli 1990[3] Mut machte, weil es darin heißt:

„Das Transparenzgebot darf den AGB-Verwender nicht überfordern. Bereits das Urteil BGHZ 106, 42 (49/50)[4] enthält daher die einschränkende Formulierung, die AGB seien „möglichst" so zu gestalten, daß dem Durchschnittskunden die preiserhöhende oder ihn sonst benachteiligende Wirkung einer Klausel deutlich wird. Der Senat verkennt nicht, daß es in bestimmten Rechtsbereichen außerordentliche oder sogar unüberwindbare Schwierigkeiten bereiten kann, alle Auswirkungen einer Regelung für den Durchschnittskunden verständlich darzustellen. Das Transparenzgebot will den Verwender nicht zwingen, jede AGB-Regelung gleichsam mit einem umfassenden Kommentar zu versehen. Er soll aber verpflichtet sein, bei der Formulierung von vornherein auf die Verständnismöglichkeiten des Durchschnittskunden Rücksicht zu nehmen und, wenn das ohne unangemessene Ausweitung des Textumfangs möglich ist, zwischen mehreren möglichen Klauselformulierungen diejenige zu wählen, bei der die kundenbelastende Wirkung einer Regelung nicht unterdrückt, sondern deutlich gemacht wird".

Da die AGB-Banken das rechtliche Rahmenwerk für die gesamte Geschäftsverbindung zu jedem Kunden darstellen, Bankgeschäfte sehr vielfältig und teilweise in ihrer konkreten Abwicklung sehr kompliziert zu erklären sind, wird die künftige Rechtsprechung erweisen müssen, ob die AGB-rechtliche Bewertung einzelner Klauseln anhand des Maßstabes „Transparenzgebot" wirklich weiterhin in dem Sinne verfährt, daß über das Wohl und Wehe das rein subjektive Empfinden des jeweils entscheidenden Richters zum Gefallen der Formulierung entscheidet oder ob, nicht zuletzt wegen der häufig gravierenden wirtschaftlichen Konsequenzen für den Verwender, die aus der Rückwirkung der jeweiligen Entscheidung resultieren, wieder eine stärkere Rückbesinnung auf den eigentlichen Beurteilungsmaßstab des § 9 AGB-Gesetz erfolgt, wo-

---

3 WM 1990, 1367.
4 = WM 1988, 1780.

nach die materiell-rechtliche Unangemessenheit im Vergleich zu der im
Gesetz angelegten Verteilung der wechselseitigen Rechte und Pflichten
(Stichwort: gesetzliches Leitbild) entscheidend ist.

Die Bemühungen um eine optimale Transparenz der neuen AGB-
Banken im Sinne der Erreichung eines hohen Maßes an Allgemeinverständlichkeit bei einem vertretbaren Gesamtumfang des Regelwerkes
spiegeln sich im Folgenden wider:

– Es wurden sieben Regelungsblöcke gebildet, um so das Auffinden
  einzelner Regelungen, auch mit Hilfe des vorangestellten Inhaltsver-
  zeichnisses, leichter zu ermöglichen (Grundregeln für die Beziehung
  zwischen Kunde und Bank; Kontoführung; Mitwirkungspflichten des
  Kunden; Kosten der Bankdienstleistungen; Sicherheiten für die Ansprüche der Bank gegen den Kunden; Kündigung; Schutz der Einlagen).

– Einzelne Klauseln wurden aus den AGB-Banken herausgenommen
  und in bestimmte Vordrucke integriert (z.B. Regelungen zur Kontoeröffnung und zur Vollmachtserteilung). Anlaß hierfür gaben die
  feinsinnigen Überlegungen des BGH in seinen Urteilen zur Transparenz von Zinsberechnungsklauseln. Dort wurde die Unangemessenheit derartiger Klauseln unter anderem daraus abgeleitet, daß die für
  die Zinsberechnung maßgeblichen Bestimmungen in verschiedenen,
  nicht unmittelbar hintereinanderstehenden Absätzen enthalten waren.
  Es bestand die Sorge, daß diese Ausführungen des BGH im Sinne der
  Forderung nach einer „strukturellen" Transparenz weiterentwickelt
  werden könnten, wonach Vereinbarungen „in sich rund" sein, also
  alle wesentlichen Bestimmungen zu den wechselseitigen Rechten und
  Pflichten enthalten müßten, andernfalls sie als unklar – weil überraschend[5] – verworfen werden könnten. Zwar wird – wenn das Transparenzgebot künftig von der Rechtsprechung auch in einem solchen

---

5 Die Grenze zwischen intransparenten und überraschenden Klauseln im Sinne
   des § 3 AGB-Gesetz ist nach wie vor dogmatisch ungeklärt (siehe kritisch
   dazu Wagner-Wieduwilt, Das Transparenzgebot als Angemessenheitsvoraus-
   setzung im Sinne des § 9 AGB-Gesetz, WM 1989, 37; seiner Kritik teilweise
   folgend, Reifner, Zinsfiktionen und AGB-Gesetz, NJW 1989, 952 (962); Wolf,
   in Wolf/Horn/Lindacher, AGB-Gesetz, 2. Auflage 1989, § 9 Rdnr. 143; mangelnde Systematik der Rechtsprechung kritisiert ferner auch Hellner, Quo
   vadis AGB-Recht?, in: Festschrift für Steindorff 1990, 573). S.ferner grundlegend zum Transparenzgebot Schäfer, Das Transparenzgebot im Recht der Allgemeinen Geschäftsbedingungen, Diss., Frankfurt 1992.

Sinne zugrundegelegt wird[6] – damit letztlich die Funktion von AGB untergraben, quasi „vor die Klammer gezogen" für eine Vielzahl von Einzelgeschäften die rechtlichen Eckdaten festlegen zu können. Aus Gründen der Risikovorsorge erschien es jedoch unverzichtbar, losgelöst von diesen rein dogmatischen Überlegungen unter Einbindung einer *worst-case*-Prognose zur weiteren Entwicklung der Rechtsprechung des BGH die AGB-Banken aufzubrechen und einzelne Tatbestände massenhaft in die verschiedenen in der Praxis verwendeten Vordrucke wiederholend zu integrieren.[7]

– Die einzelnen verbleibenden Klauseln wurden mit Überschriften und Zwischenüberschriften versehen. Die Klauselformulierungen wurden einer kritischen Durchsicht seitens einer Textagentur unterzogen und anschließend in einem „Media-Test" auf Verständlichkeit bei „Test-Durchschnittskunden" überprüft. Soweit sich hieraus auch nur in geringem Umfang ergab, daß eine Formulierung auf Verständnisschwierigkeiten stieß, wurde dies zum Anlaß für eine nochmalige Überarbeitung der Formulierung genommen. Wie gesagt, waren hierbei des öfteren Kompromißlösungen zu wählen, weil stets die schwierige Aufgabe zu erfüllen war, neben der textlichen Verständlichkeit die sichere rechtliche Einbindung der Regelung zu gewährleisten (z.B. exakte Umschreibung des Begriffs „Erfüllungsgehilfe" in Nr. 3 Absatz 1). Bei einzelnen Klauseln bleibt zu hoffen, daß der BGH trotz seiner pauschalen Heranziehung des Blickwinkels eines „Durchschnittskunden" die Spezialität der einzelnen Bankgeschäfte berücksichtigen und daraus auch die Pflicht des Kunden ableiten wird, sich um das Verstehen einer AGB-Klausel redlich bemühen zu müssen (z.B. bei der Klausel zu Risiken bei Fremdwährungskonten und Fremdwährungsgeschäften in Nr. 10).

---

6 Zu entsprechenden Tendenzen vgl. die Rechtsprechung zum Mindestinhalt einer Sicherheitenbestellung (Stichworte: Regelungen zur Deckungsgrenze, Freigabe, Bewertung und Verwertung); zur Lohnzession BGH WM 1989, 1086; 1992, 1359; zur Globalzession BGH WM 1990, 51; 1990, 1326; 1991, 276; 1991, 1274; 1991, 1499; 1992, 1359; zur Raumsicherungsübereignung BGH WM 1992, 813; zum Eigentumsvorbehalt BGH WM 1993, 139; interessant zur Sicherungsübereignung eines Einzelgegenstandes jüngst OLG Düsseldorf WM 1993, 784.

7 Liest man die Gesetzesbegründung zum AGB-Gesetz bezogen auf den Sinn und Zweck Allgemeiner Geschäftsbedingungen, ist freilich unter praktischen Gesichtspunkten zu bedauern, daß damit der seinerzeit zu Recht positiv beurteilte Vereinfachungseffekt verlorengeht.

Abschließend sei vorab angemerkt, daß die AGB-Banken in ihrer Neufassung lediglich die Teile I (Allgemeines) und IV (Einzugs- und Diskontgeschäft, Wechsel- und Scheckverkehr) des bisherigen Regelwerks ersetzen. Die bisherigen Teile II (Handel in Wertpapieren, Devisen und Sorten) und III (Verwahrungsgeschäft) sollen nach Abschluß einer vergleichbaren Überarbeitung als Sonderbedingungen für diese konkreten Geschäftsbeziehungen ausgestaltet werden. Für die Übergangszeit bis zum Abschluß dieser gesonderten Revision der AGB bleiben die bisherigen Nummern 29–39 AGB-alt maßgeblich.

II. Zu den einzelnen Klauseln[8]

Gegenüber den AGB-alt ergeben sich aus den Nummern 1–10[9] der AGB-Banken in ihrer seit dem 1. Januar 1993 geltenden Neufassung folgende Änderungen:

Nr. 1 (Geltungsbereich und Änderungen der AGB-Banken und der Sonderbedingungen für einzelne Geschäftsbeziehungen)

Die Festlegung des Geltungsbereichs der AGB-Banken und der Sonderbedingungen in Nr. 1 Absatz 1 geht auf Vorwort und Präambel der AGB in ihrer bisherigen Fassung zurück, worin es hierzu freilich seit der Textfassung Mai 1948 unverändert nur hieß (Satz 1 des Vorwortes): Die AGB „gelten für unseren Geschäftsverkehr mit unserer Kundschaft". Dies wurde nunmehr konkretisiert und auf die übrigen bislang im Vorwort und in der Präambel enthaltenen Erläuterungen verzichtet. So war festzustellen, daß rechtliche Bedeutung in diesem Kontext auschließlich der darin getroffenen Qualifizierung der Geschäftsverbindung zwischen Kunde und Bank als „gegenseitiges Vertrauensverhältnis" zukam. Dies bildete nämlich beispielsweise in Fällen ausländischer Auskunftsersuchen die Basis dafür, auf das Bankgeheimnis, also auf die aus dem ge-

---

8 S. zur ausführlichen Kommentierung der neuen AGB-Banken Gößmann/
   Wagner-Wieduwilt/Weber, AGB-Banken, Köln 1993; im Überblick ferner
   Bruchner, Deutsche Zeitschrift für Wirtschaftsrecht 1993, 89; der Text der
   Neufassung ist abgedruckt im Anhang, S. 137 ff., eine Synopse der AGB-Ban-
   ken neu-alt auf S. 192 ff.
9 S. dazu auch Sonnenhol, WM 1993, 677.

genseitigen Vertrauensverhältnis resultierende Pflicht zur Verschwiegenheit verweisen zu können. Unter dem Blickwinkel der „Transparenz" wurde es insofern jedoch vorgezogen, diese Verpflichtung zur Verschwiegenheit ausdrücklich im Kontext der Regelung zu Bankauskünften in Form einer Definition des Bankgeheimnisses zu regeln (siehe die neue Nr. 2 Absatz 1).

Schon die ausführliche Regelung des Geltungsbereichs in Nr. 1 Absatz 1 offenbart das grundsätzliche Verständnis von Transparenz, das der gesamten Überarbeitung der AGB zugrundegelegt wurde. So gelten die AGB und die Sonderbedingungen nur für die Geschäftsverbindung zu inländischen Geschäftsstellen der Bank, was es nahelegte, in diesem Sinne den Begriff „Bank" in Nr. 1 Absatz 1 Satz 1 durchgängig für die gesamten AGB-Banken zu definieren. Da jedoch das AGB-Pfandrecht auch die Ansprüche sichert, die ausländischen Geschäftsstellen der Bank zustehen, wurde es für unverzichtbar gehalten, hierauf in Nr. 1 Absatz 1 Satz 3 ausdrücklich hinzuweisen.

Zur Funktion der Sonderbedingungen wurde ausdrücklich hervorgehoben, daß diese Abweichungen oder Ergänzungen zu den AGB-Banken enthalten. Damit durch die Verwendung des Wortes „gelten" insoweit nicht der Eindruck entsteht, mit Nr. 1 Absatz 1 AGB-Banken solle den Einbeziehungsvoraussetzungen des § 2 AGB-Gesetz genügt werden, wurde klarstellend auf die Vereinbarung der Sonderbedingungen bei der Kontoeröffnung oder bei der Erteilung eines Auftrags verwiesen.

Durch eine unterschiedliche Terminologie wird dabei deutlich gemacht, daß die Allgemeinen Geschäftsbedingungen das umfaßende Rahmenwerk für alle Bankgeschäfte des Kunden bilden (gesamte „Geschäftsverbindung"), während die Sonderbedingungen stets nur Einzelgeschäfte (einzelne „Geschäftsbeziehungen") betreffen.

Nr. 1 Absatz 2 geht auf die bisherige Nr. 28 Absatz 2 zurück. Materiell hat sich keine Änderung ergeben, indem der bisherigen Praxis bei Änderungen der AGB entsprechend deren schriftliche Bekanntgabe festgelegt wurde.

Nr. 2 (Bankgeheimnis und Bankauskunft)

Diese Regelung geht auf die bisherige Nr. 10 zurück. Neu ist, wie bereits erläutert, die Definition des Bankgeheimnisses in Nr. 2 Absatz 1. Im übrigen wurde lediglich im Rahmen der Festlegung der Voraussetzungen für die Erteilung einer Bankauskunft (Nr. 2 Absatz 3) bei Auskünften über Kaufleute konkretisiert, daß sich die Anfrage auf deren geschäftliche Tätigkeit beziehen muß und im übrigen eine Bankauskunft nur erteilt wird, wenn kein Grund zu der Annahme besteht, daß schutzwürdige Belange des Kunden der Auskunftserteilung entgegenstehen.

Nr. 3 (Haftung der Bank – Mitverschulden des Kunden)

Eine grundlegende Neuerung bringt Nr. 3 AGB-Banken mit sich, weil in dieser Bestimmung die bisherigen Einzelregelungen zur Haftung der Bank wie folgt zusammengeführt wurden:

– In Nr. 3 Absatz 1 ist deklaratorisch niedergelegt, daß die Bank für jedes Verschulden ihrer Mitarbeiter und anderer eingeschalteter Erfüllungsgehilfen haftet. Zur Klarstellung ist sodann auf die unter Umständen in Sonderbedingungen geregelten Abweichungen hingewiesen. Für den Fall, daß den Kunden an der Entstehung eines Schadens ein Mitverschulden trifft, ist auf die dann erfolgende Haftungsverteilung gemäß § 254 BGB hingewiesen.

– Nr. 3 Absatz 2 regelt eine Haftungsbeschränkung in Fällen sogenannter weitergeleiteter Aufträge. Damit hat die Bestimmung zwar ihren Ursprung letztlich in der bisherigen Substitutionsklausel (Nr. 9 AGB-alt); der Fall der Substitition ist jedoch nicht mehr geregelt, so daß insoweit ausschließlich das Gesetz (§ 664 BGB) gilt. Die ausdrückliche Regelung zur Haftung bei weitergeleiteten Aufträgen wurde deshalb als erforderlich angesehen, weil dieser Auftragstypus im BGB nicht geregelt ist. Demgemäß definiert Nr. 3 Absatz 2 zunächst, was unter einem weitergeleiteten Auftrag verstanden wird (Aufträge, die ihrem Inhalt nach typischerweise im Wege einer Dritterledigung ausgeführt werden). Damit lehnt sich die gesamte Regelung an die Terminologie des BGH in seiner Entscheidung vom 19. 3. 1991[10] an, die eine Auslandsüberweisung betraf. Die konkrete Haftungsbeschränkung ist analog zu § 664 BGB ausgestaltet, indem eine Beschränkung der Haftung der Bank auf die sorgfältige Auswahl und Unterweisung des Dritten festgelegt ist, der mit der Erledigung des Auftrags betraut wird.

– Nr. 3 Absatz 3 enthält den in der bisherigen Nr. 25 Absatz 2 geregelten und international üblichen Haftungsausschluß bei Störungen des Bankbetriebs.

---

10 WM 1991, 797 = WuB I D 1.-4.91/Horn.

Nr. 4 (Grenzen der Aufrechnungsbefugnis des Kunden)

Nr. 4 regelt in der Terminologie des § 11 Nr. 3 AGB-Gesetz Beschränkungen für das Recht des Kunden zur Erklärung einer Aufrechnung. Materiell hat sich gegenüber der Nr. 2 Satz 2 der AGB-alt nichts geändert.

Nr. 5 (Verfügungsberechtigung nach dem Tod des Kunden)

Nr. 5 regelt in enger Anlehnung an die Regelung der bisherigen Nr. 24 die praktische Abwicklung nach dem Tode eines Kunden. Materiell hat sich auch insoweit keine gravierende Veränderung der Bestimmung ergeben.

Nr. 6 (Maßgebliches Recht und Gerichtsstand bei kaufmännischen und öffentlich-rechtlichen Kunden)

Die Festlegung der Maßgeblichkeit des deutschen Rechts für die Geschäftsverbindung zwischen den Kunden und der Bank schreibt die bisherige Nr. 26 Absatz 1 Satz 2 fort. Während dort jedoch der Rechtskonstruktion nach eine Vereinbarung zum Erfüllungsort getroffen und das am Erfüllungsort geltende Recht für maßgeblich erklärt wurde, ist die „Rechtswahlklausel" nunmehr so ausgestaltet, daß die Maßgeblichkeit deutschen Rechts für die Geschäftsverbindung mit allen Kunden (auch Privatkunden) ungeachtet ihres Wohnsitzes unmittelbar festgelegt wurde. Dies entspricht dem in Art. 27 EGBGB niedergelegten Prinzip der freien Rechtswahl. Für Verbraucherverträge gilt es freilich die Besonderheiten des Art. 29 EGBGB zu berücksichtigen, wonach in den dort geregelten Fällen vorrangig etwa strengere Bestimmungen der Rechtsordnung des Staates Anwendung finden, in dem der Kunde seinen gewöhnlichen Aufenthalt hat. Einer ausdrücklichen Hervorhebung dieser Besonderheit in Nr. 6 Absatz 1 AGB-Banken selbst bedürfte es jedoch nicht, weil Art. 29 EGBGB Teil des „deutschen Rechts" ist.

Nr. 6 Absatz 2 und 3 enthalten in Umsetzung der Vorgaben des § 38 ZPO für den Bereich kaufmännischer und öffentlich-rechtlicher Kunden im In- und Ausland eine Gerichtsstandsvereinbarung. Die in der Nr. 26 AGB-alt hierfür gewählte Anknüpfung an die Vereinbarung eines Erfüllungsorts war nunmehr entbehrlich, nachdem § 38 ZPO neben den Vereinbarungen des Gerichtsstandes am Erfüllungsort (§ 29 ZPO) entsprechende unmittelbare Gerichtsstandsvereinbarungen ausdrücklich zuläßt, und zwar auch in Allgemeinen Geschäftsbedingungen.[11]

Nr. 7 (Rechnungsabschlüsse bei Kontokorrentkonten)

Nr. 7 Absatz 1 greift die bisherige Regelung in Nr. 14 Absatz 1 auf, hält den Zeitpunkt der Erteilung eines Rechnungsabschlusses jedoch anders als bisher nicht offen („mindestens einmal jährlich"- so auch § 355 Abs. 2 HGB), sondern geht von der durch § 5 Absatz 1 des Verbraucherkreditgesetzes präjudizierten Regel-Abrechnung[12] aus, daß jeweils zum Ende eines Kalenderquartals ein Rechnungsabschluß erteilt wird. Aus Gründen der Transparenz wird im übrigen die „laufende Rechnung" bei einem Kontokorrentkonto erläutert und auf die Berechtigung der Bank zur Berechnung von Zinseszinsen im Anschluß an den Rechnungsabschluß hingewiesen. Materiell ist hervorzuheben, daß Nr. 7 Absatz 1 aber nicht etwa selbst die Kontokorrentabrede im Sinne des § 355 HGB enthält, sondern hierfür jeweils eine gesonderte Vereinbarung im Rahmen der Kontoeröffnung getroffen wird. Die entsprechende Modifizierung der Kontoeröffnungsvordrucke geht auf die eingangs erläuterten Überlegungen zur „strukturellen Transparenz" zurück.

Nr. 7 Absatz 2 enthält die bisherige Regelung der Nr. 15, soweit diese die Notwendigkeit der rechtzeitigen Geltendmachung von Einwendungen gegen einen Rechnungsabschluß festlegte. Die übrigen in Nr. 15 AGB-alt geregelten Pflichten des Kunden (Prüfungen und Einwendungen des Kunden bei Wertpapieraufstellungen, sonstigen Abrechnungen und Anzeigen) wurden in den Katalog der Mitwirkungspflichten des Kunden (Nr. 11 Absatz 4) integriert. Materiell hat sich an der in der Klausel vorgesehenen Genehmigungsfiktion nichts geändert. Die bislang in Nr. 15 letzter Satz angesprochenen gesetzlichen Ansprüche wurden lediglich in Nr. 7 Absatz 2 letzter Satz näher konkretisiert, indem die Voraussetzungen zusammengefaßt wurden, unter denen der Kunde auch nach Erteilung eines Rechnungsabschlusses und Fristablauf für etwaige Einwendungen eine Berichtigung verlangen kann.

---

11 Siehe Brandner, in: Ulmer/Brandner/Hensen, AGB-Gesetz 7. Auflage 1993, Anhang zu §§ 9–11, Rdnr. 402; Thomas/Putzo, Zivilprozeßordnung, 16. Auflage 1990, Anm. 3 d zu § 38; LG Köln NJW-RR 1990, 419 (420).

12 Siehe dazu ausführlich Wagner-Wieduwilt, in: Bruchner/Ott/Wagner-Wieduwilt, Verbraucherkreditgesetz, 2. Aufl. 1993, § 5 Rn. 29 ff.

Nr. 8 (Storno- und Berichtigungsbuchungen der Bank)

Die bisherige Stornoklausel in Nr. 4 Absatz 1 Satz 3 AGB-alt wurde grundlegend neugestaltet. Ausschlaggebend hierfür war die Rechtsprechung des BGH, wonach die Berechtigung der Bank zur Vornahme von Stornobuchungen mit Erteilung eines Rechnungsabschlusses endet. Nur bis zu diesem Zeitpunkt wurde es als sachgerecht qualifiziert, daß die Bank losgelöst von den Unwägbarkeiten des Bereicherungsrechts fehlerhafte Gutschriften in Form einer „einfachen" Gegenbuchung korrigieren kann, sich also seitens des Kunden nicht den Einwand der Entreicherung nach § 818 Absatz 3 BGB entgegenhalten lassen muß.[13] Dies wurde in Nr. 8 Absatz 1 ausdrücklich hervorgehoben und in die Definition des Begriffs „Stornobuchung" eingebunden.

Hiervon zu unterscheiden ist die „Berichtigungsbuchung" im Sinne der Nr. 8 Absatz 2, die vorgenommen wird, wenn eine fehlerhafte Gutschrift erst nach einem Rechnungsabschluß festgestellt wird. Auch hier erfolgt, wenn der Bank ein Rückzahlungsanspruch gegen den Kunden zusteht, eine Korrekturbuchung. Hierbei handelt es sich jedoch nicht um eine Stornobuchung, weil dem Kunden keineswegs der Entreicherungseinwand abgeschnitten ist. Vielmehr kann der Kunde der Berichtigungsbuchung widersprechen mit der ausdrücklich in der Klausel hervorgehobenen Folge, daß die Bank den entsprechenden Betrag dem Konto wieder gutschreiben und sodann ihren Rückzahlungsanspruch gesondert geltend machen wird.

Nr. 8 Absatz 3 beschreibt die (selbstverständliche) Praxis, daß der Kunde über die Vornahme von Storno- und Berichtigungsbuchungen unverzüglich unterrichtet wird und ihm aus diesen Buchungen im Rahmen der Zinsberechnung keine Nachteile erwachsen.

Nr. 9 (Einzugsaufträge)

Nr. 9 Absatz 1 geht auf Nr. 41 Absatz 1 AGB-alt zurück. Zum materiell-rechtlichen Regelungsgehalt ist im Vergleich zu Nr. 9 Absatz 2 darauf hinzuweisen, daß Nr. 9 Absatz 1 das Verhältnis zwischen Scheckeinreicher und Bank, Nr. 9 Absatz 2 dagegen das Verhältnis zwischen

---

13 Siehe hierzu die Erwägungen des BGH in der Entscheidung WM 1983, 907 (908).

Scheckaussteller und Bank regelt. Neuerungen gegenüber der bisherigen Regelung haben sich nicht ergeben. Vielmehr wurde der Anwendungsbereich der Klausel im Lichte des Transparenzgebots ausführlicher beschrieben. Losgelöst von Nr. 8 zu Storno- und Berichtigungsbuchungen in Fällen fehlerhafter Gutschriften wurde hier ausdrücklich festgelegt, daß eine Rückgängigmachung der Vorbehaltsgutschrift erfolgt, wenn die eingereichten Schecks oder Lastschriften nicht eingelöst werden oder die Bank aus einem sonstigen Einzugsauftrag den Betrag nicht erhält.

Nr. 9 Absatz 2 wurde im Lichte der Entscheidung BGH WM 1988, 1325[14] konkretisiert, indem die Fälle aufgelistet wurden, in denen schon vor Ablauf der im ersten Satz der Klausel festgelegten Zwei-Tages-Frist von einer Einlösung der Papiere auszugehen ist. Diese Klausel stellt im Hinblick auf die Anforderungen nach dem Transparenzgebot eine Kompromißlösung dar, weil es unvertretbar erschien, die banktechnische Abwicklung dieser Einlösungsvorgänge noch ausführlicher zu regeln (z.B. durch ausdrückliche Darstellung der unterschiedlichen Bedingungen der einzelnen Abrechnungsstellen der Landeszentralbanken).

Nr. 10 (Risiken bei Fremdwährungskonten und Fremdwährungsgeschäften)

Diese Klausel regelt in Anlehnung an Nr. 3 Absatz 2 der AGB-alt das sogenannte „politische Risiko". Dies ist Gegenstand der Nr. 10 Absatz 3. Um diese Regelung für einen „Durchschnittskunden", der ein Fremdwährungskonto eröffnet, einigermaßen verständlich werden zu lassen, wurde aus Gründen der Transparenz in Nr. 10 Absatz 1 und 2 die banktechnische Abwicklung von Aufträgen unter Einbindung des Fremdwährungskontos rein tatsächlich beschrieben, wobei freilich einzuräumen ist, daß auch insoweit angesichts der Komplexität der hierbei vielfältig denkbaren Fallgestaltungen ein Kompromiß zwischen mindestens für notwendig gehaltenen Erklärungen und unzumutbar ausführlicher Regelung gefunden werden mußte.

Vor diesem Hintergrund beschränkt sich Nr. 10 Absatz 1 auf eine knapp gefaßte Erläuterung der Charakteristika bei der Abwicklung von Geschäftsvorfällen über ein Fremdwährungskonto (Stichwort: bargeldlose Abwicklung durch Einschaltung von Banken im Heimatland der

---

14 WuB I D 3.-15.88/Fischer.

Währung, sofern keine sogenannte Hausübertragung von einem auf ein anderes Fremdwährungskonto möglich ist). Nr. 10 Absatz 2 regelt hieran anknüpfend, daß bei Fehlen einer abweichenden Weisung des Kunden alle Gutschrifen aus Geschäften mit ihm in der Währung, in der für ihn ein Fremdwährungskonto geführt wird, auf diesem Konto erfolgen.

Die zentrale rechtliche Bedeutung kommt dann, wie gesagt, der Verteilung des „politischen Risikos" in Nr. 10 Absatz 3 zu. Wird für einen Kunden ein Fremdwährungskonto eröffnet, ist die Bank gehalten, im Heimatland der Währung ein entsprechendes Währungsguthaben zu bilden. Kommt es dort zu politisch bedingten Maßnahmen, die weitere Verfügungen der Bank über die Guthaben ausschließen oder beschränken, legt Nr. 10 Absatz 3 Satz 1 fest, daß dann die Leistungsverpflichtung der Bank für die Dauer dieser Restriktionen ausgesetzt ist. Hierbei kann es sich um eine vorübergehende oder endgültige Unmöglichkeit der Leistung der Bank handeln. Als (selbstverständliche) Grenze dieser Einwendung der Bank ist ausdrücklich klargestellt, daß die Restriktionen für die Leistungserbringung irrelevant sind, wenn eine Erfüllung im Wege einer Hausübertragung von einem auf ein anderes Fremdwährungskonto in derselben Währung bewirkt werden kann oder wenn bei wechselseitigen Ansprüchen in derselben Währung eine Verrechnungsmöglichkeit besteht.

Erläuterung der neuen Allgemeinen Geschäftsbedingungen der Banken Teil II (Nr. 11–20)

Von Rechtsanwalt Dr. *Helmut Merkel*, Frankfurt a. M.[*]

I. Vorbemerkungen

In Anknüpfung an die Ausführungen von Wagner-Wieduwilt zu den Nr. 1–10 der neuen Allgemeinen Geschäftsbedingungen der Banken wird im folgenden die Darstellung hinsichtlich der Nummern 11–20 fortgeführt. Überblickartig lassen sich diese Bestimmungen in vier Regelungskomplexe einteilen: Die Mitwirkungspflichten des Kunden (Nr. 11), die Kosten der Bankdienstleistungen (Nr. 12), die Sicherungsrechte der Bank, insbesondere das sogenannte AGB-Pfandrecht (Nr. 13 bis Nr. 17) und die Kündigungsregelungen (Nr. 18 und Nr. 19). Nr. 20, die den Schutz der Kundeneinlagen durch den Einlagensicherungsfonds betrifft, bedarf keiner Erläuterung. Sie ist tatsächlich die einzige Bestimmung, die inhaltlich völlig erhalten blieb, da die Vorgaben des Statuts des Einlagensicherungsfonds zu beachten waren.

Die Kritik an den neuen Bestimmungen in der Fachliteratur[1] und der Presse[2] erscheint insgesamt eher verhalten. Immerhin ist es erfreulich, daß von Verbraucherschutzseite geraten wird, den neuen AGB nicht zu

---

[*] Dieser Beitrag stimmt weitgehend mit der Veröffentlichung in WM 1993, Seite 725 ff. überein. Er ist ergänzt um einige Punkte, die im Verlauf der Veranstaltung diskutiert wurden.

[1] *Hoeren*, NJW 1992, 3263; *Krings*, ZBB 1992, 326; *Graf von Westphalen*, BB 1993, 8, dessen Kritik sich jedoch nicht gegen die Fassung der neuen Banken-AGB richtet; *Schebesta/Vortmann*, Die neuen AGB-Banken (RWS-Skript 246), 1992; *Aden*, NJW 1993, 832 zu den AGB-Sparkassen. Der Text der Neufassung ist abgedruckt im Anhang, S. 137 ff., eine Synopse der AGB-Banken neu-alt auf S. 192 ff.

[2] Handelsblatt vom 11.1.1993; Die Welt vom 6.1.1993; Süddeutsche Zeitung vom 23.1.1993; Frankfurter Rundschau vom 6.1.1993.

widersprechen, weil jedenfalls die Vorteile der neuen Bestimmungen
überwiegen. Allerdings wurde zu Recht empfohlen, die neuen AGB auf
jeden Fall sorgfältig zu lesen. Nicht zuletzt kann gerade das sorgfältige
Lesen dazu beitragen, Meinungsverschiedenheiten zwischen Bank und
Kunden schon im Vorfeld zu vermeiden. Vornehmlich dürfte das für die
in Nr. 11 artikulierten Mitwirkungspflichten gelten.

II. Erläuterungen zu den einzelnen Klauseln

Nr. 11 – Mitwirkungspflichten des Kunden

Mit der Regelung von „Mitwirkungspflichten" wird das Anliegen verfolgt, dem Kunden in transparenter Weise deutlich zu machen, worin die
legitime Erwartungshaltung der Bank für seine Mitwirkung bei der Erbringung von Bankdienstleistungen besteht. Als abschließend wird man
die Auflistung nicht ansehen können, hält man sich einmal vor Augen,
wie umfangreich die nicht verallgemeinerungsfähige Judikatur zu den
vertraglichen Nebenpflichten ist[3]. Im Rahmen Allgemeiner Geschäftsbedingungen lassen sich daher auch nur die banktypischen, insbesondere
mit der Kontoführung zusammenhängenden wesentlichen Mitwirkungs-
fälle regeln, die ihre Grundlage im gegenseitigen Vertrauensverhältnis
aus der Bankgeschäftsbeziehung haben und denen deshalb weitgehend
nur klarstellende Funktion zukommt. Andere, eine Schadensersatzhaftung des Kunden auslösende Umstände, insbesondere Verhaltensweisen,
die der Kunde zu unterlassen hat, sind kaum in einem „Verbotskatalog"
sinnvoll regelbar. Hier ist daher auf die Grundsätze zur positiven Vertragsverletzung, der culpa in contrahendo oder auf deliktische Rechts-
grundlagen zu verweisen.
  Obwohl der Hauptanwendungsfall von „Mitwirkungspflichten"[4] darin gesehen wird, an der Erreichung des Vertragszwecks etwa durch Abgabe von Zustimmungserklärungen mitzuwirken[5], geben sie an dieser

---

3 Vgl. z. B. *Palandt/Heinrichs*, BGB, 52. Aufl. 1993, § 242 Rdn. 23 ff.
4 Gläubiger und Schuldner sind danach verpflichtet, im Zusammenwirken die
   Voraussetzungen für die Durchführung des Vertrags zu schaffen und Erfül-
   lungshindernisse zu beseitigen. Die Mitwirkungspflicht dient damit der Erreichung des Vertragszwecks und des Leistungserfolgs (*Palandt/Heinrichs*, BGB,
   § 242 Rdn. 32).
5 Siehe *Staudinger/J. Schmidt*, BGB, 12. Aufl. 1983, § 242 Rdn. 750 ff.; *Pa-
   landt/Heinrichs*, BGB, § 242 Rdn. 32.

Stelle begrifflich eine plastischere und auch zutreffendere Umschreibung der jeweiligen Situation als dies in „Verhaltenspflichten"[6] oder „Obliegenheiten"[7] des Kunden zum Ausdruck kommen würde. Mitwirkungspflichten können sich auch als Obliegenheiten erweisen, wenn im Rahmen von § 254 BGB ein beim Kunden eingetretener Schaden nur begrenzt auszugleichen ist. In jedem Fall gilt nach Nr. 3 Abs. 1 AGB-Banken für die Bank wie für den Kunden, daß über die Grundsätze des Mitverschuldens (§ 254 BGB) der jeweilige Haftungsumfang für den eingetretenen Schaden zu gewichten ist.

a) Änderungen von Name, Anschrift oder einer gegenüber der Bank erteilten Vertretungsmacht (Nr. 11 Abs. 1)

Die Mitteilung der Änderung von Name und Anschrift war in Nr. 1 Abs. 1 der AGB-Banken 1977 geregelt. Sachlich haben sich in Nr. 11 AGB-Banken keine Änderungen ergeben. Die Bank ist auf die Mitwirkung des Kunden angewiesen, da sie ihre eigenen Mitteilungspflichten[8] gegenüber dem Kunden naturgemäß nur erfüllen kann, wenn dieser sie zeitnah von Änderungen in seiner Sphäre benachrichtigt[9].

Die Vorgängerregelung zur Verpflichtung, die Änderung einer gegenüber der Bank erteilten Vertretungsmacht mitzuteilen, war in Nr. 1 Abs. 1 Satz 1 und Satz 2 AGB-Banken 1977 enthalten[10]. Rechtsfolge bei einem Verstoß ist nunmehr die Schadensersatzhaftung des Kunden. Hiermit ist die gesetzliche Regelung nicht abbedungen, das heißt die Wirkungsdauer einer Vollmacht beurteilt sich im Privatkundenbereich nach

---

6 Hierzu *Palandt/Heinrichs*, BGB, Einl. v. § 241 Rdn. 7; im Vordergrund steht hier der Schutz von Rechtsgütern des Vertragspartners, d.h. sein Integritätsinteresse.

7 Wer die erforderliche Sorgfalt außer acht läßt, um sich selbst vor Schaden zu bewahren, muß den Verlust oder die Kürzung seines Schadensersatzanspruchs hinnehmen („Verschulden gegen sich selbst"); MünchKomm/*Grunsky*, BGB, 2. Aufl., § 254 Rdn. 2; BGHZ 3, 49; 9, 318; 57, 145.

8 Siehe z.B. BGH WM 1989, 625 = WuB I D 2.-4.89 *Reiser* zur Nichteinlösung einer Lastschrift.

9 *Baumbach/Duden/Hopt*, HGB, 28. Aufl. 1989, Nr. 1 AGB-Banken Anm. 1; *Steuer*, Bank-Betrieb 1975, 414 f.

10 Hierzu *Brandner*, in: *Ulmer/Brandner/Hensen*, AGBG, 7. Aufl. 1993, Anh. §§ 9–11 Rdn. 152; *Kümpel*, WM 1977, 694, 696; *Horn*, in: *Wolf/Horn/Lindacher*, AGBG, 2. Aufl. 1989, § 23 Rdn. 627.

den §§ 170–173 BGB, für ein Fehlverhalten in diesem Zusammenhang
haftet die Bank nach Nr. 3 Abs. 1 AGB-Banken.

Nach der bisherigen Fassung der AGB-Banken könnte der irreführende Eindruck entstanden sein, daß die Bank im Firmenkundenbereich
eine Änderung der Vertretungsbefugnisse trotz Kenntnis solange ignorieren dürfe, bis ihr eine schriftliche Änderungsbestätigung zugeleitet
wird[11]. In der Neufassung sind derartige Zweifel gewiß ausgeräumt. Die
Klausel läßt das Verhältnis zwischen der Publizität des Handelsregisters
nach § 15 HGB und den sich hiermit überlagernden, üblicherweise in
Kontoeröffnungsanträgen für Firmenkunden und in Unterschriftsprobeblättern im Sinne von § 171 BGB kundgegebenen Vertretungsverhältnissen sowie deren Änderungen offen. Der in den neuen AGB über
Mitwirkungspflichten festgelegte vorrangige Gutglaubensschutz der
Bank kollidiert indessen nicht mit § 15 Abs. 2 HGB, da diese Vorschrift
eine Vertrauenshaftung aus Rechtsschein nicht ausschließt[12]. Auch wenn
der Publizitätsvorschrift des § 15 Abs. 2 HGB ein hoher Stellenwert im
Handelsrecht zukommt[13], ist ihr angesichts des Vorrangs der Vertrauenshaftung vor der registerlichen Verlautbarung kein Leitbildcharakter
im Sinne von § 9 AGBG beizumessen.

b) Klarheit von Aufträgen (Nr. 11 Abs. 2)

Schon bisher war der Kunde nach Nr. 6 und Nr. 4 Abs. 3 Satz 2 der
bisherigen AGB-Banken auf der Grundlage des Auftragsrechts zur Erteilung inhaltlich klarer Aufträge verpflichtet[14]. Dies ergibt sich nunmehr aus Nr. 11 Abs. 2 AGB-Banken, wobei die hauptsächliche Bedeutung im Zahlungsverkehr und im Effektengeschäft liegt. Der
bankmäßige Geschäftsverkehr verlangt vor allem auch Klarheit[15] darüber, ob ein schon erteilter Auftrag geändert, bestätigt oder wiederholt
wird. Im Zweifel muß die Bank zwar rückfragen, was aber zu Verzöge-

---

11 Vgl. *Brandner*, a.a.O. (Fn. 10), §§ 9–11 Rdn. 152; *Horn*, a.a.O. (Fn. 10), § 23
Rdn. 627.

12 *Karsten Schmidt*, Handelsrecht, 3. Aufl. 1987, S. 350 mit Hinweisen auf die
Rechtsprechung.

13 Nach Satz 2 besteht für Dritte nur eine kurze Schonfrist von 15 Tagen.

14 *Werhahn/Schebesta*, AGB und Sonderbedingungen der Banken, Loseblatt
(Stand: 1. Januar 1992), Rdn. 82.

15 *Canaris*, Bankvertragsrecht, 2. Aufl. 1981, Rdn. 2574.

rungen bei der Auftragsausführung und möglicherweise zu einem Schaden führt. Die Regelung bezweckt, dem Kunden die Folgen mangelnder Sorgfalt zu verdeutlichen. Eine neue Belastung wird ihm nicht auferlegt.

Besonders hervorgehoben werden die bei der Erteilung eines Auftrags zur Kontogutschrift zu beachtenden Punkte wie die Richtigkeit des Namens des Zahlungsempfängers, der Kontonummer und der Bankleitzahl. Nur anhand der Kontonummer und Bankleitzahl kann die Bank den Auftrag ausführen[16]. Die Mitwirkungspflicht ist ohne Anknüpfung an die Unterscheidung zwischen dem beleglosen und dem beleggebundenen Überweisungsverkehr formuliert[17]. In beiden Fällen läßt die offene Mitverschuldensregelung folglich Raum für die Fortentwicklung der Rechtsprechung hin zu einer einzelfallbezogenen sachgerechten Haftungsverteilung.

c) Besonderer Hinweis bei Eilbedürftigkeit der Ausführung eines Auftrags (Nr. 11 Abs. 3)

Nach der bisherigen Nr. 7[18] und Nr. 40 Abs. 1[19] AGB-Banken oblag es dem Kunden, besonders darauf hinzuweisen, wenn es sich um fristbezogene Zahlungen handelte oder wenn ein Scheck- oder Wechseleinzug im Eilwege erfolgen sollte. Unterließ der Kunde einen solchen Hinweis und kam es zu einem Schaden, so zeichnete sich die Bank bei Privatkunden in der Weise frei, daß sie nur für einen etwaigen Zinsnachteil haftete und darüber hinaus nur bei grober Fahrlässigkeit, bei Firmenkunden sollte sich die Haftung in jedem Fall nur auf den Zinsnachteil beschränken. Nach der Neuregelung in Nr. 11 Abs. 3 AGB-Banken wird erstens nich mehr zwischen Privat- und Firmenkunden unterschieden. Es gibt

---

16 *Hellner*, ZHR 145 (1981), 109, 125. Ist die Bank bei der Ausfüllung eines Formulars behilflich, so trägt die Bank allerdings die Verantwortung dafür, daß die von ihr selbst ermittelten Angaben (z. B. Bankleitzahl) zutreffend sind.

17 Nach der Rechtsprechung des Bundesgerichtshofs kommt es beim Abweichen von Kontonummer und Empfängerbezeichnung beim Überweisungsauftrag auf die Empfängerbezeichnung an (BGH WM 1972, 308 f.; 1977, 580; 1978, 367, offengelassen beim beleglosen Datenträgeraustausch); *Bruchner/Bunte*, Aktuelle AGB-rechtliche Fragen im Bankgeschäft (WM-Script), 1989, S. 35 ff.

18 Hierzu *Hettich/Thieves/Timmann/Windhöfel*, BB 1990, 2347, 2349; *Graf von Westphalen*, in: *Löwe/Graf von Westphalen/Trinkner*, AGBG (Band III), 2. Aufl. 1985, AGB-Banken Rdn. 21 f.

19 Hierzu *Canaris*, a. a. O. (Fn. 15), Rdn. 2735.

zweitens auch nicht mehr eine schadenspezifische Haftungsbeschränkung auf den Zinsnachteil und auch nicht mehr eine nach dem Verschul-
densmaßstab differenzierende Haftungsregelung. Drittens gilt die Klausel nunmehr einheitlich für jede Art von Auftrag, den der Kunde erteilt.
Ohne Zweifel hat die Bank wie bisher jedweden Auftrag des Kunden
schnellstmöglich auszuführen. Feste Zeiträume lassen sich daher nicht
nennen. Würde allerdings ein Überweisungsauftrag typischerweise innerhalb von drei Tagen ausgeführt werden und weiß der Kunde, daß die
fällige Versicherungsprämie der Versicherungsgesellschaft noch tagg-
leich
zugehen muß, so kann er nicht erwarten, daß die Bank ohne seine auf
diesen Umstand hinweisende Mitwirkung es schon „irgendwie richten"
wird. Hier muß er deshalb die Bank in geeigneter Weise außerhalb der
massengeschäftlichen Formulare auf die Eilbedürftigkeit besonders hinweisen. Dann wird die Bank ihm etwa dazu raten, im Wege einer telegrafischen Anweisung mittels Blitzgiro den Auftrag noch tagg-
leich aus-
zuführen. Verschiedentlich gegen die Eilregelung geäußerte Kritik[20],
dem Kunden werde Unzumutbares abverlangt, erscheint deshalb nicht
berechtigt. Die Bank ist auch keineswegs aus ihrer Beratungspflicht entlassen, wenn ein Kunde an sie herantritt und Unsicherheit zeigt, ob die
Ausführung im normalen Geschäftsgang den gewünschten Erfolg zeit-
gerecht herbeiführt.

d) Prüfung und Einwendungen bei Mitteilungen der Bank (Nr. 11 Abs. 4)

Die bisherige Nr. 15 der AGB-Banken[21] knüpfte ausnahmslos an alle
bankmäßigen Mitteilungen, seien es Rechnungsabschlüsse, Tagesauszüge, Depotaufstellungen usw. die Rechtsfolge der Genehmigung, falls der
Kunde hiergegen nicht fristgemäß Einwendungen erhob. Nunmehr ist
eine Trennung der ihrer Rechtsnatur nach doch unterschiedlichen Bank-
mitteilungen vollzogen worden. So hat der Rechnungsabschluß, bei dem
in den AGB davon ausgegangen wird, daß es sich um eine Mitteilung
von besonderer Bedeutung handelt (§ 10 Nr. 5 AGBG)[22], in Nr. 7 Abs.

---

20 Im Zusammenhang mit Widerspruchsäußerungen von Kunden gegen die neu-
en AGB.
21 Hierzu *Brandner*, a.a.O. (Fn. 10), § 10 Nr. 5 Rdn. 11 und 15 sowie § 11 Nr.
15 Rdn. 13; *Kümpel*, WM 1976, Sonderbeil., S. 11 f.
22 Anders hingegen Tagesauszüge; siehe BGHZ 50, 277, 279 = WM 1968, 967.

2 AGB-Banken eine eigenständige Regelung erfahren. Dort gilt die unterlassene Einwendung als Genehmigung. Im Rahmen der Mitwirkungspflichten hingegen wird vom Kunden nur erwartet, daß er alle sonstigen Mitteilungen, denen anders als dem anerkannten Rechnungsabschluß nach der Rechtsprechung des Bundesgerichtshofs[23] keine novierende Wirkung zukommt, auf Richtigkeit und Vollständigkeit überprüft.

Die neue Nr. 11 Abs. 4 AGB-Banken ist zwar nicht von der juristischen Fachliteratur, jedoch von der Verbraucherseite kritisiert worden. Es könne nicht angehen, daß „die Banken dem Kunden auch noch Kontrollpflichten aufbürden"[24]. Diese Kritik geht indessen fehl. Angenommen der Katalog von Mitwirkungspflichten würde nicht bestehen: Auch in diesem Falle treffen den Kunden nach §§ 242, 254 BGB im wesentlichen diese Pflichten[25]. Wenn im Bemühen um Transparenz auf diese Rechtslage deklaratorisch aufmerksam gemacht wird, kann diese Klausel nicht angreifbar sein. Den Gerichten verbleibt schließlich ausreichend Beurteilungsspielraum, um im konkreten Fall die unterlassene Rüge des Kunden und ein Fehlverhalten der Bank nach dem Verschulden zu gewichten.

e) Benachrichtigung der Bank bei Ausbleiben von Mitteilungen
(Nr. 11 Abs. 5)

Während Abs. 4 die inhaltliche Überprüfung von zugegangenen Mitteilungen betrifft, befaßt sich Abs. 5 mit dem Fall, daß erwartete Mitteilungen der Bank ausbleiben. Durch die beispielhafte Aufzählung ist im Gegensatz zur früheren Regelung in Nr. 16 AGB-Banken[26] leichter nachvollziehbar, in welchen Fällen die Bank eine Reaktion des Kunden erwartet. Immer kann es hierbei nur um vom Kunden „erwartbare"[27] Mitteilungen gehen, wie etwa periodische Mitteilungen in Form eines Rechnungsabschlusses oder einer Wertpapierabrechnung bzw. Ausführungsanzeige einer zuvor erteilten Order, oder einen erwarteten Zahlungseingang auf dem Konto. Den Kunden treffen hier nur solche Kon-

---

23 BGHZ 50, 277, 279 = WM 1968, 967.
24 Die Welt v. 6.1.1993; Frankfurter Rundschau v. 6.1.1993.
25 *Canaris*, a.a.O. (Fn. 15), Rdn. 2635 f.
26 Hierzu *Canaris*, a.a.O. (Fn. 15), Rdn. 2644.
27 Vgl. zum Girovertrag OLG Düsseldorf WM 1987, 1215, 1217 = WuB I A. Nr. 15 AGB-Banken 1.88 *Hein*.

trollpflichten, die auch ohne besondere Erwähnung in den Allgemeinen Geschäftsbedingungen bestehen[28].

Kosten der Bankdienstleistungen

Nr. 12 – Zinsen, Entgelte und Auslagen

Die Kosten der Bankdienstleistungen, die in Zinsen und Entgelte auf der einen Seite und in Auslagen als Fremdkosten auf der anderen Seite eingeteilt werden, sind jetzt nicht mehr verstreut wie in den bisherigen AGB-Banken (dort Nr. 14 Abs. 2–5 und Nr. 22 Abs. 2), sondern abschließend in der neuen Nr. 12 geregelt, wobei die Unterscheidung zwischen Privat- und Firmenkunden beibehalten wurde. Was die einzelnen Entgelttatbestände und deren Höhe anbelangt, wird wie bisher auf den Preisaushang und auf das Preisverzeichnis verwiesen. Die Banken machen über Preisaushang und Preisverzeichnis von ihrem „Entgeltfindungsrecht" (vgl. § 354 HGB; §§ 612, 675 BGB) üblicherweise schon vor Inanspruchnahme der Leistung Gebrauch. Gleichwohl ist es nicht möglich, alle denkbaren und außergewöhnlichen Dienstleistungen der Bank bereits im voraus namhaft zu machen. Hilfsweise gilt daher § 315 BGB, falls der Preis ad hoc nach billigem Ermessen zu bestimmen ist. Außerdem ist die Entgeltfestsetzung nach billigem Ermessen im Firmenkundengeschäft (so Abs. 2) durchaus noch die Regel, wobei verschiedentlich aber auch daran gearbeitet wird, Firmenkundenpreisverzeichnisse zu erstellen. Nr. 12 regelt im übrigen die Fälle der Änderung von Zinsen und Entgelten (Abs. 3 und 4) und enthält in Abs. 6 eine klarstellende Abgrenzung zum Verbraucherkreditgesetz.

a) Zinsen und Entgelte innerhalb und außerhalb des Privatkundengeschäfts (Nr. 12 Abs. 1 und 2)

Die bisherige Regelung unter Nr. 14 Abs. 2 der AGB-Banken 1977 als allgemeine Rechtsgrundlage für Preisvereinbarungen wurde weder von

---

28 Vgl. BGH WM 1985, 511 = WuB I D 1.-1.85 *Hopt;* BGHZ 72, 9, 15; OLG Düsseldorf WM 1987, 1215, 1217 = WuB I A. Nr. 15 AGB-Banken 1.88 *Hein.*

der Rechtsprechung noch von der Literatur ernsthaft angegriffen[29]. Als maßgeblich gilt der im Zeitpunkt der Inanspruchnahme ausgewiesene Preis[30]. Soweit kein Preis angegeben ist, kann ein Entgelt gleichwohl unter den Voraussetzungen des § 315 BGB beansprucht werden. Auch die derzeit aktuelle Frage, ob für die Bearbeitung der Änderung von Freistellungsaufträgen im Zusammenhang mit der Zinsabschlagsteuer ein Entgelt erhoben werden darf, beurteilt sich nach Abs. 1 und 2. Im Ergebnis wird dies zu bejahen sein, da die Voraussetzungen für die Entgelterhebung nach diesen Bestimmungen zumindest erfüllbar sind. Die frühere Bestimmung Nr. 14 Abs. 3 AGB-Banken zur Kontoüberziehung konnte ersatzlos entfallen. Soweit es sich nämlich um einen Überziehungskredit im Sinne von § 5 Abs. 2 VerbrKrG handelt, das heißt um einen ungeregelt in Anspruch genommenen Kredit, darf nach der jüngsten Rechtsprechung des Bundesgerichtshofs[31] von einem im Vergleich zu § 5 Abs. 1 VerbrKrG eingeräumten Überziehungskredit eigenständigen Kreditverhältnis ausgegangen werden, dessen Kosten ebenfalls im Preisaushang angegeben werden. Soweit Kredit über einen Fälligkeitstermin hinaus in Anspruch genommen wird, sind die Grundsätze der Rechtsprechung zum Verzugsschaden[32] anzuwenden.

b) Änderung von Zinsen und Entgelten (Nr. 12 Abs. 3)

Ursprünglich war in den neuen AGB an dieser Stelle eine Klausel vorgesehen, in der die Voraussetzungen einer Zinsänderung bei Krediten mit einem veränderlichen Zinssatz festgelegt wurden. Statt dessen ist nur noch der Verweis auf die jeweiligen Kreditvereinbarungen enthalten. In der Tat ist eine materielle Regelung zur Zinsänderung[33] an dieser Stelle

---

29 Hierzu *Bruchner/Bunte*, a.a.O. (Fn. 17), S. 52 ff.; *Hettich/Thieves/Timmann/Windhöfel*, BB 1990, 2347, 2351.

30 Besonderheiten der Zinsanpassung sind jedoch zu beachten, wenn die Zinssatzänderung einen bereits in Anspruch genommenen eingeräumten oder geduldeten Überziehungskredit betrifft.

31 BGH WM 1992, 940 = WuB I A Nr. 14 AGB-Banken 1.92 *Hadding*.

32 BGH WM 1988, 929 ff. und 1044 ff.; beide WuB I E 1.-18.88 *Bruchner;* WM 1991, 1983 = WuB I E 2b.-1.92 *Bruchner;* WM 1992, 566 = WuB I F 3.-9.92 *Bruchner/Ott*.

33 Siehe hierzu insbesondere BGH WM 1986, 580 = WuB I E 1.-13.86 *Stützle; Bruchner/Bunte*, a.a.O. (Fn. 17), S. 63 ff.

überflüssig, und zwar sowohl im Privatkundengeschäft als auch im Firmenkundengeschäft. Im Privatkundenbereich gilt sowohl bei Krediten, die der Schriftform nach § 4 VerbrKrG bedürfen, als auch bei Überziehungskrediten nach § 5 VerbrKrG, daß die Zinsänderungsvoraussetzungen in bestimmter Weise festzulegen sind. Im Firmenkundenbereich war es bisher schon Praxis, in Kreditverträgen oder Kreditbestätigungsschreiben die Zinsänderungsvoraussetzungen für variable Kredite zu fixieren. Damit nicht der unzutreffende Eindruck entsteht, Zinsänderungen würden überhaupt nicht vorkommen, wurde die Klarstellung in Abs. 3 vorgenommen. Die Formulierung von Zinsänderungsklauseln gestaltet sich nicht einfach, will man den bislang unterschiedlich artikulierten Vorstellungen der Rechtsprechung[34] gerecht werden. Das Problem wird deutlich, wenn man sich mit den Anmerkungen von *Graf von Westphalen*[35] zur Zinsänderungsklausel in Nr. 17 Abs. 2 der neuen Sparkassen-AGB auseinandersetzt, wo neben der Veränderung des allgemeinen Zinsniveaus auch die Veränderung des allgemeinen Aufwands als subjektiver Parameter genannt wird.

Es bedarf noch eines Hinweises auf Nr. 12 Abs. 3 Satz 2 AGB-Banken: Geänderte Entgelte, die für Dauerleistungen erhoben werden, können nach § 315 BGB zwar nach billigem Ermessen festgesetzt werden, jedoch bedarf dies einer besonderen Mitteilung nach Abs. 4. Geänderte Entgelte werden gegenüber den Kunden erst wirksam, wenn ihnen die Mitteilung hierüber zugegangen ist. Ausgenommen hiervon sind Einmalentgelte (z. B. für Überweisungsauftrag, Benutzung des Kontoauszugdruckers).

c) Kündigungsrecht des Kunden bei Änderungen von Zinsen und Entgelten (Nr. 12 Abs. 4)

Nr. 12 Abs. 4 AGB-Banken, der Zinsen und Entgelte für Dauerleistungen betrifft, hat eine sehr kundenfreundliche Ausrichtung. Zunächst ist von Änderungen ausdrücklich Mitteilung zu machen[36], das heißt es genügt nicht, sie nur im Preisaushang oder Preisverzeichnis bekanntzuge-

---

34 BGH WM 1986, 85 = WuB I F 1a.-6.86 *Bruchner;* WM 1989, 740 = WuB I E 4.-5.89 *Bellinger;* WM 1991, 197 = WuB I E 2b.-4.91 *Kessler.*
35 BB 1993, 8, 11.
36 Zum Zeitpunkt und zur Art der Mitteilung siehe *Wagner-Wiewilt,* in: *Bruchner/Ott/Wagner-Wiewilt,* Verbraucherkreditgesetz, 1992, § 5 Rdn. 63 f.

ben. Der Kunde darf sodann bei einer von ihm nicht akzeptierten Erhöhung innerhalb eines Monats mit sofortiger Wirkung kündigen (dies wird man dem Kunden aber auch dann zugestehen, wenn er der Auffassung ist, es hätte eine Senkung der Zinsen vorgenommen werden müssen oder die vorgenommene Senkung sei zu niedrig ausgefallen). Ihm werden für diesen Zeitraum dann auch nur die Altkonditionen berechnet. Schließlich wird ihm noch eine angemessene Abwicklungsfrist eingeräumt, damit er bei einem anderen Institut eine neue Bankgeschäftsverbindung begründen kann. Zwar hat diese mit § 9 Abs. 1 AGBG in Einklang stehende Neuregelung ihren Grund auch in der Rechtsprechung[37], die bei Dauerschuldverhältnissen einseitige Änderungen im Einzelfall auch dann billigt, wenn gleichzeitig die Möglichkeit der Lösung vom Vertrag vorgesehen ist. Insgesamt geht die Neuregelung zugunsten des Kunden gleichwohl über die bisher bekannten rechtlichen Anforderungen hinaus.

d) Auslagen (Nr. 12 Abs. 5)

Die Klausel betrifft den gesetzlichen Aufwendungsersatzanspruch für Auslagen, das heißt für Fremdkosten der Bank, die ihr im Kundeninteresse oder im mutmaßlichen Kundeninteresse entstanden sind. Es ist eine Reihe von Beispielen angeführt, die jedoch nicht abschließend sind[38]. Bislang waren die Regelungen in Nr. 14 Abs. 5 und Nr. 22 Abs. 2 AGB-Banken enthalten.

e) Besonderheiten bei Verbraucherkrediten (Nr. 12 Abs. 6)

Hoeren[39] ist zuzustimmen, wenn er darauf hinweist, daß Nr. 12 Abs. 6 AGB-Banken den Wortlaut des Verbraucherkreditgesetztes wiedergibt, was eigentlich überflüssig sei, offensichtlich aber der Eindruck habe vermieden werden sollen, die Klauseln der neuen AGB könnten das

---

37 BGH WM 1984, 309 zur „Tagespreisklausel"; WM 1986, 1059 f; siehe auch WM 1986, 580 f.
38 Beispiele aus der Rechtsprechung: OLG Frankfurt WM 1988, 38 = WuB VI F. § 114 a ZVG 1.88 *Wolfsteiner;* OLG Hamm WM 1992, 1100 = WuB I B 4.-2.92 *Locher;* BGH WM 1991, 1113 = WuB I A Nr. 22 AGB-Banken 2.91 *Sonnenhol.*
39 NJW 1992, 3263 f.

Verbraucherkreditgesetz unterlaufen. Dieser Gedanke hat bei den Beratungen gewiß eine Rolle gespielt. Die Erwähnung des Verbraucherkreditgesetzes geschieht ferner auch in Nr. 19 Abs. 4, was ebenso als übersteigerte Vorsicht angesehen werden kann. Zumindest wäre es jedoch befremdlich gewesen, die Existenz des Verbraucherkreditgesetzes zu unterdrücken, nachdem das Gesetz noch sehr jung ist und ein besonderes verbraucherpolitisches Anliegen verfolgt. Andererseits ist diese Bezugnahme durchaus ein weiterer Beitrag zur Transparenz und abrundenden Information des Kunden, was allerdings nicht bei jeder Gelegenheit geschehen kann, sondern nur im Hinblick auf bedeutsam erscheinende Bestimmungen. An der gleichen Stelle bezeichnet es *Hoeren* jedoch als „bedauerliche Entgleisung innerhalb der sonst gründlich bearbeiteten Gechäftsbedingungen", daß nach Nr. 12 Abs. 6 Satz 3 AGB-Banken sich die Höhe der Zinsen nach dem Preisaushang und den Informationen, die die Bank dem Kunden übermittelt, richte. Er vermißt eine auf § 315 BGB abstellende Regelung zur Zinsänderung bei Überziehungskrediten. Hierfür besteht jedoch kein Anlaß, da die Zinsänderungsvoraussetzungen mit dem Kunden außerhalb dieser Allgemeinen Geschäftsbedingungen vereinbart werden, was gerade für die dem Verbraucherkreditgesetz unterliegenden Kredite unverzichtbar ist. Zulässige Zinsanpassungsklauseln sind aber gerade nicht allein auf das billige Ermessen der Bank ausgerichtet, sondern enthalten objektive Orientierungsgrößen mit verbindlichem Charakter. Die von *Hoeren* geäußerte Besorgnis erscheint daher nicht begründet.

Sicherheiten für die Ansprüche der Bank gegen den Kunden

Der aus Bankensicht neben dem Stornorecht wohl wichtigste Regelungskomplex in den AGB-Banken betrifft die Sicherheiten für die Ansprüche der Bank gegen den Kunden in den Nr. 13–17. Zunächst geht es in Nr. 13 AGB-Banken um die Frage, unter welchen Voraussetzungen die Bank einen Anspruch auf Bestellung oder Verstärkung von Sicherheiten hat; in Nr. 14 ist das frühere AGB-Pfandrecht der Nr. 19 Abs. 2 AGB-Banken aufgegangen; ebenfalls ein AGB-Sicherungsrecht – allerdings kein Pfandrecht – wird in Nr. 15 AGB-Banken im Hinblick auf Einzugspapiere und diskontierte Wechsel vereinbart; Nr. 16 AGB-Banken greift schließlich auch für die Allgemeinen Geschäftsbedingungen die Rechtsprechung zur Deckungsgrenze und Freigabeverpflichtung auf und Nr. 17 AGB-Banken regelt in allgemeiner Form die Sicherheitenverwertung.

Nr. 13 – Bestellung oder Verstärkung von Sicherheiten

a) Anspruch der Bank auf Bestellung von Sicherheiten (Nr. 13 Abs. 1)

Nunmehr begründet Nr. 13 Abs. 1 – früher Nr. 19 Abs. 1 – der AGB-Banken den bisher in Rechtsprechung und Literatur überwiegend nicht beanstandeten grundsätzlichen Besicherungsanspruch[40] der Bank im Rahmen der bankmäßigen Geschäftsverbindung. Soweit es sich um eine bankmäßige Sicherheit handelt, steht dem Kunden weiterhin die Auswahl der Sicherheit zu[41]. Im Hinblick auf den Sicherungszweck ist jetzt klargestellt, daß nur Ansprüche aus der bankmäßigen Geschäftsverbindung gesichert werden, nicht – so die Altregelung – ausnahmslos „alle Verbindlichkeiten". Daß der Aufwendungsersatzanspruch bei Inanspruchnahme der Bank aus einer für den Kunden übernommenen Bürgschaft einen Teil der bankmäßigen Geschäftsverbindung bildet, wird in einem Klammerbeispiel ausdrücklich hervorgehoben. Wichtig ist die den Besicherungsanspruch einschränkende Regelung im Satz 2, wo die Rechtsprechung des Bundesgerichtshofs[42] umgesetzt wurde, wonach ein Kunde, der zugleich Bürge ist, mit seinen bei der Bank belegenen Werten erst haften soll, wenn die Bürgschaftsschuld fällig geworden ist. Es erscheint weder erforderlich noch ratsam, diesen Besicherungsanspruch zur Vermeidung einer Überraschung ergänzend auch in den Bürgschaftsformularen zu regeln[43], die meist keinen Bezug mehr auf die AGB nehmen.

b) Veränderungen des Risikos (Nr. 13 Abs. 2)

Obwohl von der Rechtsprechung[44] und Literatur[45] bisher gebilligt, erschien es nicht mehr angemessen, der Bank „jederzeit" einen Anspruch

---

40 *Krings*, ZBB 1992, 326, 330.
41 Für Fälle der Konkursanfechtung ist daher weiterhin im Grundsatz von einer inkongruenten Deckung auszugehen; vgl. *Obermüller*, Handbuch Insolvenzrecht für die Kreditwirtschaft, 4. Aufl. 1991, Rdn. 1213.
42 WM 1989, 129 = WuB I F 1a.-18.89 *Ott*.
43 Kritisch hierzu: *Köndgen*, NJW 1992, 2263, 2267; *Krings*, ZBB 1992, 326, 331; siehe auch BGH WM 1984, 1465.
44 BGH WM 1981, 150; WM 1979, 1176.
45 *Baumbach/Duden/Hopt*, a.a.O. (Fn. 9), Nr. 19 AGB-Banken Anm. 1.

auf Sicherheitenbestellung oder Verstärkung einzuräumen. In der neuen
Nr. 13 Abs. 2 AGB-Banken ist aus dem „jederzeit" eine an die Veränderung der Risikolage gebundene objektive Anspruchsvoraussetzung
geworden, im Ergebnis somit eine freiwillige Einschränkung der bisherigen Rechtsposition der Bank. Zu beachten ist allerdings, daß der Fall,
wonach die Bank zunächst einmal von einer Sicherheitenbestellung abgesehen hat, keine Vereinbarung zwischen Bank und Kunde über die
Nichtbesicherung der Ansprüche darstellt. Die Abgrenzung zum echten
Blankokredit ergibt sich vielmehr aus Nr. 13 Abs. 2 Satz 3 AGB-Banken. Danach wäre es in der Tat befremdlich, wenn die Bank noch Sicherheiten fordern dürfte, obwohl ausdrücklich vereinbart ist, daß entweder keine Sicherheiten zu stellen sind oder ausschließlich im einzelnen
namhaft gemachte Sicherheiten. Dieser im Verbraucherkreditgesetz zum
Ausdruck kommende Grundsatz findet sich auch in Satz 5 wieder. Nur
für den Fall, daß der Nettokreditbetrag DM 100 000,- übersteigt, darf
die Bank ohne weiteres Bestellung oder Verstärkung der Sicherheiten
verlangen(vgl. § 4 Abs. 1 Satz 2 Nr. 1 VerbrKrG).

c) Fristsetzung für die Bestellung oder Verstärkung von Sicherheiten (Nr. 13 Abs. 3)

Das in Nr. 19 Abs. 3 AGB-Banken enthaltene Kündigungsrecht, wonach
es einen wichtigen Grund darstellt, wenn der Kunde seiner Verpflichtung zur Bestellung oder Verstärkung von Sicherheiten nicht fristgemäß
nachkommt[46], muß im Zusammenhang mit Nr. 13 Abs. 3 AGB-Banken
gesehen werden. Im Gegensatz zur früheren Regelung (Nr. 19 Abs. 1,
Nr. 17 Satz 2 AGB-Banken) ist nämlich weitere Voraussetzung für die
Ausübung dieses Kündigungsrechts, daß die Bank im Zeitpunkt ihres
Besicherungsverlangens den Kunden darauf hinweist, daß sie die nicht
fristgerechte Besicherung als Anlaß für eine Kündigung betrachtet. Die
Einfügung dieser zusätzlichen Einschränkung erschien nach dem Transparenzgebot angezeigt. Es ist durchaus vorstellbar, daß in der Vergan-
genheit mancher Kunde ein Sicherheitenverlangen der Bank nicht ernst
nahm und deshalb überrascht war, wenn der Kredit fällig gestellt wurde.
Die neuen AGB können jedenfalls nicht (mehr) den Eindruck erwecken,
die Bank sei in der Lage, gegenüber dem Kunden heimlich die Kreditkündigung vorzubereiten. Die neue Bestimmung erfüllt gleichzeitig be-

---

46 BGH WM 1981, 151.

reits Anforderungen, die in der bis 31. Dezember 1994 in nationales Recht umzusetzenden EG-Richtlinie über mißbräuchliche Klauseln in Verbraucherverträgen enthalten sind, wie etwa die alsbaldige Unterrichtung von der Kündigung, womit möglicherweise gemeint ist, daß die Absicht einer Kündigung im voraus anzuzeigen ist. In Umsetzung der Rechtsprechung des Bundesgerichtshofs[47] ist die Bank zusätzlich gehalten, für die Besicherung eine angemessene Frist[48] einzuräumen. An der mit dieser Klausel vorgenommenen Klarstellung wird ersichtlich, daß sich die Kreditwirtschaft trotz Billigung durch die Rechtsprechung nach Möglichkeit nicht auf einen zurückhaltenden Umgang mit dem Verbot der geltungserhaltenden Reduktion verlassen will.

Nr. 14 – Vereinbarung eines Pfandrechts zugunsten der Bank

Künftig wird man sich daran gewöhnen müssen, daß das AGB-Pfandrecht nicht mehr in Nr. 19, sondern jetzt in Nr. 14 AGB-Banken geregelt ist. Abs. 1 enthält jetzt einen schulmäßig ausformulierten rechtsgeschäftlichen Einigungstatbestand, Abs. 2 die Zweckbestimmungserklärung, Abs. 3 Ausnahmen vom Pfandrecht und Abs. 4 eine Klarstellung zur Behandlung von Zins- und Gewinnanteilscheinen.

a) Einigung über das Pfandrecht (Nr. 14 Abs. 1)

Zum Einigungstatbestand über das AGB-Pfandrecht sind drei Hinweise zu machen: Die Pfandrechtsvereinbarung erstreckt sich nur auf solche Pfandgegenstände, an denen eine inländische Geschäftsstelle Besitz erlangt. Dies ergibt sich zwingend aus den Regelungen des internationalen Privatrechts[49]. Hingegen können die zu sichernden Ansprüche der Bank auch die von ausländischen Geschäftsstellen begründeten Forderungen erfassen[50]. Die Einigung erstreckt sich ferner nur auf den Fall, daß die Bank den Pfandrechtsgegenstand in bankmäßiger Weise erwirbt. Nur

---

47 WM 1983, 926 = NJW 1983, 2701, 2703.
48 Hierzu *Baumbach / Duden / Hopt*, a.a.O. (Fn. 9), Nr. 19 AGB-Banken Anm. 1.
49 Art. 11 Abs. 5 EGBGB.
50 Näher hierzu im nächsten Abschnitt b).

dies entspricht der bisherigen Rechtsprechung zum AGB-Pfandrecht[51]. Läßt daher eine verarmte Kundin versehentlich den ihr noch verbliebenen teuren Pelzmantel in den Geschäftsräumen der Bank zurück, so erlangt die Bank hieran nur zufällig, aber wohl kaum im bankmäßigen Geschäftsverkehr Besitz. Auch Forderungen fallen demzufolge aus der Pfandhaftung heraus, wenn sie beispielsweise aus einer unerlaubten Handlung herrühren[52]. Dies entspricht dem Gedanken der Regelung von Nr. 14 Abs. 1 Satz 2 AGB-Banken, der gleichzeitig aber den wichtigsten Fall des AGB-Pfandrechts umschreibt, nämlich das Pfandrecht an Ansprüchen, die dem Kunden gegen die Bank zustehen. Das sind insbesondere die Einlagenforderungen des Kunden.

Da in der Praxis nur ein Pfandrecht an den in den Besitz der Bank gelangten Sachen möglich erscheint, wurde der früher in Nr. 19 Abs. 2 AGB-Banken verwandte Begriff „Verfügungsgewalt an Rechten" in der Neufassung nicht mehr beibehalten. Ist andererseits ein Recht oder eine Forderung in einem Dokument näher erfaßt, wie etwa in einem Sparbuch oder in einer Lebensversicherungspolice, so stellt sich die Frage, wie hieran allein durch die Besitzerlangung ein Pfandrecht zugunsten der Bank entstehen kann. In beiden Fällen müßte entweder eine Verpfändung der Ansprüche mit Verpfändungsanzeige erfolgen oder eine Zession, wobei hinsichtlich der Lebensversicherungsansprüche ebenfalls eine Anzeige bei der Versicherungsgesellschaft erforderlich wäre. Im übrigen verlangt schon die Praxis, daß Forderungen – soweit sie nicht gegen Kreditinstitute gerichtet sind – mittels einer Sicherungsabtretung an die Bank übertragen werden, da eine Forderung wirksam nur durch Anzeige beim Dritten verpfändet werden kann. Gewiß hat der Bundesgerichtshof[53] die antizipierte Zession von Forderungen, über die eine Urkunde ausgestellt ist, nach den früheren AGB-Sparkassen (Nr. 21 Abs. 1) gebilligt. In den neuen AGB-Banken wurde von einer solchen Regelung jedoch erneut abgesehen, weil es sich aller Erfahrung nach um reine Zufälligkeiten handeln wird und dies gleich die Frage aufwerfen würde, ob man in solchen Fällen überhaupt von einem Erwerb im bankmäßigen Geschäftsverkehr sprechen kann. Im übrigen werden gerade Lebensversicherungsansprüche mittels besonderer Vordrucke abgetreten. Soweit es um Inkassopapiere geht, gilt ohnedies die Sonderregelung

---

51 BGH WM 1983, 926.
52 BGH WM 1985, 116 = WuB I A. Nr. 19 AGB-Banken 2.85 *Fischer*.
53 WM 1988, 859 = WuB I A Nr. 19 AGB-Banken 3.88 *Bruchner*.

der neuen Nr. 15 AGB-Banken. Im Ergebnis haben die Banken somit zwar die Reichweite des, wie *Hoeren*[54] formuliert, „berüchtigten" AGB-Pfandrechts zurückgenommen. Schon bisher wäre es aber unverantwortlich gewesen, darauf zu vertrauen, daß mit dem AGB-Pfandrecht etwa auf Immaterialgüterrechte, Software und andere „exotische" Gegenstände wirksam allein aufgrund von AGB zugegriffen werden kann. Dies ist und wird auch weiterhin Gegenstand besonderer Sicherungsverträge sein.

b) Gesicherte Ansprüche (Nr. 14 Abs. 2)

Nr. 14 Abs. 2 AGB-Banken enthält die übliche weite Zweckbestimmungserklärung, die zulässigerweise auch bei ausländischen Geschäftsstellen begründete Forderungen der Bank unter die Deckung des AGB-Pfandrechts nimmt. Bereits unter Nr. 13 ist der Fall der Haftungsübernahme für Drittverbindlichkeiten, insbesondere durch einen Bürgen, angesprochen. Die insoweit einschränkende Zweckbestimmungserklärung ist mittlerweile auch Standard in Besicherungsformularen wie der Globalzession oder der Raumsicherungsübereignung. Hintergrund bildet die Zustimmung verdienende Rechtsprechung des Bundesgerichtshofs[55], wonach grundsätzlich Bedenken bestehen, eine Bürgschaft unmodifiziert mit einer dinglichen Sicherheit zu verknüpfen. Es ist durchaus nachvollziehbar, daß ein Bürge, der mit seinem gesamten Vermögen haftet, seine Verfügungsmöglichkeiten hierüber nicht schon vor dem Inanspruchnahmezeitpunkt beschränkt sehen will; denn ansonsten hätte er sogleich eine dingliche Sicherheit bestellt. In den neuen Allgemeinen Geschäftsbedingungen hat diese Rechtsprechung ihre Umsetzung dadurch gefunden, daß das Pfandrecht die aus der Haftungsübernahme folgende Schuld erst ab ihrer Fälligkeit sichert[56].

Nicht mehr enthalten ist in der neuen Zweckbestimmungserklärung der Fall, daß die Bank Ansprüche gegen Firmen oder Gesellschaften hat, für deren Verbindlichkeiten der Kunde persönlich haftet. Hier bestand die Besorgnis, dem sich verbürgenden Gesellschafter im Verhältnis zu den Mitgesellschaftern ein Sonderopfer abzuverlangen[57].

---

54 NJW 1992, 3263, 3266.
55 Zuletzt WM 1990, 1910 = WuB I F 1a.-6.91 *Ott.*
56 Zu dieser „schuldrechtlichen" Lösung siehe *Ott*, WuB I F 1a.-18.89.
57 Siehe zu dieser Problematik *Clemente*, DB 1983, 1531; ZIP 1990, 969, 975.

c) Ausnahmen vom Pfandrecht (Nr. 14 Abs. 3)

Nr. 19 Abs. 3 AGB-Banken 1977 nahm schon bisher eigene Aktien der Bank und Wertpapiere, die die Bank im Ausland für den Kunden verwahrt, vom AGB-Pfandrecht aus. Der Ausnahmekatalog mußte angesichts der 4. KWG-Novelle[58] um Genußscheine, Genußrechte und andere nachrangige Verbindlichkeiten erweitert werden. Alle diese Sicherungsmittel müssen daher künftig außerhalb der Allgemeinen Geschäftsbedingungen besonders verpfändet oder übertragen werden.

Erstmals haben nun auch die zweckbestimmten Einzahlungen eine Regelung ihres Verhältnisses zum AGB-Pfandrecht erfahren. Wenn – um bei dem in Absatz 3 angeführten Beispiel zu bleiben – der Kunde an den Schalter kommt, dort eine Bareinzahlung vornimmt und die Bank beauftragt, das Geld ausschließlich dafür zu verwenden, um einen bestimmten Wechsel einzulösen, dann darf die Bank, so sehr sie das auch bedauern mag, das Geld nicht verwenden, um endlich seit Jahren uneinbringliche Forderungen gegen diesen Kunden zurückzuführen. Rechtlich gilt dies zwar schon immer, wobei Zweifel zu Lasten des Kunden gehen[59]. Eine derartige Klarstellung, die durchaus auch die Position des unwissenden Kunden stärkt, war hier jedoch naheliegend. Es ist zuzugeben, daß in der Praxis schwer zu beurteilende Grenzfälle auftreten können. Darin dürfte aber mehr ein Problem der Beweisbarkeit im Einzelfall zu sehen sein[60].

d) Zins- und Gewinnanteilscheine (Nr. 14 Abs. 4)

Die Bestimmung enthält außer einer sprachlichen Überarbeitung der Nr. 21 Abs. 1 Satz 2 AGB-Banken 1977 nichts substantiell neues. Mit dieser Regelung wird das Pfandrecht aufgewertet, indem von der in § 1296 Satz

58 *Boos*, Die Bank 1992, 455; *Lehnhoff*, WM 1992, 277.
59 BGH WM 1985 = WuB I A. Nr. 19 AGB-Banken 3.85 *Fischer;* KG WM 1977, 1721 = WuB I C 3.-1.89 *A. Weber.*
60 In dem von *Krings* (ZBB 1992, 326, 332) genannten Beispielsfall, wonach ein Kunde eine Bareinzahlung auf das Girokonto vornimmt, um für eine erwartete Lastschrift eine ausreichende Deckung bereitzustellen, muß aber wohl eine zweckbestimmte Einzahlung gegeben sein, wenn der Kunde sein Anliegen klar zum Ausdruck bringt und die Bank das Geld vorbehaltlos entgegennimmt.

2 BGB möglichen abweichenden Vereinbarung zu Lasten des Kunden in zulässiger Weise Gebrauch gemacht wird[61].

Nr. 15 – Sicherungsrechte an Einzugspapieren und
diskontierten Wechseln

Dem AGB Pfandrecht nahe Sicherungsrechte waren bisher in Nr. 42 Abs. 5 und Nr. 44 AGB-Banken enthalten. Inhaltlich wird dies in der Überschrift zu Nr. 15 mit „Sicherungsrechte an Einzugspapieren und diskontierten Wechseln" zum Ausdruck gebracht. Es lag nahe, diese Sicherheiten im Interesse struktureller Transparenz im unmittelbaren Anschluß an das AGB-Pfandrecht zu regeln. Abs. 1 und Abs. 2 enthalten die Tatbestände der Sicherungsübereignung und Sicherungsabtretung, Abs. 3 wiederum eine Ausnahme für zweckgebundene Einzugspapiere. Regelungsziel der Nr. 15 AGB-Banken ist es, eine den Bestimmtheits- und Bestimmbarkeitsanforderungen genügende Vereinbarung des Eigentumsübergangs an Schecks und Wechseln sowie des Übergangs der zugrundeliegenden Forderungen auf die Bank zu schaffen, den Erwerb der Sicherheiten gleichzeitig konkursfest zu gestalten und die zu Nr. 42 Abs. 5 AGB-Banken 1977 ergangene und in ihren Auswirkungen nicht einfach bewertbare Rechtsprechung des Bundesgerichtshofs[62] zu berücksichtigen, wonach das Sicherungsinteresse der Bank anders als beim AGB-Pfandrecht nur eine begrenzte Anerkennung finden kann.

a) Sicherungsübereignung (Nr. 15 Abs. 1)

Die Bank erwirbt das Sicherungseigentum an den zum Einzug eingereichten Schecks und Wechseln im Einreichungszeitpunkt. Der Erwerb vollzieht sich nach § 929 BGB, bei Orderpapieren muß das Indossament hinzukommen. Richtigerweise ist für diskontierte Wechsel geregelt, daß die Bank im Zeitpunkt des Wechselankaufs uneingeschränkt das Eigentum daran erwirbt, sie also anders als beim zum Einzug eingereichten Wechseln nicht lediglich fiduziarisches Eigentum erhält. Betrachtet man das Diskontgeschäft richtigerweise als Kauf mit Rücktrittsvorbehalt[63],

---

61 Siehe *Graf von Westphalen*, WM 1984, 2, 15.
62 Näher hierzu unter Nr. 15 Abs. 4.
63 Siehe BGH WM 1972, 582.

so ist die Bank durch Rückbelastung eines diskontierten Wechsels in der Lage, ihre Rechtsstellung an dem Wechsel im Wege der Herbeiführung dieser aufschiebenden Bedingung vom Volleigentum zum Sicherungseigentum zu reduzieren. Dieser Vorgang ändert an der dinglichen Eigentumszuordnung zugunsten der Bank nichts. Der Eigentumserwerb an den Schecks und Wechseln ist mit deren Hereinnahme vollzogen und damit auch konkursfest. Auf die Gutschrift nach Einlösung des Papiers kann es nicht ankommen, da das Vermögen des Einreichers bereits im Übereignungszeitpunkt geschmälert ist[64].

b) Sicherungsabtretung (Nr. 15 Abs. 2)

Die dem Wechsel oder Scheck zugrundeliegenden Forderungen gehen nicht automatisch auf die Bank über. Es bedurfte daher – wie nach der früheren Nr. 44 AGB-Banken – einer zusätzlichen Regelung der Sicherungsabtretung. Der Bundesgerichtshof[65] hat noch im Jahr 1990 die Verknüpfung von Sicherungseigentum und Sicherungsabtretung im Hinblick auf Nr. 44 AGB-Banken 1977 für wirksam erachtet. Der Forderungsübergang erstreckt sich auch auf andere Einzugspapiere, wobei neben den Lastschriften kaufmännische Handelspapiere[66] beispielhaft erwähnt sind. Im Hinblick auf die konkursrechtliche Anfechtung behandelt die Rechtsprechung[67] die Sicherungsabtretung der zugrundeliegenden Forderung gleich dem Sicherungseigentum am Papier, da sich beide Erwerbstatbestände zur gleichen Zeit vollenden.

c) Gesicherte Ansprüche der Bank (Nr. 15 Abs. 4)

Die Zweckbestimmungserklärung erfährt in Nr. 15 Abs. 4 AGB-Banken eine zweifache Einschränkung, ergänzt um eine besondere Sicherheiten-

---

64 BGH WM 1983, 1083; WM 1985, 1057 = WuB VI B. § 15 KO 2.85 *Obermüller;* siehe zur Konkursanfechtung bei einem auf debitorischen Konto eingereichten Kundenscheck auch BGH WM 1992, 1083 = WuB VI B. § 30 Nr. 1 KO 1.92 *Uhlenbruck.*
65 BGH WM 1990, 1910 = WuB I F 1a.-6.91 *Ott;* WM 1985, 1057 = WuB VI B. § 15 KO 6.85 *Obermüller.*
66 Zu diesem Begriff siehe BGHZ 95, 149 = WM 1985, 1057 = WuB VI B. § 15 KO 6.85 *Obermüller.*
67 BGH WM 1985, 1057 = WuB VI B. § 15 KO 6.85 *Obermüller.*

freigaberegelung: Das Sicherungsinteresse der Bank wurde vom Bundesgerichtshof zunächst dann anerkannt, wenn das Konto des Einreichers
im Zeitpunkt der Hereinnahme des Schecks einen Debetsaldo aufwies[68].
Auch dann, wenn die Bank den Kunden über den Scheckgegenwert vor
endgültiger Einlösung vorausverfügen läßt, anerkennt die Rechtsprechung[69] das Sicherungsinteresse der Bank, wenn sich der Debetsaldo
aufgrund der Vorausverfügung im nachhinein vergrößert. Die in den
neuen AGB gefundene Lösung versucht die Einschränkung des Siche-
rungsinteresses der Bank schuldrechtlich an der Sicherungsabrede fest-
zumachen, damit die Bestimmtheit der Sicherungsübereignung nicht an
einen Umstand geknüpft wird, der zeitlich nach dem Übereignungsakt
liegt. Letztlich hat diese Sonderbehandlung der Sicherungsrechte an Einzugspapieren ihre Ursache in der Tatsache, daß diese Papiere im Auf-
tragsrecht des Zahlungsverkehrs eingebunden sind und daher von ihrer
Funktion her nach dem Geschäftsbesorgungsverhältnis[70] zwischen Bank
und Kunde nicht als primäre Kreditsicherheit anzusehen sind.

Diese Besonderheiten legen es auch nahe, wegen der Gefahr einer
ständigen Übersicherung der Bank aufgrund der aus sachenrechtlichen
Bestimmtheitsgrundsätzen lückenlos zu übereignenden Einzugspapiere
eine besondere Freigaberegelung vorzusehen. Die Freigabepflicht besteht nicht nur dann, wenn im Zeitpunkt der Anforderung keine zu
sichernden Ansprüche gegen den Kunden bestehen, sondern auch dann,
wenn die Bank zunächst abwartet, ob auf die Papiere Zahlung erfolgt
und sie den Kunden erst dann über den Gegenwert der Papiere verfügen
lassen will.

---

68 BGHZ 5, 285; BGH WM 1977, 1119: Sicherungsinteresse aber auch dann,
   wenn Scheckeinreicher über ein Kontoguthaben verfügt; BGHZ 95, 149 =
   WM 1985, 1057: Grundsätze von BGHZ 5, 285 gelten auch für das Wechsel-
   inkasso; BGH WM 1971, 178: der eingezogene Scheckgegenwert unterliegt
   dem AGB-Pfandrecht.
69 BGHZ 69, 27 = WM 1977, 970 erweitert unter Distanzierung von BGHZ 5,
   285 das Sicherungsinteresse der Bank auf den Fall der Risikoerhöhung bei
   Vorausverfügung über den Gegenwert. Eingeengt wird das Sicherungsinteresse aber wiederum auf den nämlichen Anspruch aus der bestimmten Vorausverfügung.
70 Vgl. auch BGH WM 1992, 1083 = WuB VI B. § 30 Nr. 1 KO 1.92 *Uhlenbruck*.

Nr. 16 – Begrenzung des Besicherungsanspruchs und
Freigabeverpflichtung

a) Deckungsgrenze (Nr. 16 Abs. 1)

Die Vorgängerregelung zu Nr. 16 AGB-Banken 1993 war Nr. 19 Abs. 6
AGB-Banken 1977. Im Hinblick auf die neuere Rechtsprechung zu den
Anforderungen, die mittlerweile an die Vereinbarung einer Deckungsgrenze und einer Freigabeverpflichtung zum Schutz gegen Übersicherung gestellt werden, bedurfte die Klausel einer Überarbeitung. Allein
billiges Ermessen im Sinne von § 315 BGB wird in diesem Zusammenhang nicht mehr akzeptiert[71]. Statt dessen ist auf objektive Orientierungsgrößen abzustellen. Nr. 16 AGB-Banken bezieht sich nicht nur auf
das AGB-Pfandrecht und die sonstigen nach den AGB bestellten Sicherheiten, sondern erfaßt übergreifend die Gesamtbesicherungssituation der
Bank-Kundenbeziehung im Verhältnis zu den gesamten Forderungen
der Bank aus der bankmäßigen Geschäftsverbindung. Danach kann die
Bank ihren Besicherungsanspruch auch nur solange geltend machen, bis
der realisierbare Wert aller Sicherheiten die in Abs. 1 ausgedrückte Dek-
kungsgrenze erreicht.

b) Freigabe (Nr. 16 Absatz 2)

Korrespondierend zum Nachbesicherungsanspruch der Bank enthält
Nr. 16 Abs. 2 AGB-Banken die Freigabeverpflichtung, wobei hier an-
zuführen ist, daß dieser Bestimmung nur sekundäre Bedeutung zukommt, da in den einzelnen Sicherungsverträgen inzwischen weitgehend
besondere auf die jeweilige Kreditsicherheit bezogene Deckungsgrenzen
und Freigaberegelungen eingearbeitet sind. Das Wahlrecht der Bank
nach § 262 BGB, welche Sicherheit sie freigibt, bleibt ihr weiterhin erhalten, wobei die Bank aber gehalten ist, auf die berechtigten Belange
des Kunden und eines Drittsicherungsgebers Rücksicht zu nehmen. Als
Regelfall wird auf den realisierbaren Wert der Sicherheiten abgestellt.
Dies ist nach der Rechtsprechung zulässig[72], es kann aber auch auf No-

---

71 BGH WM 1990, 51 = WuB I F 4.-3.90 *Bunte*; WM 1991, 1499 = WuB I F
4.-2.92. *Redaktion*.
72 BGH WM 1985, 605 = WuB IV B. § 9 AGBG 6.86 *Westermann*; WM 1986,
1545 = WuB IV B. § 9 AGBG 1.87*Emmerich*; WM 1980, 1306.

minalwerte und sonstige vertraglich vereinbarte Werte abgestellt werden. Dem letzteren Gesichtspunkt trägt Abs. 3 Rechnung, da die im Kreditgewerbe einheitlich verwendeten Allgemeinen Geschäftsbedingungen auch hier keine zwingenden Vorgaben schaffen können. Eher informativen Charakter hat Abs. 2 Satz 2, wonach die Bank grundsätzlich zur Ausführung von Kundenaufträgen auch über die dem Pfandrecht unterliegenden Werte verpflichtet bleibt.

Nr. 17 – Verwertung von Sicherheiten

Die bisher in den Nummern 20 und 21 AGB-Banken geregelte Sicherheitenverwertung war nicht leicht überschaubar und ging auch an dem eigentlichen Regelungsbedürfnis vorbei. Geblieben sind nur noch das Wahlrecht der Bank bei der Sicherheitenverwertung und die umsatzsteuerliche Behandlung von Erlösgutschriften[73], da diese Punkte bei jeder Art von Sicherheit Bedeutung haben können. Im übrigen ist der richtige Regelungsort für Verwertungsbestimmungen das jeweilige Besicherungsformular. Vor diesem Hintergrund bestand ungeachtet der kürzlich ergangenen weiteren Lohnzessionsentscheidung des Bundesgerichtshofs[74] zur Unwirksamkeit der Verwertungsregelung in Nr. 20 AGB-Banken 1977, wonach zu beliebiger Zeit und ohne Androhung der Verwertung oder Fristeinhaltung verwertet werden durfte, kein Regelungsbedürfnis mehr in den Allgemeinen Geschäftsbedingungen.

Daß die Bank grundsätzlich ein Wahlrecht unter mehreren Sicherheiten hat, entspricht dem gesetzlichen Leitbild der §§ 262, 1230 BGB. Erneut hat der Bundesgerichtshof auch bestätigt, daß der Ausgleich unter verschiedenen Sicherungsgebern nach § 426 Abs. 1 BGB erfolgt und im Grundsatz alle Sicherheiten gleichstufig sind[75].

Dem Charakter Allgemeiner Geschäftsbedingungen entsprechend ist es zwar angezeigt, andererseits aber auch genügend, wenn eine generelle Beschreibung der Verwertung erfolgt, nämlich in der Weise, daß bei der

---

73 Siehe hierzu auch die seit 1.1.1993 neu gefaßte Bestimmung von § 51 Abs. 1 Satz 1 UStDV.
74 BGH WM 1992, 1359 = WuB I F 4.-10.92 *Pfeiffer*.
75 BGH WM 1990, 1956 = WuB I F 3.-2.91 *Rimmelspacher*; WM 1989, 1205 = WuB I F 1a.-25.89 *Rehbein*.

Verwertung und der Auswahl der Sicherheiten auf die berechtigten Belange des Sicherungsgebers Rücksicht zu nehmen ist. Dem genügt die Bank, wenn sie sich nicht von sachfremden Erwägungen leiten läßt[76]. Im übrigen enthalten etwa Globalabtretungs- und Sicherungsübereignungsformulare hierzu besondere Regelungen.

In der Durchführung der Verwertung kann auf die gesetzlichen Pfandverwertungsvorschriften, bei Grundpfandrechten auf das Zwangsversteigerungsgesetz zurückgegriffen werden. Auch soweit es um die Verwertung von dem AGB-Pfandrecht unterliegenden Gegenständen geht, gelten die gesetzlichen Vorschriften[77].

Auch bei Nr. 20 Abs. 1 Satz 3 AGB-Banken 1977 mußten AGB-rechtliche Bedenken aufkommen, da die Bank ohne weiteres berechtigt sein sollte, vor der Verwertung ihr gestellter Sicherheiten Befriedigung auch aus dem sonstigen Vermögen des Kunden zu suchen. Dies führte schließlich auch zur Streichung. Die in Nr. 21 Abs. 1 AGB-Banken 1977 aufgeführten Zins- und Gewinnanteilsscheine sind nun teils in Nr. 14 Abs. 4 AGB-Banken 1993 berücksichtigt und im Hinblick auf die Verwertung ist auf die Verpfändungsvordrucke von Wertpapieren zu verweisen. Diese Verlagerung in Formulare ist aus systematischen und damit auch aus Transparenzgründen erfolgt.

---

76 Bedenklich wäre allerdings, wenn ihr als Sicherheit ein verpfändetes Festgeldguthaben und auf der anderen Seite eine abgetretene Lebensversicherung zur Verfügung stünde, die nur in Höhe ihres Rückkaufswerts verwertbar ist. Durch die damit verbundene Vernichtung der Rechtsposition des Versicherungsnehmers kann in diesem Fall die Freiheit der Bank auf die Verwertung des für die erforderliche Deckung ausreichenden Festgeldguthabens beschränkt sein.

77 Ist danach die Pfandreife eingetreten, darf die Bank auch ohne Androhung und Einhaltung einer Wartefrist bei drohendem Verderb des Pfandes, etwa bestimmte Wertpapiere, verwerten (§ 1234 Abs. 1 BGB). Hiervon ist bei Aktien und Optionen auch regelmäßig auszugehen, während Rentenpapiere und auch Fondsanteile angesichts eher geringerer Kursrisiken eine Ausnahme bilden. Verpfändete Aktien mit einem Börsen- oder Marktpreis können nach § 1221 BGB über die Börse veräußert werden, wobei hier ohnehin ein Börsenzwang gilt. Fondsanteile werden durch Rückgabe an die Kapitalanlagegesellschaft verwertet (Sonderregelung in §§ 15 Abs. 3 g, 21 Abs. 3, 25 h KAGG im Verhältnis zu § 1221 BGB).

Kündigungsregelungen

Zwei verschiedene Nummern regeln nun die Kündigungsrechte der Bank, wobei in beiden Fällen zwischen der ordentlichen Kündigung und der Kündigung aus wichtigem Grund unterschieden wird. Ferner kann Gegenstand der Kündigung sowohl die Gesamtgeschäftsverbindung als auch eine einzelne Geschäftsbeziehung sein (siehe die Klammerbeispiele). Sowohl Bank als auch Kunde müssen sich deshalb klar dazu äußern, ob beispielsweise nur der Krediteröffnungsvertrag gekündigt werden soll oder der Girovertrag mit der Folge, daß auch die Kontoführung und die Abwicklung des Zahlungsverkehrs beendet werden. Soweit im Rahmen der Kontolöschung keine besonderen Absprachen getroffen werden, hat der Kunde bei gekündigter Kontoverbindung keinen Anspruch mehr auf Gutschrift eingehender Gelder, diese sind vielmehr wieder zurückzuleiten. Hingegen verbleibt der Bank insoweit bei gekündigtem Girovertrag und Kreditvertrag nicht nur das Zurückbehaltungsrecht nach § 273 BGB, sondern auch die Möglichkeit einer Aufrechnung[78].

Nr. 18 – Kündigungsrechte des Kunden

Der Kunde darf jederzeit ohne Einhaltung einer Kündigungsfrist ordentlich kündigen. Es versteht sich, daß dies dann nicht gilt, wenn eine besondere Kündigungsregelung vereinbart ist, etwa bei einem Hypothekendarlehen. In diesem Fall kann sich der Kunde nur bei Vorliegen eines wichtigen Grundes von einem langfristigen Darlehen – außerhalb von § 609 a BGB – lösen.

Nr. 19 – Kündigungsrechte der Bank

Nr. 19 Abs. 1 und 2 AGB-Banken betreffen die ordentliche Kündigung, Abs. 1 hierbei alle Einzelgeschäftsbeziehungen mit Ausnahme der unbefristeten Kredite nach Abs. 2. Abs. 3 enthält die Kündigung aus wichtigem Grund, die gegenüber Nr. 17 Satz 2 der früheren Fassung nahezu unverändert ist. Es ist im übrigen nicht unbedenklich, generell und ohne weiteres schon dann einen wichtigen Grund anzunehmen, wenn unrich-

---

78 Siehe BGH WM 1978, 59.

tige Angaben über die Vermögensverhältnisse gemacht wurden, Zwangs-vollstreckungsmaßnahmen gegen den Kunden eingeleitet wurden oder der persönlich haftende Gesellschafter oder ein Mitverpflichteter ver-storben sind. Nach den Banken-AGB sind diese im Gegensatz zu den Sparkassen-AGB nicht schon per se wichtige Kündigungsgründe[79]. Mit den AGB sollen selbstverständlich die Sonderbestimmungen des Ver-braucherkreditgesetzes für die Kündigung wegen Verzugs nicht abbe-dungen werden (siehe Abs. 4). Ein Novum ist schließlich die Regelung in Abs. 5. Sie gilt im Falle einer Kündigung ohne Kündigungsfrist; dies kann sowohl eine ordentliche Kündigung sein als auch eine Kündigung aus wichtigem Grund. Trotz rechtlicher Beendigung des Vertragsverhält-nisses aufgrund der Kündigung ist aus Sicht des Kunden das Bedürfnis anzuerkennen, gegenüber der kündigenden Bank die Geschäftsbezie-hung abzuwickeln und gleichzeitig bei einem anderen Institut eine neue Geschäftsverbindung zu begründen. Für eine solche Umstellung benö-tigt der Kunde eine gewisse Zeit, während der sich die Bank vertraglich einem pactum de non petendo unterwirft. Nur begrenzt schützenswert ist der Kunde allerdings, wenn etwa aus wichtigem Grund gekündigt wurde, weil er mit der Scheckkarte und Scheckvordrucken Mißbrauch betrieben hat. Abschließend sind noch einige Anmerkungen zu den Ab-sätzen 1 und 2 zu machen.

a) Kündigung unter Einhaltung einer Kündigungsfrist (Nr. 19 Abs. 1)

Außerhalb unbefristeter Kredite kann die Bank zwar jederzeit kündigen, aber nur unter Einhaltung einer angemessenen Kündigungsfrist. Hinzu kommt die Rücksichtnahme auf die berechtigten Belange des Kunden, wobei für laufende Konten und Depots eine Mindestkündigungsfrist von einem Monat besteht. Hiermit ist den Anforderungen der Recht-sprechung[80], wonach nicht zur Unzeit und nicht rechtsmißbräuchlich gekündigt werden darf, entsprochen. Die Ausgestaltung der Kündi-gungsregelung erlaubt es der Bank nicht mehr, nach freiem Ermessen (so die Altfassung) von ihrem Kündigungsrecht Gebrauch zu machen. Da-mit ist im Ergebnis nicht nur rechtlichen Anforderungen Rechnung ge-

---

79 Näher hierzu *Graf von Westphalen*, BB 1993, 8, 12 f.
80 BGH WM 1985, 1136 = WuB I A Nr. 17 AGB-Banken 2.85 *Obermüller;* WM 1985, 1437 = WuB I A. Nr. 17 AGB-Banken 2.86 *Bruchner;* WM 1988, 1224 = WuB I A. Nr. 17 AGB-Banken 1.88 *Sonnenhol.*

tragen, sondern es sind auch schon Vorstellungen im rechtspolitischen Raum berücksichtigt worden (siehe Schlußbemerkung und Fn. 84).

b) Kündigung unbefristeter Kredite (Nr. 19 Abs. 2)

Ursprünglich war daran gedacht, auch unbefristete Kredite und Kreditzusagen den Kündigungsregelungen des Absatzes 1 zu unterstellen, im Ergebnis also auch hier die einmonatige Kündigungsfrist vorzusehen. Der verbliebene Kundenschutz spiegelt sich im Ergebnis jetzt in Satz 2 wider, wonach auf die berechtigten Belange des Kunden Rücksicht zu nehmen ist und dies in Verbindung mit der Einräumung einer angemessenen Abwicklungsfrist nach der Kündigung gemäß Abs. 5. Mit der jetzt vorliegenden Fassung der Klausel konnte vermieden werden, daß unbefristete Kreditzusagen entsprechend dem neuen Grundsatz I zu § 10 KWG[81] mit Eigenkapital zu unterlegen sind. Eine solche Unterlegungspflicht entfällt danach, wenn die Kreditzusage jederzeit kündbar ist. Nicht im Widerspruch hierzu steht die Bindung der Kündigung an den Grundsatz von Treu und Glauben sowie die nach Kündigung eingeräumte Abwicklungsfrist in Abs. 5. Die von *Hoeren*[82] in diesem Zusammenhang angesprochene Mindestreserveproblematik kann wie schon bisher über besondere Zinskompensationsvereinbarungen mit dem betreffenden Kundenkreis außerhalb der AGB gelöst werden. Hier wäre man durchaus in der Kreditwirtschaft auch einen Schritt weiter gegangen, was jedoch angesichts der Grundsatzbelastung nicht vertretbar erschien. Auch im Kundeninteresse hätte dies nicht gelegen, da höhere Eigenkapitalbindungskosten der Bank als Kreditverteuerung im Ergebnis vermutlich den Kunden getroffen hätten. Dennoch ist sowohl für die Bank als auch für die Kunden eine angemessene Lösung gefunden worden.

III. Schlußbemerkung

Es erübrigt sich, an dieser Stelle noch auf Nr. 20 AGB-Banken einzugehen, die als einzige Bestimmung textlich unverändert übernommen wurde und mehr ungewollt und rein zufällig sich als versöhnliches Binde-

---

81 Abgedruckt in WM 1993, 313.
82 NJW 1992, 3263, 3265.

glied zwischen den AGB-Banken 1977 und der neuen Generation der Allgemeinen Geschäftsbedingungen erweist. Die neuen Allgemeinen Geschäftsbedingungen der Banken, die von der Literatur überwiegend mit lobenden Äußerungen begleitet werden[83], setzen nicht nur die rechtliche Entwicklung der letzten Jahre um, sondern haben in besonderem Maße den Transparenzgedanken zur Geltung gebracht. Sie gehen über das rein rechtlich Geforderte hinaus mit dem Ziel, das Verhältnis zwischen Bank und Kunde neu zu bestimmen. Sie haben zudem schon Vorstellungen aus dem rechtspolitischen Raum[84] aufgegriffen. Die Autoren der neuen Allgemeinen Geschäftsbedingungen verfolgten das Ziel, die Klauseln an der Verständlichkeit aus Kundensicht auszurichten, sie waren aber gleichzeitig auch um inhaltliche Ausgewogenheit bemüht. Es bleibt abzuwarten, inwieweit die Rechtsprechung dieses bei einer Überprüfung und Auslegung der neuen Allgemeinen Geschäftsbedingungen anerkennt.

---

83 *Hoeren*, NJW 1992, 3263, 3267; *Krings*, ZBB 1992, 326, 335; *Graf von Westphalen*, BB 1993, 8 ff.

84 Vgl. Antrag der SPD-Bundestagsfraktion zum Privatgirokonto, BT-Drucks. 11/8333 vom 29.10.1990.

Verbraucherschutzaspekte der AGB-Banken

Prof. Dr. *Norbert Reich*, Bremen/Hamburg

I.

Das Referat befaßt sich mit verbraucherpolitisch relevanten Aspekten der neu gefaßten AGB-Banken. Diese enthalten gleichsam eine Teilkodifizierung des Bankprivatrechtes gegenüber ihren Kunden, ohne daß insoweit nach dem persönlichen Adressatenkreis differenziert würde. Nach dem Grundsatz der „kundenfeindlichsten Auslegung"[1], der auch die Frage des persönlichen Anwendungsbereiches betrifft, muß es sich die Bank gefallen lassen, daß ihre AGBs insgesamt an spezifisch verbraucherrechtlichen Maßstäben gemessen werden, die hier im Mittelpunkt der Erörterung stehen.

Allerdings soll versucht werden, als Maßstab für den zunächst diffusen Verbraucherschutz nicht das deutsche AGB-Recht zu nehmen, das auf dieser Tagung sachkundig von anderer Seite vorgetragen wird. Vielmehr orientieren wir uns am Europäischen Recht, genaugenommen an der neuen Gemeinschaftsrichtlinie 93/13/EWG v. 5. April 1993 (im folgenden Richtlinie), die hinsichtlich mißbräuchlicher Klauseln in Verbraucherverträgen gemeinschaftliche Mindeststandards festsetzt.[2] Eine solche Regelung ist nach unserer Auffassung, die wir anderswo ausführlich begründet haben, nur die konsequente Fortsetzung zur Öffnung etwa der Märkte für Bankendienstleistungen, die durch die 2. Bankenrichtlinie 89/646/EWG[3] mit Wirkung ab 1. 1. 93 durch Einführung des Prinzips der einheitlichen Zulassung und der gegenseitigen Anerkennung für die wichtigsten, auch

---

1 BGH NJW 1983, 1853; 1985, 320.
2 ABl L 95/29 v. 21.4.93. Zu den einzelnen Entwicklungsetappen vgl. Reich, Europäisches Verbraucherschutzrecht, 1993 (im folgenden Reich), Nos. 164–166; Eckert, WM 1993, 1071; Ulmer, EuZW 1993, 337; Heinrichs, NJW 1993, 1817; Text der Richtlinie abgedruckt im Anhang S. 194 ff.
3 ABl L 386 v. 30.12.1989; dazu Reich No. 59.

verbraucherrelevanten Geschäftstätigkeiten des Banksektors wie Einlagengeschäft, Kreditvergabe, Zahlungsverkehr, Wertpapieraufbewahrung und -verwaltung usw. eingeführt worden ist. Marktöffnung und Verbraucherschutz sind damit als unterschiedliche Komponenten ein und desselben Konzepts des Binnenmarktes anzusehen, der ja in Weiterführung von Art. 100a Abs. 3 auf einem hohen Schutzniveau auch im Bereich des Verbraucherschutzes errichtet werden soll.[4]

Die Richtlinie über mißbräuchliche Klauseln enthält trotz der früher von Brandner und Ulmer[5] geäußerten Vorbehalte ausdrücklich einen verbraucherpolitischen Zweck, weshalb sie auch nur für (vorformulierte) Verbraucherverträge anwendbar ist.[6] Dementsprechend definiert Abs. 2 Buchstabe b, insoweit anderen EG-Richtlinien folgend, z.B. 85/577/EWG über Haustürgeschäfte[7] und 87/102/EWG[8] über Verbraucherkredite, den Verbraucher als „natürliche Person, die bei Verträgen, die unter diese Richtlinie fallen, zu einem Zweck handelt, der nicht ihrer gewerblichen oder beruflichen Tätigkeit zugerechnet werden kann". Dieser negative Verbraucherbegriff, der auf den Zweck einer rechtsgeschäftlichen Handlung abstellt, die privaten, nicht gewerblichen oder beruflichen Tätigkeiten dient, liegt übrigens *mutatis mutandis* Art. 5 des im Römischen Abkommen kodifizierten internationalen Schuldvertragsrechts zugrunde.[9] Er ist kürzlich vom EuGH in der *Hutton*-Entscheidung[10] für Art. 13 EuGVÜ bestätigt worden, wo auf das Ziel der Sonderregeln über die gerichtliche Zuständigkeit in Verbrauchersachen abgestellt wird, die von dem Bestreben getragen sind, den „Verbraucher als den wirtschaftlich schwächeren und rechtlich weniger erfahrenen Vertragspartner zu schützen ...".

Es wäre nun ein interessantes und lohnendes Unterfangen, anhand der neuen Richtlinie und ihrer Bedeutung für das Bankenvertragsrecht

---

4 Die 2. RiLi ist auf Art. 57 (2), 66, die RiLi über mißbräuchliche Klauseln auf Art. 100a EWGV gestützt worden.

5 BB 1991, 701 (702) = CMLRev. 1991, 647; vgl. auch Bunte, FS Locher, 1990, 325; Canaris, FS Lerche, 1993, S. 873 (889).

6 Dazu jetzt ausführlich Hommelhoff/Wiedenmann, ZIP 1993, 562; vgl. auch Frey, ZIP 1993, 572.

7 ABl L 371/31 v. 31.12.1985, Text abgedruckt im Anhang, S. 217 ff., dazu Reich No. 159.

8 ABl L 42/48 v. 12.2.1987, Text abgedruckt im Anhang, S. 204 ff., Reich No. 160.

9 Reich No. 155.

10 Urt. v. 19.1.1993, Rs C-89/91, EuZW 1993, 224 No. 18.

einige Grundsatzfragen des gegenwärtigen EG-Wirtschaftsrechtes zu diskutieren, etwa die Frage nach der Kompetenz der Gemeinschaft[11], nach der Bedeutung des Subsidiaritätsprinzips[12], nach dem Verhältnis von Binnenmarkt und Verbraucherschutz[13] und nach der spezifisch verbraucherrechtlichen Orientierung des EG-Rechtes[14]. Dies soll hier nicht geschehen. Das Erkenntnisinteresse des Referates ist bescheidener. Es soll vielmehr gefragt werden, ob die neuen Banken-AGB nicht nur mit deutschen, sondern auch mit Gemeinschaftsstandards übereinstimmen. Dieses Vorhaben mag ein wenig voreilig erscheinen, gilt doch die Richtlinie erst ab 1. 1. 95 und bedarf sie, ungeachtet der Streitfrage nach der Direktwirkung des Gemeinschaftsrechtes[15], einer Transformation durch nationales Recht, auf deren Inhalt und Form hier nicht eingegangen wird.[16] Unterschiede bestehen im sachlichen Anwendungsbereich: das AGBG betrifft nur „für eine Vielzahl von Verträgen" vorformulierte Bedingungen, während Art. 3 der RiLi bereits jede „nicht im einzelnen ausgehandelte" Klausel erfaßt[17]. Für den Gegenstand des Referates spielt diese Differenzierung keine Rolle.

Hinzuweisen bleibt allerdings darauf, daß sich der deutsche Vertragsjurist daran wird gewöhnen müssen, daß er sein auch gegenüber Ver-

---

11 Steindorff, Grenzen der EG-Kompetenz, 1990; ders., Quo vadis Europa?, in: Weiterentwicklung der Europäischen Gemeinschaften und Marktwirtschaft, FIW-Schriftenreihe 148, 1992, S. 11 (35 ff.).

12 Micklitz/Reich, EuZW 1992, 593; Schmidthuber/Hitzler, NVwZ 1992, 720; Emiliou, ELR 1992, 383; Pipkorn, EuZW 1992, 697; Reich, CMLRev 1992, 861 (894); Toth, CMLRev 1992, 1079; Cass, CMLRev 1992, 1107; Steindorff, Quo vadis aaO S. 69–71.

13 Für den Umweltschutz vgl. EuGH, Urt. v. 11.7.1991, Rs. C-309/89, Slg. I 2867 – Titandioxid-RiLi; dazu Zuleeg, NJW 1993, 31. Neuerdings Urt. v. 17.3.1993, Rs. C-155/91 nnv – Abfallrichtlinie 91/156, wo Art. 130s und nicht Art. 100a als Rechtsgrundlage angenommen wurde, da die RiLi primär dem Umweltschutz durch ordungsgemäße Abfallwirtschaft diene.

14 Steindorff aaO einerseits, Reich No. 275–6 andererseits.

15 Vgl. zuletzt Clasen, EuZW 1993, 83 sowie die weitergehenden Schlußanträge des GA van Gerven v. 26.1.1993 in der Rs. C-271/91 Marshall II.

16 Micklitz, VuR 1993, 2 (4). Weitergehend Hommelhoff / Wiedenmann aaO (Fn 7) 571, die für eine Parallelgesetzgebung wegen des unterschiedlichen Anwendungsbereiches des AGBG und der RiLi plädieren; dagegen Ulmer 342; Heinrichs 1818.

17 Dazu vor allem Hommelhoff/Wiedenmann aaO 566; Frey aaO (Fn 7) 575.

brauchern verwendetes Klauselwerk künftig unter zwei „Tests" zu prüfen hat: Unter den, nach wie vor vorrangig zu berücksichtigenden Kriterien des deutschen AGB-Rechtes, wie es durch die höchstrichterliche
Rechtsprechung konkretisiert worden ist, sowie eines eventuellen An-
passungsgesetzes, zusätzlich aber auch anhand des sich entwickelnden
Gemeinschaftsrechtes über Vertragsklauseln, wobei natürlich nicht nur
die neue Richtlinie, sondern auch sonstige Richtlinien, insbesondere die
über den Verbraucherkredit, mit einzubeziehen sind. Dieser zweiten,
noch etwas fernen, aber nichtsdestotrotz relevanten und bedeutsamen
Prüfungsfrage widmet sich das Referat.

II.

Die Richtlinie über mißbräuchliche Klauseln in Verbraucherverträgen
hat nach der durchaus konfliktreichen Entstehungsgeschichte eine Mi-
nimal- bzw. Teilharmonisierung gebracht, weil Art. 8 es den Mitgliedstaaten überläßt,

> „auf dem durch diese Richtlinie geregelten Gebiet mit dem (EWG-) Vertrag
> vereinbare strengere Bestimmungen zu erlassen, um ein höheres Schutzniveau für
> die Verbraucher zu gewährleisten."

Die Richtlinie schreibt damit eine bewährte, vom EuGH anerkannte
Praxis des Gemeinschaftsrechtes fort, die die Rechtsangleichung im Verbraucherschutz durch *Mindeststandards* definiert, wobei natürlich das
mitgliedstaatliche Recht sich immer an die allgemeinen Vorgaben des
Gemeinschaftsrechtes halten muß, insbesondere die Kriterien der Art. 30
und 59 EWGV hinsichtlich der Beschränkungen der Waren- und
Dienstleistungsfreiheit durch dem Verbraucherschutz dienende, nicht
unverhältnismäßige und nicht diskriminierende Maßnahmen des Ge-
setzgebers und der Rechtsprechung.[18] Nach der Rechtsprechung des
Gerichtshofes läßt es diese Klausel auch zu, daß der Schutzbereich per-
sonell erweitert wird, etwa in den kaufmännischen Bereich hinein,[19]

---

18 Dazu für den Bereich des unlauteren Wettbewerbs zuletzt Steindorff, WRP
   1993, 139; für das (zwingende) Vertragsrecht vgl. die Bemerkungen bei Reich
   No. 21; zur *cic*-Haftung vgl. die Schlußanträge des GA v. Gerren v. 8.6.1993,
   Rs. C-93/92.
19 EuGH, Urt. v. 14.3.1991, Rs. C-361/89, Slg. I 1189 – di Pinto, betr. RiLi
   85/577.

oder daß strengere Rechtsbehelfe vorgesehen werden, etwa strafrechtliche statt zivilrechtliche.[20]

Aufgrund von insbesondere in der deutschen Literatur geäußerten Bedenken[21] beschränkt sich die Richtlinie ausdrücklich auf vorformulierte Verträge, wie sie Art. 3 Abs. 2 definiert. Im einzelnen ausgehandelte Verträge unterliegen nicht dem Zugriff des Gemeinschaftsrechtes. Auf die im einzelnen schwierige Abgrenzung muß hier nicht eingegangen werden, da die Banken-AGB das geradezu klassische Beispiel von vorformulierten oder auch Standardverträgen darstellen.

Anders allerdings als in der deutschen Diskussion und insoweit ähnlich zu englischen und französischen Regelungen beschränkt sich der persönliche Anwendungsbereich der Richtlinie auf Verbraucherverträge unter Geltung des oben dargestellten Verbraucherbegriffes. Aber auch dieses Kriterium bereitet trotz aller theoretischen Abweichungen vom deutschen Modell des AGB-Gesetzes im konkreten Zusammenhang keine Schwierigkeiten, da die Banken-AGB auch und gerade das Privatkundengeschäft einheitlich und umfassend regeln wollen. Insoweit ist es nicht nötig, auf die teilweise schwierigen Abgrenzungsfragen zwischen Verbraucher und Nichtverbraucher einzugehen, wie sie etwa im Zusammenhang mit dem Verbraucherkreditgesetz in Umsetzung der Richtlinie 87/102 diskutiert werden.[22]

Die Richtlinie überläßt den Mitgliedstaaten und den von ihnen benannten Organen (es kann sich um Verwaltungs-, aber auch um Rechtsprechungsorgane handeln) eine weitgehende Freiheit in der Ausgestaltung der Inhaltskontrolle von AGB. Die vom Gemeinschaftsrecht festgelegten inhaltlichen Kriterien lassen sich auf drei Grundsätze reduzieren:

– Der Grundsatz der Klarheit
– Der Grundsatz der Verständlichkeit
– Das Mißbrauchsverbot.

1. Die Grundsätze von *Klarheit* und *Verständlichkeit* finden sich deutlich in Art. 5 ausgedrückt. Dort heißt es:

---

20 EuGH, Urt. v. 16.5.1989, Rs. 382/87, Slg. 1235 – Buet betr. die Vereinbarkeit eines Verbotes für den Verkauf von Unterrichtsmaterial an der Haustür.
21 Brandner/Ulmer, BB 1991, 701, 703.
22 Vgl. etwa die Beiträge von Lwowski und Reich in Hadding/Hopt (Hrsg.), Das neue VerbraucherkreditG, 1991, S. 29, 49.

„Sind alle dem Verbraucher in Verträgen unterbreiteten Klauseln oder einige dieser Klauseln schriftlich niedergelegt, so müssen sie stets klar und verständlich abgefaßt sein . . .".

Dies wird in Art. 4 Abs. 2 für die Frage des sonst kontrollfreien Preis/Leistungsverhältnisses wiederholt:

„Die Beurteilung der Mißbräuchlichkeit der Klauseln betrifft weder den Hauptgegenstand des Vertrages noch die Angemessenheit zwischen dem Preis bzw. dem Entgelt und den Dienstleistungen bzw. den Gütern, die die Gegenleistungen darstellen, sofern diese Klauseln klar und verständlich abgefaßt sind."

Der mit dem AGB-Recht vertraute Beobachter wird keine Schwierigkeiten haben, in dieser Formulierung ein Analogon zur *Transparenzrechtsprechung* des Bundesgerichtshofes zu finden.[23] Auch die in der deutschen Diskussion vor allem von Köndgen[24] betonte wettbewerbsrelevante Rolle des Transparenzgebots findet sich mittelbar in der RiLi wieder, wenn es in Begründungserwägungen 5–7 heißt:

„Die Verbraucher kennen im allgemeinen nicht die Rechtsvorschriften, die in anderen Mitgliedstaaten für Verträge über den Kauf von Waren oder das Angebot von Dienstleistungen gelten. Diese Unkenntnis kann sie davon abhalten, Waren und Dienstleistungen direkt in anderen Mitgliedstaaten zu ordern. Um die Errichtung des Binnenmarktes zu erleichtern und den Bürger in seiner Rolle als Verbraucher beim Kauf von Waren und Dienstleistungen mittels Verträgen zu schützen, für die die Rechtsvorschriften anderer Mitgliedstaaten gelten, ist es von Bedeutung, mißbräuchliche Klauseln aus diesen Verträgen zu entfernen. Den Verkäufern von Waren und Dienstleistungen wird dadurch ihre Verkaufstätigkeit sowohl im eigenen Land als auch im gesamten Binnenmarkt erleichtert. Damit wird der Wettbewerb gefördert und den Bürgern der Gemeinschaft in ihrer Eigenschaft als Verbraucher eine größere Auswahl zur Verfügung gestellt."

---

23 Auf die umfangreiche kritische Diskussion soll hier nicht eingegangen werden; die Neufassung der Banken-AGB beinhaltet implizit gerade die Akzeptanz dieses Grundsatzes durch die betroffenen Kreise. Problematisch können deshalb heute nicht der Grundsatz, sondern seine konkrete Verwirklichung sowie die Rechtsfolgen bei Verstoß sein; vgl. BGH NJW 1991, 2559 = ZBB 1992, 129 mit kritischer Anmerkung Brüggemeier/Frielé, ZBB 1992, 137 (143); BGH, Urteile v. 15.10. und 5.11. 1991, WM 1991, 1944, 2055 = NJW 1992, 179, 180 = JZ 1992, 640, 642 mit Anm. Köndgen. Zur Bankentransparenz insgesamt Reifner, JZ 1993, 274.

24 NJW 1989, 943 (947); auch Reich, JCP (Journal of Consumer Policy) 1992, 257 (271); Bedenken bei Bruchner/Bunte, Aktuelle AGB-rechtliche Fragen im Bankgeschäft, 1989, S.141.

Allerdings bleibt die für das Gemeinschaftsrecht entscheidende Frage noch zu klären: Handelt es sich hier um *autonome* Begriffe des Gemeinschaftsrechtes, die entsprechend nach gemeinschaftsrechtlichen Kriterien auszulegen sind, oder geht es nur um eine Wiedergabe allgemeiner vertrags- bzw. AGB-rechtlicher Regelungen, die insoweit nur das jeweils nationale Recht bestätigen und wiederholen. Das Referat wird, dies sei vorausgeschickt, von dem Grundsatz einer autonomen Auslegung der Begriffe von Klarheit und Verständlichkeit ausgehen. Dabei können wir uns insbesondere auf die Rechtsprechung zum EuGVÜ stützen, die für die dort verwendeten Begriffe etwa von Vertrag und Delikt sowie Verbrauchervertrag seit langem von einer autonomen Begriffsbildung ausgeht[25] und insoweit gerade nicht die je unterschiedlichen mitgliedstaatlichen Formulierungen übernimmt. Eine ähnliche Tendenz zeichnet sich hinsichtlich der gemeinschaftsrechtlichen Auslegung des Irreführungsbegriffes der Werberichtlinie 84/450/EWG ab.[26] Allerdings ist auch diese Auffassung noch spekulativ, da die Richtlinie erst ab 1. 1. 95 greift und einige Zeit danach der EuGH überhaupt erst in der Lage sein wird, zu Auslegungsfragen der Richtlinie im Rahmen des Vorabentscheidungsverfahrens Stellung zu nehmen.

Wir gehen weiterhin davon aus, daß die Begriffe Klarheit und Verständlichkeit einen jeweils unterschiedlichen Bedeutungsinhalt haben und keineswegs synonym zu verstehen sind. Dies wird in der englischen („„plain, intelligible language") und französischen Fassung („rédaction de façon claire et compréhensible") deutlich: auch klar formulierte AGB müssen für den typischen Verbraucher, gegenüber dem sie verwendet werden, verständlich sein.

2. Neben dem Grundsatz der Klarheit und Verständlichkeit formuliert Art. 3 ein gemeinschaftsspezifisches *Mißbrauchsverbot*. Dies hat in den verschiedenen Stufen des gemeinschaftlichen Rechtsetzungsprozesses durchaus geschwankt[27], hat aber in Art. 3 Abs. 1 folgende Formulierung gefunden:

---

25 Vgl. zuletzt EuGH, Urt. v. 17.6.1992, Rs. C-26/91, nnv – Handtke zur Qualifikation der französischen „action directe"; v. 19.1.1993, Rs. C-89/81, EuZW 1993, 224 – Hutton zum Begriff des Verbrauchervertrages.
26 Dazu Reich No. 147 mit Nachweisen.
27 Dazu im einzelnen Wilhelmsson, ECLJ 1992, 77; Hommelhoff/Wiedenmann, 568; Ulmer 345; Heinrichs 1819.

„Eine Vertragsklausel, die nicht im einzelnen ausgehandelt wurde, ist als mißbräuchlich anzusehen, wenn sie entgegen dem Gebot von Treu und Glauben zum
Nachteil des Verbrauchers ein erhebliches und ungerechtfertigtes Mißverhältnis
der vertraglichen Rechte und Pflichten der Vertragsparteien verursacht."

Diese Formulierung ist allerdings noch so vage, daß sie angesichts der
unterschiedlichen Rechtstraditionen unter je unterschiedlichen Funktio-
nen des Richters im Rahmen der Vertragsauslegung und -gestaltung
kaum „Transparenz" und Rechtssicherheit ermöglicht. Deshalb enthält
der Anhang eine Liste von Klauseln, denen eine gewisse Vermutung der
Mißbräuchlichkeit entgegensteht. Der verbindliche Charakter dieser Liste ist im Laufe der rechtspolitischen Diskussion substantiellen Änderungen unterworfen worden. Kommission und Parlament wollten zunächst eine gemeinschaftsweit geltende 'schwarze Liste' aufstellen, die
ähnlich § 11 AGB-Gesetz ein für allemal festschreibt, welche Klauseln
typischerweise mißbräuchlich und deshalb in Formularverträgen nicht
zu akzeptieren sind.[28] Hiergegen hat sich im Rat Widerspruch erhoben,
was auch seine Ursache in der mit „Maastricht" aufgekommenen Diskussion um das Subsidiaritätsprinzip gefunden haben mag.

Als Kompromiß formuliert Art. 3 Abs. 3 RiLi, daß der Anhang „eine
als Hinweis dienende und nicht erschöpfende Liste der Klauseln (enthält), die für mißbräuchlich erklärt werden können". Aus der sog.
'schwarzen Liste' ist damit eine graue, genauer eine indizierende Liste
geworden, die den mit der Bekämpfung mißbräuchlicher AGB betrauten
Stellen (seien es Verwaltungsstellen oder Gerichten) bestimmte Hinweise
gibt, ohne jedoch *per se* das Stigma der Mißbräuchlichkeit der Klausel
selbst auszusprechen.

Die *Rechtsnatur* dieser Hinweisliste bereitet im Rahmen des geltenden
Gemeinschaftsrechtes einige Schwierigkeiten. Man könnte die Auffassung vertreten, daß hierin ein völliger Regelungsverzicht der Gemeinschaft liege. Dies entspricht allerdings nicht der Verklammerung des Miß-
brauchstatbestandes mit der Konkretisierung der Mißbräuchlichkeit im
Anhang. Die Mitgliedstaaten haben also nicht völlige Freiheit, ob sie eine
im Anhang genannte Klausel für mißbräuchlich erklären wollen oder
nicht. Man könnte weiterhin auf einen prozeduralen Kompetenzverzicht
hinsichtlich der Nachprüfungsbefugnis des EuGH verweisen. Dies allerdings verstieße gegen die Funktion des Art. 177 i.V. mit dem Grundsatz
der Gemeinschaftstreue nach Art. 5 EWGV, wonach die Auslegungsho-

---

28 Vgl. aufgrund der Stellungnahme des EG-Parlamentes den geänderten RiLi-
   Vorschlag v. 5.3.1992, ABl C 73/7 v. 24.3.1992.

heit hinsichtlich des Gemeinschaftsrechtes auch im Rahmen des Sekun-
därrechtes gerade dem EuGH und nicht den Mitgliedstaaten übertragen
ist.[29] Zu erinnern ist an die Rechtsprechung des Gerichtshofes zur mittel-
baren Bindungswirkung von Empfehlungen gem. Art. 189 Abs. 5:

„Die innerstaatlichen Gerichte sind nämlich verpflichtet, bei der Entscheidung
der bei ihnen anhängigen Rechtsstreitigkeiten die Empfehlungen zu berücksichtigen, insbesondere dann, wenn diese Aufschluß über die Auslegung der zu ihrer
Durchführung erlassenen innerstaatlichen Rechtsvorschriften ergeben oder wenn
sie verbindliche gemeinschaftliche Vorschriften ergänzen sollen."[30]

Da aber die Hinweisliste ein Mehr gegenüber bloßen Empfehlungen
ist, kann ihnen die Bedeutung als Auslegungshilfe für die mitgliedstaatlichen Gerichte und Behörden, die mit der Durchsetzung der Richtlinie
betraut sind – in Deutschland sind dies die Gerichte, insbes. im Rahmen
der Generalklausel des § 9 AGBG – sicherlich nicht abgesprochen werden.

Mir scheint eine Auffassung richtig zu sein, die von einer Art „Beweislastumkehr" ausgeht und eine Präsumption der Mißbräuchlichkeit
annimmt, wenn eine Klausel den im Anhang vorgelegten Kriterien entspricht. Die Mitgliedstaaten bzw. die Klauselverwender müssen zwingende Gründe anführen können, warum eine Klausel, obwohl sie sich
in dem Anwendungsbereich des Anhanges befindet, doch nicht mißbräuchlich sein soll. Denn das Mißbrauchsverbot ist durch die Richtlinie
zum Bestandteil des Gemeinschaftsrechtes geworden; es kann nur um
seine Konkretisierung, nicht aber um seine grundsätzliche Infragestel-
lung gehen. Allerdings wird der Gerichtshof hier eine Zurückhaltung bei
der Auslegung an den Tag legen und es den mitgliedstaatlichen Organen,
insbesondere den Gerichten überlassen, die Konkretisierungsarbeit im
Rahmen ihrer jeweiligen Vertragsrechtsordnungen vorzunehmen.[31]

Nur der Vollständigkeit halber sei darauf hingewiesen, daß Teil 2 des
Anhanges für Finanzdienstleistungen bestimmte Klauseln, die für mißbräuchlich erklärt werden können, einschränkt. Eine solche Ausnahme
wäre gar nicht notwendig gewesen, wenn die Liste ohnehin nur diskre-
tionäre Bedeutung hätte.

---

29 Vgl. Oppermann, Europarecht 1991, No. 652.
30 EuGH, Urt. v. 13.12.1989, Rs. C-322/88, Slg. 4407 (4421); ausführlich für die
   Empfehlung 88/590/EWG v. 17.11.88, ABl L 317/55 v. 24.11.1988, Xavier-
   Bulle, Le droit communautaire du paiement électronique, 1992, p. 63.
31 ähnl. Teureiro, Ed. Technique, Europe, Mai 1993, p. 1 (3).

Für die Untersuchung gehen wir deshalb davon aus, daß ein möglicher Verstoß einer Klausel in den Banken-AGB gegen die im Anhang
genannten Klauseln (unter Berücksichtigung der Sonderregelungen für
Finanzdienstleistungen) eine Indizwirkung für die Mißbräuchlichkeit
enthält, die von der deutschen Rechtsprechung auch aufgegriffen werden
wird, so daß auf die Weise eine mittelbare Rechtswirkung der Hinweisliste sicherzustellen ist.

III.

Das Gemeinschaftsrecht nennt zunächst den Grundsatz der *Klarheit* als
Kontrollkriterium. Man wird davon ausgehen, daß der Begriff der Klarheit von dem der Transparenz nach der Rechtsprechung des BGH nicht
wesentlich unterschieden ist. Klarheit bedeutet die Pflicht zur Bestimmtheit, Durchschaubarkeit, Konkretisierung und Folgenangabe des Verwenders gegenüber dem Verbraucher, soweit AGBs Rechtspflichten
(bzw. Obliegenheiten) und Rechtsfolgen regeln wollen.

1. Das Klarheits- bzw. Transparenzgebot stand bekanntlich Pate bei der
Neufassung der Banken-AGB, und den Bemerkungen hierzu ist wenig
hinzuzufügen. Wichtig erscheint mir auch unter Aspekten des Gemeinschaftsrechtes, daß sich der Klarheitsgrundsatz nicht nur auf die einzelne
Klausel, sondern insgesamt auf die *Struktur* der AGB selbst bezieht, so
daß die einzelnen Abschnitte der Beziehung Bank/Kunde überschaubar
geregelt sein müssen. Insoweit schneiden die jetzigen Banken-AGB *cum
grano salis* wesentlich besser ab als ihre Vorgänger. Insoweit dürfte die
Fortentwicklung des Transparenzgebotes in anderen Bereichen aufmerksam zu verfolgen sein. Dies gilt im Banken-Bereich vor allem für Ein-
zel-AGBs bestimmter Geschäftstypen, etwa EC-Service, Bürgschaften
usw. Dies ist dann jeweils gesondert zu untersuchen, wobei naturgemäß
sonstiges Gemeinschaftsrecht einschließlich von Empfehlungen zu berücksichtigen ist.

Als *Verbesserungsmöglichkeit* hätte ich mir gewünscht, daß die Neufassung der Banken-AGB auch Hinweise auf Beschwerdesysteme und
auf die (noch sehr zaghafte) Einrichtung eines Ombudsmans enthält.[32]

---

32 Dazu Hoeren, NJW 1992, 2727 sowie Gastkommentar des Ombudsmanns,
Parsch, WM 1993, 238 zum deutschen Modell, die Diskussion hierüber soll
nicht vertieft werden; weitergehend zum australischen bzw. britischen Ombudsmann vgl. Reich, WM 1992, 809; Buck/Sonnberg, ZBB 1993, 15.

Dies wird man sicherlich nicht zwingend aus dem Transparenz- bzw. Klarheitsgebot herleiten können, zumal Anhang 1 Buchstabe g Klauseln verbietet, die den Rechtsschutz verkürzen, insbesondere solche, die einen ausschließlichen Verweis auf Schiedsgerichtsverfahren zur Streitschlichtung enthalten. Dennoch scheint es mir unverzichtbar zu sein, daß eine klare und transparente Regelung der Kundenbeziehungen zur Bank auch den Hinweis auf Beschwerdemöglichkeiten enthält, wobei die allgemeine Rechtsweggarantie eigentlich etwas Selbstverständliches ist. Insoweit ist der britische „Code of Good Banking Practice"[33] ein Vorbild, der in Ziff. 5 auf eine „complaint procedure" ausdrücklich hinweist. Im Versicherungsbereich verlangen übrigens die Art. 31 der 3. RiLi Schaden 92/49/EWG v. 18. 6. 1992[34] und Leben 92/96/EWG v. 10. 11. 1992[35] jeweils vom Versicherungsunternehmen eine Angabe über die Einrichtung von Konfliktlösungsmechanismen.[36]

2. Völlig ungeklärt ist bislang, wie sich das Klarheitsgebot des Gemeinschaftsrechtes zum Zins- und Entgeltanspruch im Privatkundengeschäft nach Ziff. 12 Nr. 1 Banken-AGB verhält. Sofern hier auf den Preisaushang bzw. das Preisverzeichnis verwiesen wird, sind Kollisionen mit dem deutschen Tansparenzgebot, wie die Rechtsprechung des Bundesgerichtshofes festgestellt hat, ebensowenig zu befürchten wie mit dem gemeinschaftlichen Klarheitsgebot. Problematisch erscheint mir nur das Bestimmungsrecht der Bank gem. § 315 BGB bei fehlendem Aushang bzw. Verzeichnis oder nicht vorher stattgehabter Information. Wie das Referat von Horn eindrucksvoll gezeigt hat, ist in diesen Fällen zu unterscheiden zwischen einerseits der Geltung eines solchen Bestimmungsrechtes und andererseits der Höhe der jeweils festgesetzten Entgelte. Der Verweis auf § 315 soll beides erfassen. Aus dem gemeinschaftlichen

---

33 Der Bericht der sog. Jack-Commission von 1989 hatte einen solchen „Code" gefordert, der Ende 1991 erlassen wurde. Der Code gilt ab 16. 3. 1992 und soll alle zwei Jahre überprüft werden. Er ist allerdings mit deutschen AGB nicht vergleichbar; es handelt sich der Rechtsnatur nach eher um Wettbewerbsregeln, die von den Beteiligten einseitig-freiwillig eingehalten werden sollen. Bei Verstoß finden verbandsrechtliche Sanktionen statt; denkbar ist auch die Klage des Verbrauchers gegen einen Anbieter aus „breach of contract" wegen Verletzung von „implied terms" des Vertrages, vgl. Lowe/Woodroffe, Consumer Law and Practice, 3rd ed. 1991, p. 151.
34 ABl L 228 v. 11. 8. 92.
35 ABl L 360 v. 9. 12. 92; dazu Reich, VuR 1993, 10 (21); Fahr, VersR 1992, 1033.
36 Dazu Einzelheiten bei Reich No. 170.

Klarheitsgebot kann dabei der Tatbestand der Entgeltpflichtigkeit dem Grunde nach nicht bestritten werden. Fraglich ist nur die *Höhe*. Die deutsche Rechtsprechung läßt den Verweis auf § 315 genügen, soweit die Zinsanpassung in Rede steht. Sie könne nur im Rahmen der Refinanzierungskosten der Bank erfolgen und müsse auch eine Herabsetzung erlauben.[37] In dieser gesetzlich vorgegebenen Rechtsfolge sieht die Rechtsprechung keinen Verstoß gegen das Transparenzgebot.[38] Hinsichtlich sonstiger Entgeltbestandteile steht eine Entscheidung aus; auch der Verweis auf §§ 354 HGB und 612 BGB[39] sagt nichts über die Kenntnismöglichkeit des Kunden über die angeblich vereinbarte Höhe aus, sondern läßt sich nur ex post ermitteln.

Ich habe Zweifel, ob die auch in der Neufassung der Banken-AGB fortgeschriebene bisherige Rechtsprechung und Rechtspraxis unter dem autonomen Grundsatz des Klarheitsgebotes der Richtlinie noch aufrechterhalten werden kann. Denn Klarheit heißt, daß dem Kunden *vor oder spätestens bei* Abschluß des Auftrages die Höhe des Entgeltes zur Kenntnis gebracht wird. Die Entscheidungsfreiheit des Kunden, die durch das Klarheitsprinzip geschützt werden soll, ist insoweit maßgebende Richtschnur des Gemeinschaftsrechtes. Sie soll nicht nur einen Kostenvergleich ermöglichen, sondern dem Kunden auch die Möglichkeit geben, völlig von dem Auftrag abzusehen. § 315 entspricht m.E. diesen Klarheitskriterien nicht. Er erlaubt primär eine ex-post Billigkeitskontrolle. Die Rechtsprechung zu den Refinanzierungskosten betrifft auch nur den Zinsanteil, nicht das Entgelt insgesamt. § 315 beruht auf anderen ordnungs- und rechtspolitischen Vorstellungen als das Klarheitsprinzip.

Hier erscheint mir der Ansatz des britischen „Code of Good Banking Practice" richtiger, der recht detailliert ausführt:

„Banks will provide customers with details of the basis of charges ... These will be in the form of published tariffs covering basic account services which will

- be given or sent to customers:
(a) when accounts are opened
(b) at any time on request
(c) before changes are made
- and be available in branches.

---

37 BGHZ 97, 212 (216 f.) = NJW 1986, 1803.
38 BGH NJW 1992, 1751 (1752 a.E.).
39 Dazu Horn, in: Wolf/Horn/Lindacher, AGBG, 2. Aufl. 1989, § 23 Rdn. 660 f.

Charges for services outside the tariff will be advised on request or at the time the service is offered.

Banks ... will tell customers the interest rates applicable to their accounts, the basis on which interest is calculated and when it will be charged to their account. These will include the rates applicable when accounts are overdrawn without prior agreement or exceed the agreed borrowing limit. Banks ... will explain also the basis on which they may vary interest rates.

When banks .. change interest rates with immediate effect they will publicise those changes by notices in their branches, if any, or in the press, or both."

3. Noch eine weitere Vorschrift begegnet Bedenken unter Aspekten des Klarheitsgebotes. Es handelt sich um Ziffer 13 Abs. 1 Satz 2. Die Vorschrift betrifft den schuldrechtlichen Anspruch der Bank auf Bestellung von Sicherheiten. In Erweiterung der Überschrift geht es hier gegenüber dem Kunden der Bank, der eine Haftung für Verbindlichkeiten eines anderen Kunden der Bank z.B. als Bürge übernommen hat, jedoch nicht nur um einen Anspruch auf Bestellung, sondern auch auf *Verstärkung* von Sicherheiten. Dieser wird schuldrechtlich begründet. Allerdings wird dieser Anspruch gleichzeitig insoweit wieder eingeschränkt, daß er nur ab Fälligkeit bestehen soll. Erweiterung und Einschränkung dieses Sicherungsanspruches laufen also in nicht durchschaubarer Weise ineinander über. Mit einer solchen Folge muß der Kunde als Bürge oder Sicherungsgeber nicht rechnen.[40] Diese kann sich vielmehr nur aus dem besonderen Sicherungsvertrag, etwa aus der Bürgschaftsurkunde ergeben, und muß die dafür genannten Kriterien erfüllen. Auch ist unklar, ob die Nichterfüllung dieses Bestellungs- oder Verstärkungsanspruches die Folgen der Ziff. 19 Abs. 3, d.h. das außerordentliche Kündigungsrecht der Bank auslöst, was zuweit ginge und auch dem in das Gemeinschaftsrecht übernommenen Grundsatz der Auslegung „contra proferentem", Art. 5 S. 2 der RiLi, widerspräche.

Erneut erscheint der Ansatz des englischen Code da klarer zu sein:

„Banks ... will advise private individuals proposing to give them a guarantee or other security for another person's liability that:

1) by giving the guarantee or third party security he or she might become liable instead of or as well as that other person

2) he or she should seek independent legal advice before entering into the guarantee or third party security.

---

40 Ähnlich Krings, ZBB 1992, 326 (331).

Guarantees and other third party security forms will contain a clear and prominent notice to the above effect".

IV.

Das *Verständlichkeitsgebot* steht als *aliud* neben dem Klarheitsgebot der Richtlinie. Der autonome Begriff der Verständlichkeit kann deshalb vom EuGH überprüft werden. Da es das Gemeinschaftsrecht mit Verbrauchern aus unterschiedlichen Rechts- und Sprachkreisen zu tun hat, ist damit gleichzeitig das sprachliche Verständigungsproblem angesprochen. Hierbei handelt es sich um ein zentrales Problem des Verbraucherschutzes, das durch Verweis auf internationales Privatrecht allein nicht zu lösen ist. Für die gegenwärtige Diskussion beschränken wir uns auf einige Hinweise, ohne daß wir das Problem wirklich vollständig ausloten können.

1. Zunächst ist sicherlich richtig, daß sich die *Vertragssprache* nach dem jeweils anwendbaren Vertragsrecht bestimmt. Hierfür enthält Ziff. 6 Abs. 1 der Banken-AGB eine ausdrückliche Regelung: für die Geschäftsverbindung zwischen dem Kunden und der Bank gilt deutsches Recht. Es handelt sich dabei um eine unechte Rechtswahlklausel, da sie den Rechtszustand nach Art. 28 EGBGB, der Art. 4 des Römischen Abkommens entspricht, nur wiederholt. In den Rechtsbeziehungen der Bank zum Kunden gilt damit die deutsche Sprache als Vertragssprache. Dies gilt unbeschadet davon, ob es sich um deutsche oder ausländische Kunden handelt. Die Rechtsprechung geht soweit, daß der ausländische Kunde, der des Deutschen nicht oder kaum mächtig ist, keinen Anspruch auf Übersetzung von AGB hat.[41] Das von der Rechtsprechung entwickelte Transparenzgebot bedeutet nicht die Möglichkeit, die AGBs sprachlich auch zu verstehen; hierum soll sich der Kunde vielmehr selbst bemühen. Die gelegentlich in Literatur[42] und Rechtsprechung[43] erwogenen Flexibilisierungen insbesondere im Zusammenhang mit der Einbe-

---

41 BGH NJW 1983, 1489; Schmidt, in: Ulmer/Brandner/Hensen, AGB-Gesetz, Kommentar, 7. Aufl., 1993, Anh. § 2 AGBG Rdn. 17 ff.; Wolf, in: Wolf/Horn/Lindacher, § 2 AGBG Rdn. 28.
42 Reich, NJW 1978, 513 (517); Meier/Wehlau, VuR 1991, 141.
43 OLG München NJW 1974, 1659.

ziehung von AGB gegenüber ausländischen Kunden haben sich nicht durchsetzen können.

Da Deutsch bereits Vertragssprache ist,[44] erübrigt sich ein Eingehen darauf, ob Deutsch als gesonderte Verhandlungssprache vereinbart werden kann. Dieses Problem stellt sich im wesentlichen bei der Auslandstätigkeit deutscher Banken, muß aber hier nicht vertieft werden. Soweit sind Kollisionen zwischen dem Ansatz der Richtlinie 89/646, der ausländische Zweigstellen deutscher Banken der Kontrolle des Heimatstaates, d.h. Deutschlands unterwirft, mit möglichen IPR-Regeln im Ausland vorprogrammiert. Sie wirken sich aber nicht auf den deutschen Markt aus. Ausländische Banken sind an den zu erörternden AGB insoweit nicht beteiligt, so daß sich insoweit auch keine besonderen EG-rechtlichen Probleme stellen.

2. Hinsichtlich des EG-Rechts zeigen sich jedoch in neuester Zeit Tendenzen, das Sprachproblem stärker im Sinne einer *Verstehensmöglichkeit* zu definieren und objektive Anknüpfungskriterien, insoweit über das Römische Abkommen hinausgehend, zu entwickeln. Dies ist besonders deutlich im Versicherungsrecht, wo die 3. Richtlinie Leben 92/96/EWG im Anhang 2 ausführliche Informationspflichten aufstellt, die regelmäßig „in der Sprache des Mitgliedstaates der Verpflichtung", d.h. des Staates des gewöhnlichen Aufenthaltsortes, evtl. des Heimatlandes des Versicherungsnehmers zu erbringen sind, sofern nicht zulässigerweise ein anderes Recht gewählt werden kann. Allerdings regelt diese Vorschrift nicht den Fall der Mehrsprachigkeit innerhalb eines einzelnen Landes.

Zu erwähnen sind weiterhin die Regeln der Richtlinie über mißbräuchliche Klauseln selbst, die in Art. 6 Abs. 2 eine Einschränkung hinsichtlich der Rechtswahl enthält, sofern ein Drittlandrecht und damit eventuell eine Drittlandsprache betroffen ist. Damit wird der frühere Grundsatz des § 10 Nr. 8 AGB-Gesetz gegenüber Nicht-EG-Staaten wieder hergestellt, der liberale Ansatz des Römischen Übereinkommens insoweit verlassen. Die Empfehlung 88/590 über Zahlungssysteme schließlich setzt als Sprache etwa der Vordrucke für Verträge über die Ausgabe von Kredit- und Zahlungskarten die „Sprache des gewöhnlichen Verwendungsortes" voraus, entscheidet sich also ebenfalls für eine objektive Anknüpfung, ohne daß diese allerdings zwingend wäre.

---

44 Aden, NJW 1993, 832 (834) nimmt für die AGBSp hier ein Gewohnheitsrecht an; dies kann angesichts „multikultureller Umwerfungen" heute nicht mehr befriedigen.

3. Die – von der zivilrechtlichen Literatur noch nicht zur Kenntnis ge-
nommene – Migrationsforschung hat gezeigt, daß sprachliche Kompetenz ein zentrales Kriterium der Integration von Ausländern in eine
Gesellschafts- und Rechtsordnung ist. Hierfür gibt es einschlägige Untersuchungen, insbesondere hinsichtlich der Integration von Ausländern
der zweiten Generation. Allerdings ist der Bereich der Verbrauchsver-
träge noch weitgehend unerforscht! Repräsentativ sei hier zitiert aus
einer Studie über das Verhalten von türkischen, insoweit volljährigen
Jugendlichen auf dem Arbeitsmarkt, die zu folgendem Ergebnis
kommt:[45]

„Es besteht ein Widerspruch zwischen Fachorientierung und Verständlichkeit,
zwischen dem Leserbild der Autoren und den realen Adressaten. Die Fach-
begriffe, die unentbehrlich sind, sollten erklärt werden, und zwar möglichst bei
jedem Auftreten ... Was sich verbietet ist die bloße Übersetzung eines deutsch
gedachten und deutsch geschriebenen Textes in eine oder mehrere Herkunfts-
sprachen ... "

Diese Ausführungen sind insoweit bemerkenswert, als sie anders als
die Rechtsprechung zur Einbeziehung von AGBs gegenüber Kunden,
die des Deutschen nur unzureichend mächtig sind, nicht auf Übersetz-
zung, sondern auf *Erklärung* abheben. Neben dem Klarheitsproblem,
das in den Banken-AGB in den oben genannten Grenzen zufriedenstellend gelöst ist, kann also im Einzelfall noch ein Erklärungsproblem bestehen, das zugegebenermaßen nur individuell und nicht generell gelöst
werden kann.

4. Dieses Erklärungsproblem ist besonders wichtig bei riskanten Geschäften eines Bankkunden, insbesondere bei der Bestellung von Sicherheiten für Dritte, etwa nahe Angehörige. Die hier anstehenden Probleme
sind insbesondere im Zusammenhang mit der Sittenwidrigkeit von Mit-
haftung und Bürgschaft gegenüber Banken diskutiert worden, die für
Verbindlichkeiten von nahen Angehörigen (Ehepartnern, Familienmit-
gliedern) eingegangen werden. Die hochkomplexe und kontroverse
Rechtsprechung zur Sittenwidrigkeit solcher (Mit-) Verpflichtungen soll
hier nicht nachvollzogen werden. Mir scheint nur, daß der Aspekt der
Verständlichkeit bislang nicht hinreichend berücksichtigt wurde, auf den
das EG-Recht demnächst zu Recht abhebt. Dies wird deutlich an der

---

45 Hans H. Reich/Yakut, in: Yakut/Reich/Neumann/Boos-Nünning, Zwischen
   Sprachen und Kulturen, 1986, S. 384 ff.

umstrittenen Entscheidung des BGH vom 22. 1. 1991[46], wo die Sittenwidrigkeit aus Besonderheiten der Partnerbeziehung, nicht aus der
sprachlichen Inkompetenz der mitverpflichteten griechischen Ehefrau
hergeleitet wurde, die, wie dem Sachverhalt zu entnehmen ist, kaum
Deutsch konnte, weil sie nur kurz die deutsche Schule besucht hatte und
vermutlich überhaupt nicht wußte, worauf sie sich einließ. Der Gesichtspunkt der sprachlichen Verständlichkeit sollte einen zentralen Bestandteil zur Kontrolle von Bürgschaftsverpflichtungen bilden.[47]

Die Rechtsprechung einiger common law-Länder geht zum Teil weiter und hat insbesondere in der sog. *Amadio*-Entscheidung des High
Court of Australia ihren Ausdruck gefunden[48]:

„... the result of the combination of their age, their limited grasp of written
English, the circumstances in which the bank presented the document to them
for their signature and, most importantly, their lack of knowledge and under-
standing of the contents of the document was that ... they lacked assistance and
advice where assistance and advice were plainly necessary if there were to be any
reasonable degree of equality between themselves and the bank". [49]

Auch das französische Recht ist hier flexibler; das Gesetz 75/1349
vom 31. 12. 75 schreibt zwar die Verwendung der französischen Sprache
bei Transaktionen in Frankreich vor, ermutigt aber die Erläuterung bzw.
Übersetzung in die Sprache des Kunden:[50]

„Est obligatoire l'emploi de la langue française dans ... la présentation ..., le
mode d'emploi ou d'utilisation, l'étendue et les conditions de garantie d'un bien
ou d'un service ... Toutefois, le texte français peut se compléter d'une ou plusie-
urs traductions en langue étrangère".

---

46 NJW 1991, 923 = WM 1991, 313.
47 Vgl. BGH NJW 1993, 322, wo auf diesen Gesichtspunkt nicht eingegangen
   wird. Zur Frage der Anwendung des HWiG bzw. der RiLi 85/577/EWG auf
   eine außerhalb von Geschäftsräumen abgeschlossene Bürgschaftserklärung
   vgl. den Vorlagebeschluß des LG Kleve, NJW 1993, 472 unter zutr. Hinweis
   auf die Notwendigkeit einer „richtlinienkonformen Auslegung" des deutschen
   Rechts. So jetzt auch BGH ZIP 1993, 587 unter Hinweis auf die Notwendigkeit einer gemeinschaftskonformen Auslegung des HWiG.
48 (1983) 151 CLR 447; dazu Duggan, (1991) 13 SydlRev 139 (141).
49 Per Deane J. at p. 477.
50 Calais-Auloy, Droit de la consommation, 3ème éd. 1991, No. 40; Christianos,
   L'obligation d'information, 1987, p. 195.

5. Legt man mit der hier vorgeschlagenen Meinung das Verständlich-keitsgebot *gemeinschaftsautonom* aus, so bedeutet dies in concreto eine Pflicht der Bank (bzw. jedes Verwenders von nicht im einzelnen ausge-handelten Klauseln), dem des Deutschen nicht oder nur unzureichend mächtigen Kunden, die Bedeutung der AGB zu *erläutern*. Diese Erläu-terung muß, worauf hingewiesen wurde, nicht eine vollständige Über-setzung beinhalten. Zu erklären sind aber insbesondere die Klauseln, die dem Kunden Rechtspflichten auferlegen oder Obliegenheiten mit Rechtsnachteilen enthalten. Dies betrifft vor allem den Komplex der Kreditsicherheiten, insbesondere die Ziffern 13–17, die die Sicherheiten für die Ansprüche der Bank gegen den Kunden regeln. Es dürfte sich empfehlen, wenn die Banken kurze, prägnante Merkblätter in der Spra-che ihrer potentiellen ausländischen, des Deutschen nur unzureichend mächtigen Kunden herausgeben, die die Bedeutung dieser Klauseln er-läutern.

V.

Das *Mißbrauchsverbot* ist ein allgemeiner Grundsatz des AGB-Rech-tes und wird in der Richtlinie im Grunde genommen nur wiederholt. Zur deutschen Rechtsprechung ergeben sich soweit ersichtlich nur ge-ringe Abweichungen.[51] Es kann präsumtiv davon ausgegangen werden, daß, soweit die neuen Banken-AGB der BGH-Rechtsprechung entspre-chen, eine Kollision mit dem Mißbrauchsverbot des Gemeinschaftsrech-tes ausscheidet. Ggf. dienen die im Anhang genannten Klauseln als Hin-weis auf möglicherweise mißbräuchliche Klauseln. Hier sind zwei Bemerkungen angebracht.

1. Die Kündigungsklausel in Ziff. 19 hat für den Kunden einschneiden-de Bedeutung, auch wenn zuzugeben ist, daß sie insgesamt „kunden-freundlicher" als in den alten Banken-AGB formuliert ist. Unproble-matisch ist dabei das Kündigungsrecht aus wichtigem Grund. Problematisch könnte das ordentliche Kündigungsrecht nach Ziff. 19 Abs. 1 sein. Als Ausdruck einer „negativen Vertragsfreiheit", die inso-weit auch vom Gemeinschaftsrecht respektiert wird, schützen die AGB den Kunden nur hinsichtlich der Frist, nicht aber hinsichtlich des Grun-des; eine Nachprüfung der Begründetheit einer Kündigung soll grund-

---

51 Vgl. aber insoweit weitergehend Hommelhoff/Wiedenmann, ZIP 1993, 562 (569). Wie hier Heinrichs, NJW 1993, 1817 (1819).

sätzlich nicht stattfinden. Dabei beträgt die Kündigungsfrist für die Führung von laufenden Konten und Depots mindestens einen Monat, sonst ist eine angemessene Frist genannt.

Anhang 1 Buchstabe g in Verbindung mit Erläuterung 2 Buchstabe a der Richtlinie geht von einer ähnlich verstandenen „negativen Vertragsfreiheit" i. S. von Beendigungs- und Kündigungsfreiheit des Verwenders von Klauseln aus und verlangt lediglich eine „alsbaldige Unterrichtung". Aus der Formulierung ist nicht klar zu entnehmen, ob sich diese Unterrichtung auf die Kündigungsabsicht bezieht oder mit der Kündigung zusammenfallen kann. Allerdings ist eine übertriebene Formalisierung dem Gemeinschaftsrecht fremd, so daß in der Kündigungserklärung selbst die alsbaldige Unterrichtung über die Beendigung der Vertragsbeziehungen liegt. Die Fristen selbst erscheinen unter Gemeinschaftsrecht jedenfalls nicht angreifbar.

Die dahinterliegenden Fragen sind eher rechtspolitischer als rechtsdogmatischer Art. Sie finden sich in der Diskussion um ein sog. „lifeline checking account" wieder.[52] Hierbei geht es konkret darum, inwieweit Kunden Anspruch auf Aufnahme bzw. Fortsetzung von Geschäftsbeziehungen mit Banken haben, sofern hierdurch Grundbedürfnisse befriedigt werden müssen. Dem Vertragsrecht ist eine solche Kontrahierungspflicht im allgemeinen fremd. Ob sie durch Aufsichtsrecht den Banken auferlegt werden kann, wie das in verschiedenen US-amerikanischen Einzelstaaten versucht wird, erscheint unter dem Grundsatz der EG-einheitlichen Zulassung fraglich, da sich diese auf die Solvabilität beschränkt, nicht aber auf Einhaltung bestimmter Verhaltensregeln bezieht. Denkbar dürfte es aber sein, wenn Mitgliedstaaten die Kündigung des Kontovertrages im Rahmen ihrer Rechtsordnung an einschränkende Bedingungen knüpfen, da insoweit das Gemeinschaftsrecht nicht vorgreift.

2. Einer Mißbrauchsprüfung müssen sich weiterhin die Zins- und Kostenänderungsklauseln in Ziff. 12 Abs. 3 und 4 sowie 6 stellen. In Konkretisierung der Rechtsprechung sehen die AGB in Ziff. 12 Abs. 3 vor, daß die Änderung der Zinsen bei Krediten mit einem veränderlichen Zinssatz aufgrund der jeweiligen Kreditvereinbarung mit dem Kunden erfolgt. Das Entgelt für Leistungen, die vom Kunden im Rahmen der Geschäftsverbindung typischerweise dauerhaft in Anspruch genommen

---

52 Dazu Mitchell, in: AMEXCO, Financial Services Reform and the Consumer, 1993, p. 141.

werden, kann die Bank nach billigem Ermessen (§ 315 BGB) ändern. Hierbei stellt sich wieder die oben aufgeworfene Frage nach der Klarheit dieser Regelung, die unter Gemeinschaftsrecht nicht unproblematisch ist. Zusätzlich sieht Abs. 4 eine Mitteilungspflicht der Bank vor, die entsprechend Anhang 1 Buchstabe j in Verbindung mit Erläuterung 2 Buchstabe b der Richtlinie unverzüglich erfolgen muß. Umgekehrt kann der Kunde kündigen, wie dies auch von der Richtlinie vorgesehen ist.

Bei Verbraucherkrediten besteht nach Abs. 6 die Besonderheit, daß bei Überziehungskrediten nach § 5 VerbrKrG sich „der maßgebliche Zinssatz nach dem Preisaushang und den Informationen", die die Bank dem Kunden übermittelt, bestimmt. Hier ist primär nicht die Richtlinie über mißbräuchliche Klauseln, sondern Art. 6 Nr. 2 der Richtlinie 87/107 bei vereinbarten und Nr. 3 bei „stillschweigend akzeptierten" (geduldeten) Überziehungen maßgeblich. Bei vereinbarten Überziehungen muß die Bank den Kunden über „jede Änderung des Jahreszinses und der in Rechnung gestellten Kosten im Augenblick ihres Eintretens" unterrichten. Zeitlich unbestimmte, insbesondere nachgeschobene Informationen reichen nicht; sie müssen vielmehr *zeitgleich* mit der Änderung erfolgen.[53] Dies ist auch von der Rechtsprechung des BGH anerkannt[54].

Bei bloß geduldeten Überziehungen reicht eine nachgeschobene Mitteilung über den Jahreszins und die in Rechnung gestellten Kosten sowie allen diesbezüglichen Änderungen aus, wenn das Konto länger als drei Monate überzogen wird. Der Gemeinschaftsgesetzgeber hat hier bedauerlicherweise selbst das Transparenz- und Mitteilungsgebot eingeschränkt. Ob die Verbraucherkreditrichtlinie 87/102 als „lex specialis communitaria" der Richtlinie über mißbräuchliche Klauseln vorgeht oder ob diese umgekehrt als „lex posterior" Vorrang vor der früher erlassenen Richtlinie 87/102 beansprucht, kann aus den Beratungen der Gemeinschaftsgremien und den Begründungserwägungen nicht deduziert werden. Angesichts des hohen Stellenwertes, den die rechtzeitige Unterrichtungspflicht i.V. mit dem Transparenzgebot hat, müssen m.E. die Informationen grundsätzlich zeitgleich oder wenigstens zeitnah erfolgen.[55] Hinsichtlich der Rechtfertigung einer Unterscheidung in der Höhe der Überziehungszinsen und -kosten bei vereinbarten und bei

---

53 Metz, VuR 1992, 347.
54 BGH NJW 1992, 1751.
55 Vgl. Bruchner/Ott/Wagner-Wieduwilt, Verbraucherkreditgesetz, Kommentar, 1992, § 5 VerbrKrG Rdn. 85.

„nur" geduldeten Krediten[56] gibt das EG-Recht nur eine Teilantwort. Einerseits spricht die RiLi 87/102 von „stillschweigend akzeptierten" Überziehungen, die dann nicht mehr vom nationalen Recht als einen Schadensersatzanspruch der Bank auslösende Vertragsverletzung[57] angesehen werden können. Auf der anderen Seite wird die Einhaltung von Transparenzgebot und unverzüglicher Unterrichtungspflicht umso wichtiger, um die Entscheidungsfreiheit des Kunden zu wahren. Die Formulierung, wonach eine Übermittlung der Informationen, gleich welcher Art und gleich zu welchem Zeitpunkt, ausreichen soll, entspricht insoweit nicht dem EG-Recht; sie enthält, worauf Hoeren hinweist, in der Tat eine „bedauerliche Entgleisung"[58].

VI.

Die Überprüfung der neuen AGB-Banken unter künftigem Gemeinschaftsrecht ergibt folgendes Ergebnis:

1. Es ist davon auszugehen, daß die neugefaßten Banken-AGB in zentralen Teilen der EG-Richtlinie über mißbräuchliche Klauseln in Verbraucherverträgen entsprechen.

2. „Unklar" ist die Bedeutung des *„Klarheitsgebotes"* im Hinblick auf das von der deutschen Rechtsprechung anerkannte Entgeltbestimmungsrecht der Bank bezüglich Zinsen und Kosten nach billigem Ermessen; hier sind Zweifel angebracht, ob dies in Zukunft aufrechterhalten werden kann.

3. Das Verständlichkeitsgebot ist nach Gemeinschaftsrecht zu ergänzen um eine Erläuterungsobliegenheit hinsichtlich wesentlicher und belastender Regelungen gegenüber solchen Kunden, die erkennbar des Deutschen nicht ausreichend mächtig sind. Allerdings zieht ein evtl. Verstoß keine AGB-rechtlichen Konsequenzen nach sich, sondern ist nach *culpa*-Grundsätzen zu behandeln.

---

56 Zur Streitfrage im Anschluß an das Urteil des LG Düsseldorf NJW 1990, 2630 = WM 1990, 1535 vgl. OLG Düsseldorf WM 1991, 1790; Wagner-Widuwilt aaO Rdn. 87; Ulmer/Habersack, § 5 VerbraucherkreditG, Rdn. 30.
57 So Horn aaO § 23 AGBG Rdn. 663 vor Geltung der VerbrKrG.
58 NJW 1992, 3262 (3266).

4. Dem Mißbrauchsverbot tragen die neuen Banken-AGB allgemein Rechnung, wobei in Einzelheiten hinsichtlich des Preis- und Entgeltbestimmungsrechtes der Bank Zweifelsfragen offenbleiben.

Die AGB-Banken als Grundlage des Bankprivatrechts

von Prof. Dr. *Norbert Horn*, Köln

Inhaltsübersicht

I. Einleitung. Allgemeine Merkmale und Ziele der neuen AGB

Die AGB-Banken in der Fassung 1993, die vom Bundesverband deutscher Banken e.V. erarbeitet wurden, sowie die damit bis auf geringfügige Abweichungen deckungsgleichen AGB 1993 des Bundesverbandes der deutschen Volksbanken und Raiffeisenbanken und die inhaltlich damit übereinstimmenden, wenngleich anders gegliederten AGB-Sparkassen 1993 des Deutschen Sparkassen- und Giroverbandes, sind in manchem ein Neuanfang. Im Gegensatz zu zahlreichen vorangegangenen Neufassungen, zuletzt 1986,[1] hat man sich nicht mit punktuellen Ergän-

---

1 Überblick über die Änderungen zum 1. 1. 1984 bei Horn, WM 1984, 449 ff., zum 1. 1. 1986 bei Bunte/Schröter, AGB und Sonderbedingungen der Kreditinstitute (WM-Skript 101) 1986; allg. Horn, in: Wolf/Horn/Lindacher, AGB-Gesetz, 2. Aufl. 1989, § 23 Rz. 620; Texte der Neufassungen 1993 abgedruckt im Anhang, S. 137 ff.

zungen und Ausbesserungen begnügt, sondern gänzlich neue AGB geschaffen,die im Vergleich zu ihren Vorgängern bedeutend kürzer, inhaltlich besser strukturiert, transparenter und kundenfreundlicher sind. Die neuen AGB-Banken haben dafür auch von Seiten der Verbraucherverbände sowie in der Literatur Anerkennung geerntet.[2]

1. Kürzung. AGB und Sonderbedingungen

Die eindrucksvolle Kürzung von bisher 47 Ziffern auf 20 Ziffern wurde hauptsächlich dadurch erreicht, daß die Sachgebiete Handel in Wertpapieren, Devisen und Sorten (Abschn. II AGB a. F.) und Verwahrungsgeschäfte (Abschn. III AGB a. F.) aus den „allgemeinen" AGB ausgeschieden wurden. Diese Abschnitte sollen vorerst als Sonderbedingungen fortgelten[3] und harren ihrer Überarbeitung. Die AGB-Banken, die für alle Kunden und alle Geschäfte gelten sollen, werden also auf wenige Regelungsmaterien konzentriert und diese werden in einem völlig neu strukturierten Regelungswerk behandelt. In dieser konzentrierten Form läßt sich das neue Regelungswerk besser dem allgemeinen Publikum präsentieren und verständlich machen; es entgeht dem Vorwurf einer zu großen und damit für den Kunden unübersichtlichen Regelungsmasse.

Neben diesen neuen Banken-AGB, die sozusagen die „allgemeinen" Allgemeinen Geschäftsbedingungen darstellen, gewinnen mit dieser Verlagerung die Sonderbedingungen für einzelne Geschäftsarten weiter an Bedeutung. Auch diese Sonderbedingungen sind natürlich AGB. Eine Verlagerung aus den „allgemeinen" AGB findet auch in die Geschäftsformulare für einzelne Vertragstypen statt, die ihrerseits ebenfalls AGB i. S. des AGB-Gesetzes sind. So verweist etwa Nr. 12 (3) 1 AGB-Banken 1993 für die Änderung der Zinsen bei Krediten mit einem veränderlichen Zinssatz auf die Regelung in den „jeweiligen Kreditvereinbarungen mit dem Kunden", also auf die dort verwendeten AGB-Klauseln oder auch Individualvereinbarungen. Die Bedeutung der Verlagerung einzelner Regelungsmaterien in Sonderbedingungen und Formularverträgen war den Verfassern der neuen AGB-Banken durchaus bewußt. In der Tat wurden zugleich mit der Abfassung der neuen AGB eine Reihe von

---

2 Stellungnahme der Arbeitsgemeinschaft der Verbraucherverbände e. V. v. 7. 5. 1992; aus der bisherigen Literatur vgl. Hoeren, NJW 1992, 3263ff.; Krings, ZBB 1992, 326ff.; Bruchner, DZWir 1993, 89ff.; Schebesta/Vortmann, Die neuen AGB-Banken, RWS-Skript 246, 1992.

3 Zur Frage ihrer Fortgeltung auch unten III 3.

Geschäftsformularen, z.B. für Kontoeröffnung und Bürgschaft, neu bearbeitet.

Neben dieser Kürzung durch Herausnahme einzelner Materien ist in den neuen AGB-Banken aber auch im Vergleich zu ihren Vorgängern eine Streichung zahlreicher einzelner Klauseln zu verzeichnen. Diese ersatzlose Streichung ist wichtiger Teil des Reformwerks und noch im einzelnen (unten II) zu erörtern. Gestrichen wurden Klauseln, die entweder als technisch überholt und praktisch bedeutungslos erschienen,[4] oder die von der Rechtsprechung beanstandet worden waren, wie z.B. die Klauseln über Überziehungszinsen für den Debetsaldo im gekündigten Kontokorrent,[5] aber auch solche, die von der Literatur und Rechtsprechung lediglich in Zweifel gezogen waren. Gerade die letztere, umfangreiche Gruppe gestrichener Klauseln bezeugt den Willen der Verfasser der neuen AGB, sich nicht mit punktuellen Reaktionen auf die Rechtsprechung und Literatur zu begnügen, sondern in bestimmten Bereichen die Grenzlinie der rechtlichen Wahrung von Bankinteressen gegenüber dem Kunden sozusagen freiwillig zurückzunehmen. Dahinter steht die Erkenntnis, daß Banken auch mit solchen AGB gedeihlich ihre Geschäfte betreiben können, die den Bankkunden weiter entgegenkommen, und daß es dem Ansehen der Banken in der Öffentlichkeit gut tut, wenn sie den Eindruck vermitteln, in ihren AGBs nicht nur die nach Gesetz und Rechtsprechung unumgänglichen Zugeständnisse an den Kunden zu machen, sondern das Kundeninteresse möglichst weitgehend zu wahren.

2. Neustrukturierung und allgemeine Zivilrechtsdogmatik

Die neuen AGB sind inhaltlich weitaus besser strukturiert und aufgebaut als alle ihre Vorgänger, wie sich schon aus der äußeren Gliederung und Textgestaltung mit den stark vermehrten Zwischenüberschriften ergibt. Nachdem bereits viel Lob über das Bemühen um textliche Klarheit mittels eines „Media-Tests" unter Einschaltung einer Textagentur zu hören war,[6] sei auch daran erinnert, daß nur eine gedanklich klare Struktur auch einen äußerlich klaren Text überhaupt ermöglicht. Hier konnte die Kommission des Bundesverbandes auf eine breite, begleitende Vorarbeit

---

4   Z.B. Nr. 1 Abs. 3 AGB a.F. über die Verpflichtung des Kunden zur Verwendung urkundenechter Schreibstoffe.
5   Nr. 18 Abs. 1; dazu BGH, WM 1986, 8, 10.
6   Pauly, Wirtschaftswoche 1992, Nr. 5, S. 96f.; Krings, ZBB 1992, 327, 335.

durch die rechtswissenschaftliche Literatur zu den bisherigen AGB-Banken zurückgreifen. Die Wissenschaft vom Zivil- und Handelsrecht hat bekanntlich in den letzten Jahrzehnten die Bankrechtspraxis immer mehr zu ihrem Arbeitsfeld gemacht, und es ist eine breite bankrechtliche Literatur enstanden, in der sich Praxis und Wissenschaft begegnen. Davon konnte die Arbeit der Kommission profitieren. Dies zeigt sich schon an Details wie etwa Änderungen der Terminologie. So wurde der bisherige Fachjargon „einseitige Aufhebung der Geschäftsverbindung" (Nr. 17 a.F.) durch den rechtsdogmatischen Begriff der Kündigung ersetzt (Nr. 18 n. F.).[7] Die gesamten AGB-Banken 1993 sind in Aufbau und Gedankenführung vom deutlichen Willen zu einer rechtsdogmatisch klaren gedanklichen Struktur geleitet; darin spiegelt sich auch die immer stärkere rechtswissenschaftliche Durchdringung dieses Gebiets. Die stärkere Einbettung in die allgemeine Zivilrechtsdogmatik kann die AGB von manchen Zweifelsfragen entlasten.

3. Das Transparenzgebot

Das doppelte Bemühen um klare gedankliche Strukturierung und klaren sprachlichen Ausdruck entspricht zugleich dem Transparenzgebot,[8] das bekanntlich von der Rechtsprechung in den letzten Jahren zu einem wichtigen Maßstab der i. S.§ 9 AGB-Gesetz angemessenen Gestaltung von AGB entwickelt worden ist.[9] Das Tranparenzgebot verpflichtet den Verwender von AGB, die den Kunden belastende Auswirkung einer AGB-Klausel möglichst klar und durchschaubar darzustellen. Dabei kommt es nicht nur auf die einzelne Klausel an, sondern auf ihren Zusammenhang mit anderen Klauseln. Ferner ist darauf zu achten, daß der Kunde möglichst die Bedeutung der Klausel im Zusammenhang seiner

---

7   Dies entspricht der schon bisher üblichen Behandlung des Themas in der bankrechtlichen Literatur; vgl. z.B. Horn, in: Wolf/Horn/Lindacher, § 23, Rz. 665ff.

8   Schebesta/Vortmann, S.2.

9   Vgl. nur BGHZ 106, 42 = ZIP 1988, 1530 = WM 1988, 1780 (nachschüssige Tilgungsverrechnung bei Hypothekarkrediten); BGH, WM 1989, 126 (Wertstellung). Vgl. auch BGHZ 112, 115 = ZIP 1990, 980 = EWiR 1990, 841 (Koller); BGH, NJW 1991, 1889 = ZIP 1991, 791; ZIP 1992, 105 = WM 1992, 218; ZIP 1992, 469 = EWiR 1992, 329 (Alisch), sämtlich zur Intransparenz von Tilgungs- und Zinsregelungen; die Transparenz wurde bejaht im Fall BGH, ZIP 1991, 1054, 1056.

vertraglichen Rechtsposition versteht. Dies muß bei der Abfassung von Klauselwerken dazu führen, in bestimmten Fällen auch auf die dem Kunden schon nach dem Gesetz gegebenen Rechte hinzuweisen.

Das Bemühen um das Tranparenzgebot hat in der Tat dazu geführt, daß die neuen AGB-Banken auch eine ganze Reihe deklaratorischer Klauseln enthalten, die lediglich die allgemeine zivilrechtliche Rechtsposition des Kunden im Zusammenhang mit der AGB-Regelung kennzeichnen, z.B. über die Haftung der Bank (Nr. 3 (1) 1) und über ein mögliches Mitverschulden des Kunden (Nr. 3 (1) 3). Im Einzelfall wurde zur Klärung des Regelwerks sogar auf bloße tatsächliche Probleme hingewiesen, so in dem Satz: „Nicht eindeutig formulierte Aufträge können Rückfragen zur Folge haben, die zu Verzögerungen führen können." (Nr. 11 (2) 2). Darin kommt das Bestreben zum Ausdruck, dem Kunden möglichst ein Gesamtbild seiner Rechtsposition zu vermitteln. Natürlich sind diesem Bestreben Grenzen gesetzt. Ein Volkslehrbuch über Rechte von Bankkunden im allgemeinen kann in einem solchen Regelwerk nicht geboten werden. Schon jetzt wurden zumindest die Kürzungsgewinne aus dem Wegfall der gestrichenen Klauseln durch solche deklaratorischen Klauseln wieder aufgezehrt.

In der Rechtsprechung zum Transparenzgebot ist nicht selten davon die Rede, daß der Durchschnittskunde das Regelwerk verstehen können muß. Auch darum hat man sich bei der Abfassung der neuen AGB-Banken bemüht, wie bereits bemerkt. Einem solchen Bestreben sind sowohl bei der Gesetzgebung wie bei der Abfassung von AGB und Formularverträgen natürlich Grenzen gesetzt. Auch das Verständnis des Durchschnittskunden, wie es die Rechtsprechung als Maßstab nimmt, bleibt ein gedankliches Modell. Mit Recht hat der BGH jüngst darauf hingewiesen, daß der Gebrauch von Fachausdrücken nicht unbedingt die Transparenz verhindert, sondern daß man vom Kunden auch erwarten kann, daß er sich nach der näheren Bedeutung eines Fachausdrucks erkundigt.

II. Die Streichung von Klauseln –
Substanzverlust oder Befreiung von Ballast?

Ein Hauptanliegen der Reform war die Kürzung durch Streichung nicht mehr benötigter Klauseln, also sozusagen das Abwerfen von Ballast. Daher seien zunächst diejenigen Klauseln in den bisherigen AGB-Banken betrachtet, die keine inhaltliche Entsprechung in den neuen AGB finden.

1. Streichung der Präambel –
Vertrauensverhältnis und Interessenwahrungspflicht

Auch die Streichungen standen unter dem Anspruch der größeren Kundenfreundlichkeit der neuen AGB. Daher sei an den Anfang die Frage gestellt, ob es auch Streichungen gibt, die zumindest dem Anschein nach diesem Ziel nicht dienen. Zu nennen ist hier in erster Linie der Wegfall der Präambel bei den AGB-Banken im Unterschied zu den AGB-Sparkassen, welche einen inhaltlich entsprechenden allgemeinen Grundsatz in Nr. 1 (1) beibehalten haben. In der Präambel war bisher davon die Rede, daß das Verhältnis zwischen Bank und Kunden ein Vertrauensverhältnis ist und der Kunde sich darauf verlassen darf, daß die Bank seine Aufträge mit der Sorgfalt eines ordentlichen Kaufmanns erledigt und dabei das Interesse des Kunden wahrt, soweit sie dazu im Einzelfall imstande ist. Gewiß wäre es ganz unsachlich und allenfalls Gegenstand einer ersichtlich unernst gemeinten Zeitungsglosse, den Banken zu unterstellen, daß künftig das Verhältnis zum Kunden nicht mehr als Vertrauensverhältnis gekennzeichnet werden solle usw. Auch ist leicht zu begreifen, daß die Banken unabhängig von einer solchen Präambel mit der Sorgfalt eines ordentlichen Kaufmanns die Kundenaufträge ausführen und dabei das Kundeninteresse wahren sollen und wollen. Man könnte also die Streichung schon damit rechtfertigen, daß die Präambel rein deklaratorisch wirkte und ihr Wegfall die materielle Rechtsposition des Kunden nicht verschlechtert.

Konkreter Anlaß für die Streichung soll gewesen sein, wie man hört, daß das Stichwort „Vertrauensverhältnis" nur als konzeptionelle Grundlage für die Pflichten aus dem Bankgeheimnis eine Existenzberechtigung gehabt habe und daher mit der erstmaligen Kodifizierung des Bankgeheimnisses in Nr. 2 (1) AGB-Banken n. F. das Bedürfnis für den Hinweis auf das Vertrauensverhältnis in der Präambel entfallen sei. Das hat einige Plausibilität für sich. Nimmt man hinzu, daß es auch Kunden geben mag, die den Hinweis auf das Vertrauensverhältnis überschätzen und bei Streitigkeiten argumentativ überstrapazieren könnten – eine durch die bisherige Judikatur allerdings kaum bestätigte Gefahr – erscheint es verständlich, daß mancher Bankjurist diese Streichung begrüßen mag.

Gleichwohl sprechen m. E. gute Gründe dafür, daß im Ergebnis die Beibehaltung der Präambel die bessere Lösung gewesen wäre. Bei Bankverträgen bringt der Kunde der Bank besonderes Vertrauen entgegen, weil er der Bank wichtige, z. T. für ihn existenziell bedeutsame Vermögensangelegenheiten zur Besorgung und Obhut überantwortet. Die Bank nimmt solches Vertrauen auch bewußt bei ihren Bemühungen um neue und alte Kunden in Anspruch. Für die verschiedenen Bankverträge ist nach h. M. eine Pflicht der Bank zur Wahrung der Interessen ihres Kunden gem. § 242 BGB kennzeichnend.[10] Man muß ferner die unbestrittene und in der Neufassung bewußt geförderte Funktion der AGB-Banken berücksichtigen, dem Kunden einen kurz gefaßten, prägnanten Gesamteindruck seiner Rechte und Pflichten zu vermitteln. Denn für viele Kunden und auch die meisten juristisch nicht vorgebildeten Bankangestellten sind die AGB-Banken die primäre oder ausschließliche Informationsquelle für Rechtsfragen im Verhältnis von Bank und Kunden.

Unter diesen Umständen ist die Streichung der Schlüsselbegriffe „Vertrauensverhältnis" und „Wahrung der Kundeninteressen durch die Bank" in der Präambel eher bedauerlich, auch wenn für den Fachmann unstreitig damit keine Abstriche an der materiellrechtlichen Position des Kunden verbunden sind. Allerdings stehen die Generalbegriffe unter dem Vorbehalt der Ausdifferenzierung. Denn selbstverständlich empfangen die Begriffe Vertrauensverhältnis und Interessenwahrungspflicht ihre konkrete Ausprägung jeweils erst durch die Art der vertraglichen Geschäftsbeziehungen und damit den Vertragstyp, also den Girovertrag, Darlehensvertrag, Depotvertrag, Avalvertrag, Wertpapierverkaufsauftrag usw. Der in der Literatur noch fortlebende Begriff des allgemeinen Bankvertrages als einer Art Rahmenbeziehung zwischen Kunde und Bank, in der sich dann die einzelnen Geschäftsbeziehungen abspielen, ist m. E. unergiebig.[11] Es kommt also immer auf die Konkretisierung und Ausdifferenzierung der genannten Generalbegriffe an. Mit diesem Vorbehalt wäre die Beibehaltung dieser Begriffe in einer Präambel wünschenswert gewesen.[12]

---

10 Heymann/Horn, HGB. Kommentar, Bd. 4, 1990 Anh. § 372 Bankgeschäfte I, Rz. 12ff.; Canaris, Bankvertragsrecht, 3. Aufl., 1. Teil 1988, Rz. 15, 27ff., 77ff., 103ff.; Baumbach/Duden/Hopt, HGB, 28. Aufl. 1989, (7) BankGesch I Anm. 3 A.

11 Dazu unten III 2.

12 Es gibt auch keinen Anhaltspunkt dafür, daß die Verfasser der neuen AGB mit der Streichung der Präambel einen endgültigen Abschied von der Lehre vom allgemeinen Bankvertrag andeuten wollten.

2. Streichungen im Kundeninteresse

Wenden wir uns nunmehr der weitaus größeren Gruppe gestrichener Altklauseln zu, bei denen die Streichung erkennbar im Interesse des Kunden liegt und nur insofern auch im Interesse der Banken ist, als der Wegfall umstrittener oder bedenklicher oder gar beanstandeter Klauseln auch für die Banken ein vorteilhaftes Abwerfen von Ballast bedeutet.

a) Freizeichnungen für leichte Fahrlässigkeit

aa) Die freiwillige Rückkehr zum allgemeinen Zivilrecht

Von besonderer Bedeutung ist der Verzicht auf Freizeichnungen für leicht fahrlässiges Verhalten. Dieser Verzicht kommt schon in der neuen Klausel Nr. 3 (1) Satz 1 zum Ausdruck: „Die Bank haftet bei der Erfüllung ihrer Verpflichtungen für jedes Verschulden ihrer Mitarbeiter und der Personen, die sie zur Erfüllung ihrer Verpflichtungen hinzuzieht." Dementsprechend wurden alle Klauseln, welche die Haftung auf grobe Fahrlässigkeit zu beschränken suchten, gestrichen, nämlich Nr. 1 (1) Satz 1 über nicht schriftlich bekannt gemachte Änderungen der Vertretungs- und Verfügungsbefugnisse, Nr. 1 (3) über Verwendung nicht urkundenechter Schreibstoffe, Nr. 4 (3) 3 über Fehlleitungen bei Überweisungen, Nr. 5 (1) und (3) über die Prüfung von Urkunden, Nr. 7 Satz 2 über zeitliche Verzögerungen und Fehlleitungen, Nr. 10 (2) 3 und (3) über falsche Auskünfte der Bank, Nr. 24 (1) 3 und (2) 2 über die Prüfung der Verfügungsbefugnisse über den Nachlaß, sowie, als wichtigste Klausel, Nr. 25 (1) über die Haftung für sonstige Dritte.

Einige dieser Klauseln waren umstritten, andere wegen einschränkender Auslegung durch die Gerichte von geringer Wirkung.[13] Aber man muß festhalten, daß im Grundsatz die Möglichkeit einer Freizeichnung von der Haftung für leichte Fahrlässigkeit allgemein anerkannt ist und auch vom AGB-Gesetz, wie sich aus § 11 Nr. 7 (e contrario) schließen läßt, nicht schlechthin mißbilligt wird.[14] Unter Kaufleuten wird sogar

---

13 Vgl. die Nachweise zu den einzelnen gestrichenen Klauseln bei Hoeren, NJW 1992, 3264.

14 Allg. zur grundsätzlichen Wirksamkeit Wolf, in: Wolf/Horn/Lindacher, § 11 Nr. 7 Rz. 28, 33; speziell im Hinblick auf die AGB-Banken für grundsätzliche Zulässigkeit Baumbach/Duden/Hopt, HGB, AGB-Banken Nr. 25 Anm. 1; Horn, in: Wolf/Horn/Lindacher, § 23 Rz. 643.

die Freizeichnung für grobe Fahrlässigkeit von einfachen Erfüllungsgehilfen, die nicht leitende Angestellte sind, für zulässig gehalten.[15] In der
Tat spielen solche Freizeichnungen auch heute in den AGB zahlreicher
anderer Branchen eine große Rolle, zumindest nach der Meinung der
Klauselverwender, und die Fachliteratur bemüht sich um die Ausarbei-
tung der Grenzen ihrer Zulässigkeit.[16] Unter diesen Umständen erscheint der völlige Verzicht auf diese Klauseln in den neuen AGB-Banken als eine kühne und zugleich als eine besonders kundenfreundliche
Tat der Banken.

bb) Befreiung von Problemen;
insbes. Haftung für Kardinalpflichtverletzungen

Tatsächlich verdient diese Neuerung in den AGB-Banken 1993 Lob. Die
Lösung ist fair gegenüber dem Bankkunden in dem Sinne, in dem eben
das allgemeine Zivilrecht gegenüber jedermann fair ist, und zugleich ist
die Haltung der Banken in dieser Frage zwar nicht heroisch, aber
zweckmäßig und praktikabel. Die Banken entziehen auf diese Weise ihre
AGB mit einem Schlag den Streitereien um Tragweite, Zulässigkeit und
Grenzen solcher Freizeichnungen. Die Schwierigkeiten beginnen hier
schon bei der Sachverhaltsbewertung. Sah etwa eine Klausel Nichthaf-
tung bei leichter Fahrlässigkeit vor, so konnte das Gericht im konkreten
Fall geneigt sein, grobe Fahrlässigkeit zu bejahen.[17]
    Hinzu kommen die gesetzlichen Grenzen der Freizeichnungsmög-
lichkeiten. Schon § 11 Nr. 8 lit. b AGB-Gesetz verbietet bei Leistungs-
verzug des Verwenders oder bei einer von ihm zu vertretenden Unmöglichkeit den Ausschluß des Schadensersatzanspruchs; darin liegt nach
überwiegender Meinung, die allerdings im Hinblick auf § 11 Nr. 7 AGB-
Gesetz umstritten ist, zugleich auch das Verbot der Freizeichnung für
leichte Fahrlässigkeit.[18] Nach heute h. M. ist ferner ein Haftungsausschluß durch AGB gem. § 9 Abs. 2 Nr. 2 AGB-Gesetz unwirksam, soweit die Freizeichnung sog. Kardinalpflichten betrifft, also vertragliche

---

15 Wolf, in: Wolf/Horn/Lindacher, § 11 Nr. 7 Rz. 47; vgl. auch BGHZ 89, 363,
    366 = NJW 1984, 1350.
16 Vgl. nur Koller, ZIP 1986, 1089.
17 OLG Frankfurt/M., WM 1984, 726, 728 betr. Nr. 14 (4) 3 AGB-Sparkassen
    a. F. (Fehlleitungen).
18 Wolf, in: Wolf/Horn/Lindacher, § 11 Nr. 7 Rz. 29 und § 11 Nr. 8 Rz. 7ff. m.
    Nachw.

Haupt- oder Nebenpflichten, die für die Erreichung des Vertragszwecks wesentlich sind,[19] oder die sonst nach der Natur des Vertrages wichtig sind, insbesondere bei Inanspruchnahme besonderen Vertrauens.[20] Bei Vorliegen einer Kardinalpflicht kann die Haftung selbst für leichte Fahrlässigkeit weder gegenüber dem Privatkunden[21] noch gegenüber dem Kaufmann[22] ausgeschlossen werden. Die Freizeichnung für schuldhaftes Handeln der Erfüllungsgehilfen ist auch im kaufmännischen Verkehr in diesen Fällen verwehrt.[23] Grundsätzlich muß man im Bereich der Kardinalpflichten mit der Einebnung der Unterschiede zwischen kaufmännischem Verkehr und Privatkundenverkehr rechnen und von einem allgemeinen Freizeichnungsverbot ausgehen.[24]

Der genaue Umfang und die Abgrenzung der Kardinalpflichten ist zudem umstritten,[25] und die Abgrenzung vom Tatbestand der groben Fahrlässigkeit ist zwar theoretisch klar, bleibt aber praktisch schwierig.[26] Da bei Bankverträgen das Vertrauen der Kunden eine besondere Rolle spielt und der Zweck der Bankdienstleistungen meist in der Herbeiführung eines bestimmten Erfolges besteht, z. B. der Erfüllung einer Schuld des Kunden durch Bewirken der Zahlung, auch wenn die Bank diesen Erfolg regelmäßig nicht garantiert, liegt im Bereich der Bankgeschäfte die Annahme der Kardinalpflichten besonders häufig nahe.

---

19   Zum Begriff der Kardinalpflicht in diesem Sinn BGHZ 89, 363, 367f. („Kaltlagerung") unter Bezugnahme auf BGHZ 71, 167, 173 („Frachtführer"); vgl. ferner BGH NJW 1985, 914, 916 („Tankschecksystem"); BGH NJW 1988, 1785 („Werftvertrag"; im Fall verneinend); Brandner, in: Ulmer/Brandner/Hensen, AGB-Gesetz, 7. Aufl. 1993, § 9 Rz. 132; Wolf, in: Wolf/Horn/Lindacher, § 11 Nr. 7 Rz. 29, 48.

20   BGH, ZIP 1985, 623 (Versagen einer Klimaanlage für EDV-Anlage); allg. zum Vertrauensgedanken Wolf, aaO., Rz. 29 (weitergehend).

21   Hensen, in: Ulmer/Brandner/Hensen, § 11 Nr. 7 Rz. 24, mit allerdings ungenauer Bezugnahme auf BGHZ 89, 363, 367f.

22   Zuerst im Textilveredelungsfall BGH, ZIP 1984, 971, 975 = WM 1984, 1224, 1227 = NJW 1985, 3016. Vgl. auch BGH, ZIP 1985, 623 (betr. Versagen der Klimaanlage für eine EDV-Anlage).

23   BGHZ 89, 363, 367 („Kaltlagerung") betr. Freizeichnung für grobe Fahrlässigkeit von einfachen Erfüllungsgehilfen gegenüber Kaufleuten.

24   Hensen, in: Ulmer/Brandner/Hensen, § 11 Nr. 7 Rz. 26.

25   Wolf, in: Wolf/Horn/Lindacher, § 11 Nr. 7 Rz. 26 m. Nachw.

26   Schlosser, in: 10 Jahre AGB-Gesetz, RWS-Forum 2 (hrsg. Heinrichs/Löwe/ Ulmer) 1987, S. 121ff.,130; krit. Hensen,in: Ulmer/Brandner/Hensen, § 11 Nr. 7 Rz. 13.

cc) Unwirksame Altklauseln

Der BGH hat in diesem Sinn die Fakultativklausel auf Überweisungsformularen für unwirksam erklärt, weil sie der Bank die Möglichkeit beließ, trotz der genauen Kundenweisung auf ein anderes Konto zu zahlen und damit die Erfüllungswirkung der Zahlung des Kunden zu gefährden.[27] Der Haftungsausschluß in den AGB der Bundesbank für leichte Fahrlässigkeit bei verzögertem Scheckinkasso ist ebenfalls unwirksam.[28] Die allgemein aus der Sicht der Verwender beklagte Unsicherheit des rechtlichen Bestandes von Freizeichnungsklauseln[29] war also im Bereich der AGB-Banken besonders groß und all diese Schwierigkeiten sind nunmehr durch den Verzicht auf die Freizeichnungsklauseln in den AGB-Banken überwunden. Es bleibt abzuwarten, ob dies eine Signalwirkung auch für andere Branchen hat, diesem Beispiel zu folgen, oder für die Rechtsprechung, unter Hinweis auf die neue AGB-Praxis der Banken die Freizeichnungsklauseln in anderen Branchen noch kritischer zu sehen.[30]

Das Problem, Pflichten und Verantwortung der Bank gegenüber Pflichten und Verantwortung des Kunden sachgerecht abzugrenzen, ist mit der Streichung der Freizeichnungsklauseln freilich nicht erledigt. Es lebt fort in der Neukodifizierung der Kundenpflichten in der Neufassung der AGB. Darüber ist noch (unten IV) zu sprechen.

b) Die Streichung anderer den Kunden belastender Klauseln

aa) Absendungsvermutung und Zugangsfiktion
(Nr. 1 (2) 1 und 3 AGB a. F.)

Nr. 1 (2) 3 AGB a. F., der die Vermutung der Absendung einer schriftlichen Erklärung der Bank für den Fall aufstellte, daß sich ein abgezeich-

---

27 BGHZ 98, 24 = NJW 1986, 2428. Es handelt sich streng genommen nicht um eine Freizeichnungsklausel, sondern ein sonstiges Dispositionsrecht der Bank, das hier am Gedanken der Kardinalpflicht scheiterte.

28 BGH, ZIP 1988, 360 = EWiR 1988, 319 (Rümker).

29 Koller, aaO.; Schmidt-Salzer, Produkthaftung, Bd. II, 2. Aufl. 1985, Rz. 3.710.

30 Eine generelle Unwirksamkeit von AGB-Freizeichnungen ist allerdings nicht zu erwarten. Der BGH hat in besonders gelagerten Fällen mit branchenüblichen Risikoverteilungen selbst weitreichende Freizeichnungen als wirksam anerkannt; BGH, NJW 1988, 1785 (Werkvertrag betr. Freizeichnung für grobes Verschulden einfacher Verrichtungsgehilfen).

neter Durchschlag im Besitz der Bank befindet oder ein Versandvermerk oder eine Versandliste abgezeichnet vorliegen, ist entfallen. Angesichts des Verbotes der Beweislastumkehr in § 11 Nr. 15 AGB-Gesetz ließ sich die Klausel nur halten, wenn man in ihr einschränkend lediglich den Ausdruck des der Bank ohnehin gegebenen prima facie-Beweises sah.[31] Die im Wortlaut mißverständliche, bei einschränkender Auslegung aber ohnehin nur die materielle Rechtslage widergebende Klausel war entbehrlich.

Ebenfalls entfallen ist die Zugangsfiktion in Nr. 1 (2) 1 AGB a. F., derzufolge schriftliche Mitteilungen der Bank nach dem gewöhnlichen Postlauf als zugegangen gelten. Nach § 10 Nr. 6 AGB-Gesetz konnte die Regelung nicht auf Erklärungen der Bank von besonderer Bedeutung angewendet werden; diese Ausnahme war auch in Nr. 2 (2) 2 AGB a. F. ausdrücklich genannt. Damit verlor aber die Klausel viel von ihrem praktischen Wert. Denn die Rechtsprechung sah auch Rechnungsabschlüsse als Erklärungen von besonderer Bedeutung im Sinne dieser Norm an.[32] Die Bank konnte also bei Rechnungsabschlüssen ohnehin mit dieser Zugangsfiktion nicht arbeiten. In den neuen AGB ist ein Äquivalent für die gestrichene Klausel durch Nr. 11 (5) geschaffen; danach hat der Kunde die Bank unverzüglich zu benachrichtigen, falls Rechnungsabschlüsse und Depotaufstellungen ihm nicht zugehen.[33] Die Klausel über die Zugangsfiktion unterlag weiteren Einschränkungen[34], und ihr im Ergebnis geringer praktischer Wert legte die Streichung nahe.

bb) Substitutionsklausel (Nr. 9 a. F.)

Die Einräumung des Rechts an die Bank in Nr. 9 AGB a. F., Dritte mit der Ausführung aller übertragenen Geschäfte zu beauftragen, war teils überflüssig, soweit nämlich die typische Abwicklung des Geschäfts die Einschaltung Dritter in banküblicher Weise voraussetzt, in allen anderen Fällen aber eine Verletzung des Vertrauensverhältnisses zwischen Bank und Kunden, der auf die Erledigung seiner Geschäfts durch die Bank vertraut und nicht damit rechnet, daß diese nach eigenem Ermessen

---

31 Canaris, Rz. 2547; von Westphalen, WM 1980, 1406, 1408; Horn, in: Wolf/Horn/Lindacher, § 23, Rz. 628.
32 BGH, ZIP 1985, 1315 = NJW 1985, 2699 = WM 1985, 1098.
33 Zu diesen Pflichten noch unten IV 2 d.
34 Dazu Horn, aaO., Rz. 629.

Dritte beauftragt und ihre eigene Haftung auf das Auswahl- und Unterweisungsverschulden beschränkt. Die Klausel war daher nach verbreiteter Meinung gem. § 9 AGB-Gesetz unwirksam[35] und wurde aus gutem Grund gestrichen.

cc) Zahlung aus Bürgschaft auf erstes Anfordern (Nr. 13)

Die Berechtigung der Bank gem. Nr. 13 AGB a.F., auf erstes Anfordern an den Gläubiger der Bankbürgschaft oder sonstigen Gewährleistungsverpflichtung zu zahlen, betraf nur das Innenverhältnis zum Kunden als dem Hauptschuldner, der Bürgschaftsgläubiger konnte daraus keine Rechte herleiten.[36] Die Bank war aufgrund dieser Klausel nicht berechtigt, gegenüber dem Gläubiger des Kunden eine Zahlungsverpflichtung auf erstes Anfordern einzugehen, falls der Kunde dem nicht zustimmte. Hatte die Bank nur eine schwächer ausgestaltete Bürgschaftsverpflichtung übernommen (im Extremfall: eine Ausfallbürgschaft), so war sie gegenüber dem Kunden nicht berechtigt, an den Gläubiger auf dessen erstes Anfordern zu zahlen, sondern mußte ihr die aus dem Bürgschaftsvertrag selbst bereits zustehenden Rechte im Interesse des Kunden ggf. voll ausschöpfen.

Selbst in dem Fall, daß die Bank mit Einverständnis des Kunden eine Bürgschaftsverpflichtung auf erstes Anfordern des Gläubigers übernommen hatte, mußte die Bank aufgrund ihrer generellen Interessenwahrungspflicht gegenüber dem Kunden die Berechtigung der Zahlungsanforderung prüfen, notfalls beim Kunden nachfragen und im Falle offensichtlichen Rechtsmißbrauchs oder gegebener Inhaltseinwendungen (z.B. Fristablauf) Zahlung ablehnen.[37] Die Pflicht der Bank gegenüber dem Kunden, den Zahlungsanspruch abzuwehren, endete freilich dann, wenn sie keine Einwendungen, die notfalls beweisbar waren, zur Verfügung hatte.[38] Die Klausel Nr. 13 AGB a.F. gab der Bank also ein

---

35 Brandner, in: Ulmer/Brandner/Hensen, Anh. zu §§ 9–11 Rz. 161; Canaris, Rz. 2586; Staudinger/Schlosser, § 10 Nr. 3 Rz. 21; Horn, in: Wolf/Horn/Lindacher, § 23 Rz. 638; a. A. Kümpel, WM 1977, 694, 699.

36 BGH, WM 1985, 1387; allg. BGH, NJW 1984, 2088; Horn, Bürgschaften und Garantien, 5. Aufl. 1991 (RWS-Skript 94), S.113.

37 BGH, ZIP 1985, 1380 = WM 1985, 1387; OLG Hamburg, RIW/AWD 1978, 615; OLG Stuttgart, WM 1979, 733; Horn, IPrax 1991, 150.

38 Horn, NJW 1980, 2153, 2157; BGH aaO.

undifferenziertes, viel zu weit formuliertes Recht zur Auszahlung, das in zahlreichen Fällen mit ihrer Interessenwahrungspflicht in Konflikt geraten konnte und allenfalls bei einschränkender Auslegung als gültig anzusehen war. Es war daher zweckmäßig, diese Klausel zu streichen.

dd) *Zinsen und Entgelte bei Vertragsstörungen (Nr. 14 (3) und (4) AGB a. F.)*

Nr. 14 (3) AGB a. F. sah bei Kontenüberziehung eine gesonderte Verzinsungsregelung und außerhalb des Privatkundengeschäfts ein Bestimmungsrecht der Bank gem. § 315 BGB hinsichtlich der zu zahlenden Zinsen vor. Da diese Klausel der Bank über die gesetzlichen Verzugsschadensregelungen hinaus einen Bestimmungsfreiraum verschaffen wollte, war sie nach der Rechtsprechung des BGH unwirksam[39] und daher zu streichen.

Auch das in Nr. 14 (4) a. F. der Bank eingeräumte Recht, für Leistungen und Maßnahmen, die auf nicht vertragsgemäßer Kreditabwicklung durch den Kunden, auf dessen vertragswidrigem Verhalten oder auf Zwangsmaßnahmen Dritter oder sonstigen Verfahren gegen den Kunden beruhen, ein angemessenes Entgelt gem. § 315 BGB festzusetzen, war bedenklich. Da diese Entgeltregelung zugleich eine Schadenspauschalierung darstellte,[40] war sie nicht nur an § 9, sondern auch an § 11 Nr. 5 zu messen. Die Zulässigkeit von Schadenspauschalierungen in AGB ist umstritten und Gegenstand einer umfangreichen Diskussion.[41] Eine Klausel, welche die Möglichkeit des Gegenbeweises eines niedrigeren Schadens i. S. § 11 Nr. 5b übergeht, ist unwirksam.[42] Sie ist auch unwirksam, wenn sie den i. S. § 11 Nr. 5a AGB-Gesetz erwartbaren Schaden übersteigt.[43] Verzugsklauseln in Kreditverträgen sind zunehmend von der

---

39 BGH, WM 1986, 8, 10; ZIP 1987, 1519, 1522; BGHZ 104, 337, 338 = NJW 1988, 1967, 1968; WM 1989, 484, 487; Brandner, in: Ulmer/Brandner/Hensen, Anh. §§ 9–11 Rz. 165.
40 Löwe/von Westphalen, GroßKomm. z. AGB-Gesetz, Bd. III Nr. 34.1.44; Horn, in: Wolf/Horn/Lindacher, § 23 Rz. 663; a. A. Brandner, in: Ulmer/Brandner/Hensen, Anh. §§ 9–11 Rz. 165.
41 Horn, aaO., Rz. 663 m. Nachw.
42 BGH, WM 1985, 93 und 473 = NJW 1986, 376; einschränkend BGH NJW 1987, 185.
43 BGH NJW 1987, 185.

Rechtsprechung für unwirksam erklärt worden.[44] Die Beseitigung dieser Klausel war also angezeigt. Die neuen AGB beschränken sich in Nr. 12 darauf, vertragsmäßige Zinsen und Entgelte zu regeln und die Regelung der Aufwendungs- und Schadensersatzansprüche bei Vertragsstörungen aus der AGB-Regelung herauszunehmen.

ee) Verwertung von Sicherheiten ohne Wartefrist (Nr. 20 (2) AGB a. F.)

Der Ausschluß einer Wartefrist bei der Verwertung von Sicherheiten des Kunden durch die Bank in Nr.20 (2,3) entgegen §§ 1224 Abs. 2 BGB, 368 Abs. 1 Satz 1 HGB schnitt dem Schuldner die Möglichkeit ab, die Verwertung durch Zahlung abzuwenden. Der Ausschluß war daher nach h.M. gem § 9 Abs. 2 Nr. 1 AGBG unwirksam.[45] Auch andere Elemente der alten Regelung der Sicherheitenverwertung durch die Bank waren nicht unbedenklich und sind daher mit Recht gestrichen worden.

ff) Haftung geschäftsunfähiger Kunden (Nr. 23 a. F.)

In Nr. 23 AGB a. F., der dem Kunden die Tragung von Schäden zuwies, die aus seiner später eintretenden Geschäftsunfähigkeit entstehen, wurde von der überwiegenden Meinung in der Literatur[46] für zulässig gehalten, und zwar im Anschluß an eine Entscheidung des BGH, die allerdings vor Erlaß des AGB-Gesetzes ergangen war.[47] Zwar stand fest, daß die Banken den unabdingbaren Schutz Geschäftsunfähiger nicht unterlaufen können. Aber es wurde allgemein für zulässig gehalten, daß ein Geschäftsfähiger im Hinblick auf künftige Schäden dieser Art eine Vereinbarung über die Risikoverteilung eingeht. Die Klausel wurde allerdings so verstanden, daß eine Sorgfaltspflicht der Bank, auf Mängel der Geschäftsfähigkeit zu achten, dadurch keineswegs ausgeschlossen sein soll-

---

44 Vgl. BGH NJW 1984, 2941.
45 Staudinger/Schlosser, § 9 Rz 157; Brandner, in: Ulmer/Brandner/Hensen, Anh. §§ 9–11 Rz. 162; Horn, in: Wolf/Horn/Lindacher, § 23 Rz.658; vgl. auch BGH NJW 1986, 310; weniger kritisch Löwe/ von Westphalen, Groß-Komm. z. AGB-Gesetz, Bd. III Nr.34.1.78.
46 Staudinger/Schlosser, § 9 Rz.39; Canaris, Rz. 2711; von Westphalen WM 1980, 1425; Horn, in: Wolf/Horn/Lindacher, § 23 Rz.642; a.A. Schmidt-Salzer, NJW 1971, 1013.
47 BGHZ 52, 61, 63.

te.[48] Der Umstand, daß diese Einschränkung in der Klausel nicht zum Ausdruck kam, gab aber wohl den Ausschlag dafür, daß der BGH 1991 die Klausel für unwirksam gem. § 9 AGB-Gesetz erklärte, weil sie dem Kunden „einem von keinem der Beteiligten verschuldeten Schaden aus einem eintretenden Mangel in seiner eigenen Geschäftsfähigkeit in vollem Umfang aufbürdete".[49] Die Streichung war daher geboten.

3. Fazit

Der vorstehende Überblick über weggefallene AGB-Klauseln, die keine sachliche Fortsetzung in der Neufassung der AGB-Banken finden, hat trotz seiner Unvollständigkeit[50] bereits gezeigt, in welchem Umfang Streitfragen der Geltung und Tragweite von AGB-Klauseln durch Streichungen ausgeräumt werden konnten. Die Verfasser der neuen AGB sind in vielen Einzelpunkten einfach Geboten der neueren Rechtsprechung gefolgt. Es verdient aber hervorgehoben zu werden, daß sich die Streichungen nicht auf ein bloßes Zurückweichen vor der Rechtsprechung beschränken, sondern darüber hinaus zur Bereinigung ganzer Problembereiche genutzt werden. Dies gilt insbeondere für die Frage der Freizeichnungen.

Die Streichungen beziehen sich ganz überwiegend auf solche Klauseln, die für den Bankkunden belastend und nachteilig waren. Nur an wenigen Stellen kann man hier Zweifel anmelden. Dies gilt etwa für die Präambel, wie besprochen. Aber auch hier finden sich zumindest Kompensationen für die Streichung; dem Wegfall des Hinweises auf das Vertrauensverhältnis und die Interessenwahrungspflicht entsprechen andererseits die Kodifizierung des Bankgeheimnisses und der Wegfall der Freizeichnungsklausel. Es besteht kein Zweifel daran, daß die vorgenommenen Streichungen die Position des Kunden insgesamt verbessern.

Wie erwähnt, können diese Streichungen auch als Vorbild für die AGB anderer Branchen dienen. Dies bedeutet nicht, daß wir auf eine Uniformität nach dem Vorbild der AGB-Banken zusteuern. Dies würde die unterschiedlichen Regelungsbedürfnisse der einzelnen Branchen ver-

---

48 Horn aaO; LG Hamburg WM 1987, 555.
49 ZIP 1991, 994.
50 Vollständigkeit wurde nicht angestrebt. Eine Synopse der früheren Klauseln mit und ohne Entsprechung in der Neufassung findet sich bei Schebesta/ Vortmann aaO., S.139.

kennen. Aber der Verwender wird bei bestimmten Klauseln, insbesondere bei Freizeichnungen, noch sorgfältiger prüfen müssen, ob bran-
chenspezifische Verhältnisse und Umstände eine bestimmte Klausel
rechtfertigen, die von der typischen Interessen- und Risikoverteilung des
allgemeinen Zivilrechts abweicht.

III. Einführung und Geltungsbereich der neuen AGB (Nr. 1)

1. Die Einführung von AGB-Änderungen

Naturgemäß soll die Neufassung der AGB-Banken 1993 möglichst ab 1.
1. 1993 die Grundlage für alle Geschäfte der Banken mit ihren Kunden
sein. Dies entspricht dem Rationalisierungseffekt der AGB. Ihm würde
es widersprechen, wenn auf eine vielleicht unabsehbare Zeit alte AGB
verschiedenen Datums neben den neuen AGB fortgelten würden. Dieses
Ziel der einheitlichen Umstellung auf neue AGB ist freilich nur unter
besonderen Voraussetzungen möglich.

a) Neue Verträge

Bei Verträgen mit neuen Kunden und bei neuen Verträgen mit Altkun-
den nach dem 1. 1. 1993 werden die neuen AGB-Banken ohne weiteres
durch Einhaltung der Voraussetzungen des § 2 AGB-Gesetz Bestandteil
des betreffenden Vertrages. Die Bank, die nur noch die neuen AGB-Tex-
te verwendet, muß den Bankkunden ausdrücklich oder durch deutlich
sichtbaren Aushang auf die neuen AGB hinweisen und ihm die Möglichkeit verschaffen, in zumutbarer Weise von ihrem Inhalt Kenntnis zu
nehmen. Der Bankkunde muß ferner mit dem Inhalt der AGB einverstanden sein. Er kann sein Einverständnis konkludent erklären. Ist er mit
der Geltung der AGB nicht einverstanden, so muß er dies im Regelfall
ausdrücklich sagen.[51] Dies ist ein seltener Fall und noch seltener wird
die Bank bereit sein, gleichwohl mit dem Kunden einen Vertrag zu
schließen.

---

51 Ulmer, in: Ulmer/Brandner/Hensen, § 2 Rz. 61.

b) Bestehende Verträge. Genehmigungsfiktion?

Von weitaus größerer Bedeutung sind die überaus zahlreichen Fälle bestehender Verträge, für die während ihrer Vertragsdauer nunmehr die
neuen AGB-Banken anstelle der alten in den Vertrag einbezogen werden
sollen. Es handelt sich um eine Vertragsänderung, die grundsätzlich nur
unter den gleichen Voraussetzungen wie der Vertragsschluß selbst wirksam wird.[52] Für die Vornahme einer solchen Änderungsvereinbarung
enthalten die neuen AGB in Nr. 1 (2) und die alten AGB in Nr. 28 eine
Regelung. Die Änderungsregelung der neuen AGB bleibt außer Betracht, weil diese AGB ja gerade erst eingeführt werden sollen. Nach der
Regelung in den alten AGB (Nr. 28) sind Änderungen der AGB durch
Aushang oder Auslegung in den Geschäftsräumen der kontoführenden
Stelle, wenn die Änderungen den Kunden nur unwesentlich belasten, in
allen anderen Fällen durch ausdrücklichen Hinweis und durch Aushang
oder Auslegung bekannt zu geben. Sie gelten als genehmigt, wenn der
Kunde nicht binnen eines Monats schriftlich Widerspruch erhebt; auf
diese Rechtsfolge wird der Kunde bei der Bekanntgabe besonders hingewiesen. Es bestehen Zweifel, ob die alte Regelung insoweit Bestand
hat, als sie den Kunden nur durch Aushang oder Auslegung informiert,
und ob die Differenzierung zwischen „nur unwesentlich belastenden"
und anderen AGB tragfähig ist. Die Kreditwirtschaft hat die darin liegenden Zweifelsfragen in der Praxis dadurch vermieden, daß sie die
Kunden über die neuen AGB weitgehend schriftlich informiert und ihnen die AGB zugeschickt hat.[53]

Eine solche Information ist natürlich zu begrüßen. Ist sie unstreitig
erfolgt, so greift nach Vorstellung der Kreditwirtschaft die Genehmigungsfiktion durch Schweigen des informierten Kunden während eines
Monats nach Zusendung ein (Nr. 28 (2) 2 AGB a. F.; ebenso in Nr. 1 (2)
2 AGB n. F.). Diese Genehmigungsfiktion wird weithin im Hinblick auf
§ 10 Nr. 5 AGB-Gesetz für zulässig gehalten, weil die Monatsfrist als
angemessen anzusehen ist und weil der Bankkunde bei der Information
auf die Bedeutung seines Verhaltens besonders hingewiesen wird, was in
der AGB-Regelung alter und neuer Fassung ausdrücklich vorgesehen

---

52   Ulmer, in: Ulmer/Brandner/Hensen, § 2 Rz. 64; Horn, in: Wolf/Horn/Lin-
     dacher, § 23 Rz. 457ff.
53   Schebesta/Vortmann, aaO., S. 10.

ist.[54] Es bleiben gleichwohl Zweifel, ob eine solche Erklärungsfiktion bei Abänderungen von AGB gelten kann.[55] § 10 Nr. 5 AGB-Gesetz will die Fiktion von Kundenerklärungen nur im Bereich der Vertragsabwicklung zulassen, nicht aber im Bereich des Vertragsschlusses.[56]

Man muß, um diese Zweifel auszuräumen, auf die allgemeinen Grundsätze des Vertragsrechts zurückgreifen und statt einer Erklärungsfiktion eine zumindest konkludente Erklärung des Kunden fordern. Diese ist schon dann gegeben, wenn der Kunde in Kenntnis der AGB-Änderung die Geschäftsbeziehung fortsetzt, also z.B. seine Rechte aus dem Girokontovertrag weiterhin ausübt.[57] Ob bloße Untätigkeit des Kunden etwa bei Verträgen, in denen er für längere Zeit nicht tätig werden muß, ausreicht, z.B. bei längerfristiger Festgeldanlage, Depotvertrag, Tresormiete usw., bleibt zweifelhaft. In der Masse der Fälle wird das Ergebnis der konkludenten Einbeziehung der neuen AGB bei vorangehender Information des Kunden erreicht und damit das Ziel, das auch mit der Erklärungsfiktion angestrebt wird.

Unterstellt man einmal, daß der Kunde mit den neuen AGB insgesamt besser fährt als mit den alten, was z.T. schon anhand der Streichungen gezeigt werden konnte und sich auch am Inhalt der neuen AGB zeigen läßt, so wird allerdings der Kunde in der Praxis meist irgendwann, und spätestens im Streitfall, mit der Geltung der neuen AGB einverstanden sein. Auch ist die Annahme nicht fernliegend, daß die Rechtsprechung später in solchen Fällen, in denen eindeutig noch für Altverträge die alten AGB zugrunde zu legen sind, etwa weil der betreffende Streitfall vor dem 1. 1. 1993 entstanden ist, die alten AGB sozusagen durch die Brille der neuen AGB sehen und zu ihrer Auslegung im Lichte der neuen AGB neigen wird. Der Bundesgerichtshof hat auch in einem Fall, der Versicherungsbedingungen betraf, 1982 erklärt, der Versicherer als Verwender sei verpflichtet, für laufende Versicherungsverträge die dem Versicherungsnehmer günstigere Neufassung der AVB anzu-

---

54　Für Wirksamkeit dieser Abänderungsregelung daher z.B. Ulmer, in: Ulmer/Brandner/Hensen, § 2 Rz. 64; Schebesta/Vortmann, aaO., S. 10.

55　Horn, WM 1984, 449, 453.

56　Wolf, in: Wolf/Horn/Lindacher, § 10 Nr. 5 Rz. 17; grundsätzlich auch H. Schmidt, in: Ulmer/Brandner/Hensen, § 10 Nr. 5 Rz. 8, der aber ohne Begründung eine Änderung von AGB von diesen Bedenken ausnehmen will.

57　Horn, WM 1984, 453; ders., in: Wolf/Horn/Lindacher, § 23 Rz. 45; Hoeren, NJW 1992, 3263, 3267; allg. Staudinger/Schlosser, § 2 Rz. 48. Bei Kaufleuten genügt nach BGH WM 1991, 459, Fortsetzung einer laufenden Geschäftsbeziehung nach klarer Information über die geänderten AGB.

bieten; die Verletzung dieser Pflicht muß dann dazu führen, daß die neue
Regelung zugunsten des Kunden zugrunde gelegt wird.[58]

2. Geltungsbereich. Allgemeiner Bankvertrag? (Nr. 1 (1) 1)

Nach der Neufassung Nr. 1 (1) 1 gelten die AGB-Banken für die gesamte Geschäftsverbindung zwischen dem Kunden und den inländischen
Geschäftsstellen der Bank. Darin liegt die Vorstellung einer Art Rahmenvertrag für alle künftigen Verträge, die der Kunde mit der Bank
schließen wird. Eine solche Vorstellung ist auch dem AGB-Gesetz bekannt und in § 2 Abs. 2 normiert; danach können die Vertragsparteien
AGB für eine bestimmte Art von Rechtsgeschäften im voraus vereinbaren. Ein solcher Rahmenvertrag oder Normvertrag wird insbesondere
für die Beziehung zwischen Bank und Kunden angenommen und mit
der Vorstellung eines allgemeinen Bankvertrags zwischen diesen beiden
Vertragspartnern verknüpft.[59]
    Nun ist freilich die Lehre vom allgemeinen Bankvertrag mit Recht
umstritten. Der Versuch, die Vielzahl von Rechtsbeziehungen zwischen
Bank und Kunden durch einen solchen Rahmenvertrag zusammenzufas-
sen, stößt heute weithin auf Kritik.[60] Es fehlt an einem Minimum von
rechtlicher Bindung zwischen Bank und Kunde im Hinblick auf künftige
Verträge außerhalb des konkret geschlossenen Vertrages. Auch die Vorstellung, daß zumindest die AGB generell vorweg auch für künftige
Verträge vereinbart sind, entspricht im allgemeinen nicht dem Willen und
der Vorstellung des Kunden. Gerade bei Verträgen, die für den Kunden
künftig geschäftlich von besonderer Bedeutung sind, wie z.B. umfangreiche größere Kredite oder bei einem kaufmännischen Kunden komplizier-
te Auslandsgeschäfte, ist es nicht fernliegend, daß hier besondere Bedingungen ausgehandelt werden, die insoweit die AGB-Banken überlagern
und verdrängen und daß mit der Vorstellung einer Vorwegvereinbarung
von AGB wenig gewonnen ist. In anderen Fällen aber normaler weiterer
Bankverträge, z.B. wenn der Kunde nach Eröffnung eines Girokontos

---

58 BGH, NJW 1982, 926.
59 Wolf, in: Wolf/Horn/Lindacher, § 2 Rz. 51.
60 Heymann/Horn, HGB, Bd. 4 1990, Anh. § 372 Bankgeschäfte I Rz. 6 m.
    Nachw.; Canaris, Bankvertragsrecht, Rz. 2–11; MünchKomm/H. P. Wester-
    mann, BGB, vor § 607 Rz. 12ff.; Schlegelberger/Hefermehl, HGB, 5. Aufl.
    Anh. § 365 Rz. 13; Avancini/Iro/Koziol, Bd. I Rz. 1/3.

einen Kreditkarten- oder Scheckkartenvertrag schließt, ist die Vorstellung naheliegend, daß hier erneut die AGB-Banken zugleich mit den jeweils einschlägigen Sonderbedingungen vereinbart werden.

Der Hinweis, daß die AGB für die gesamte Geschäftsverbindung gelten sollen, hat also in den meisten Fällen nur die Bedeutung, daß sie den Kunden darauf hinweist, daß für alle Einzelakte innerhalb des begründeten Dauerschuldverhältnisses, z. B. des Girovertrages oder des Darlehnsvertrages, diesen einzelnen Akten, Erklärungen, Weisungen, Abbuchungen, Saldoabschlüssen usw. natürlich unverändert die AGB zugrunde liegen. Ferner hat die Formulierung Bedeutung insofern, als sie den Kunden darauf hinweist, daß die AGB natürlich auch dann gelten, wenn er mit anderen Filialen der Bank in Verbindung tritt.

3. Die Fortgeltung der alten Rest-AGB

Die Abschnitte II (über Wertpapiere, Devisen und Sorten) und III (über Verwahrungsgeschäfte) in den alten AGB sollen zunächst als Sonderbedingungen fortgelten, weil sie aus den neuen AGB-Banken ausgeschieden wurden, ohne eine Entsprechung in neuen Klauseln zu finden, andererseits aber auch nicht gestrichen werden sollen. Die neuen AGB äußern sich nicht zu dieser Fortgeltung. Diese Fortgeltung setzt vielmehr voraus, daß die Banken im Begleitschreiben zur Versendung der neuen AGB-Banken an ihre Kunden klar den Willen zum Ausdruck gebracht haben, diese Abschnitte der alten AGB fortgelten zu lassen. Damit wurden diese Abschnitte aus dem Vertragsangebot zur Abänderung der AGB ausgenommen und die konkludente Einwilligung des Kunden konnte sich nur auf die mit dieser Einschränkung abgegebene Willenserklärung der Bank beziehen. Fehlt es an einem solchen Hinweis, dann mußte der Kunde allerdings die Erklärung der Bank so auffassen, daß die alten AGB gänzlich durch die neuen ersetzt werden sollten und seine konkludente Einwilligung bezog sich auf diese Erklärung, so daß in diesen Fällen die alten AGB ersatzlos entfallen sind und bei Neuabschluß eines Vertrages, der den dort erfaßten Regelungsmaterien unterliegt, neu vereinbart werden müssen. Dies ist aber nichts Besonderes. Denn, wie bereits (oben III 2) ausgeführt, werden AGB typischerweise im Zusammenhang mit einem konkreten Einzelvertrag neu vereinbart, indem sie nach § 2 AGB-Gesetz in diesen Vertrag einbezogen werden.

IV. Schwerpunkte der Neuregelung

1. Bankgeheimnis und Bankauskunft (Nr. 2)

a) *Bankgeheimnis. Grundlagen und Umfang (Nr. 2 (1))*

aa) *Vertrag*

In Nr. 2 (1) AGB-Banken 1993 ist erstmals das Bankgeheimnis geregelt. Die neuen AGB-Sparkassen bleiben dabei, das Bankgeheimnis wie bisher nicht zu erwähnen. Die Aufnahme in die AGB hat eine rein klarstellende Bedeutung. Sie verändert den Rechtszustand nicht, sondern macht ihn dem Kunden deutlich. Insofern ist die Neuerung zu begrüßen.

Unstreitig ist die Bank schon unabhängig von dieser Klausel aufgrund des jeweiligen konkreten Bankvertrages, z.B. Girokontovertrages, den Kunden zur Wahrung des Bankgeheimnisses verpflichtet, d.h. sie muß über die ihr im Geschäftsbetrieb bekannt gewordenen persönlichen und wirtschaftlichen Verhältnisse des Kunden Stillschweigen bewahren. Gleiches gilt bereits im Vertragsanbahnungsverhältnis.[61] Das Bankgeheimnis ist Teil der allgemeinen vertraglichen Interessenwahrungspflicht der Bank.[62] Ferner greift der privatrechtliche Schutz des allgemeinen Persönlichkeitsrechts des Kunden ein, der auch den Schutz der persönlichen Geheimsphäre einschließt. Er findet seine Grundlage in der verfassungsrechtlichen Wertung des Art. 2 GG und präzisiert die vertraglichen und vorvertraglichen Pflichten der Bank (sog. Drittwirkung der Grundrechte); außerdem ist er Grundlage auch außervertraglicher Abwehr- und Schadensersatzansprüche.[63]

---

61 Heymann/Horn, HGB, Bd. 4 Anh. § 372 Bankgeschäfte I Rz. 44ff.; Kirchherr, in: Sichtermann, Bankgeheimnis und Bankauskunft, 3. Aufl. bearb. Feuerborn/Kirchherr/Terdenge 1984, S.111ff., 126ff.; Baumbach/Duden/Hopt, HGB (7) BankGesch. I, Anm. 4 A; BGHZ 27, 241; 95, 362, 365; abw. Begründung aus Vertrauenshaftung bei Canaris, 3. Aufl, Rz. 42.
62 Bei öffentlich-rechtlichen Kreditinstituten tritt die Pflicht zur Amtsverschwiegenheit hinzu; Sichtermann, aaO., S.111.
63 Zum privatrechtlichen Persönlichkeitsschutz in diesem Sinn BGH, BB 1978, 1279f.; Heymann/Horn, Bd. 4 Anh. 372 Bankgeschäfte I, Rz. 44 m. w. Nachw.

Die Geheimhaltungspflicht umfaßt alle Tatsachen, die der Kunde geheim halten will.[64] Die neue AGB-Klausel bringt dies indirekt dadurch zum Ausdruck, daß sie einerseits das Bankgeheimnis auf „alle" kundenbezogenen Tatsachen und Wertungen bezieht, andererseits (in Satz 2) eine Ausnahme nur bei besonderer Grundlage, insbesondere Einwilligung des Kunden, vorsieht. Zu begrüßen ist, daß die Klausel auch Wertungen dem Bankgeheimnis unterwirft. Dies entsprach schon der h. M.[65] und in der Bankpraxis sind in der Tat Wertungen, die an bestimmte Tatsachen anknüpfen und diese zusammenfassend beurteilen, Hauptgegenstand einerseits des Bankgeheimnisses, andererseits der Bankauskunft.

bb) Datenschutz nach BDSG

Der Kunde genießt ferner Datenschutz nach dem BDSG. Das Gesetz schützt das Grundrecht des Bankkunden (i. S. Art. 2 GG) auf „informationelle Selbstbestimmung" als Teil seines Persönlichkeitsrechts.[66] Der Datenschutz betrifft freilich nur Teilbereiche des Bankgeheimnisses. Grenzen ergeben sich aus dem Begriff der personenbezogenen Daten und dem Begriff der Datei.[67] Die Einschränkung auf Dateien ist seit der Novelle 1990[68] aufgelockert und dem Schutzbereich des BDSG unterfallen nunmehr auch Daten, die nicht in Dateien gespeichert, verändert oder gelöscht oder aus Dateien übermittelt werden können, also auch Daten aus Akten (§ 1 Abs. 2 Nr. 1 und 2 ivM § 3 Abs. 2 BDSG). Dies gilt jedoch nicht für die Erhebung, Verarbeitung und Nutzung seitens nichtöffentlicher Stellen (§ 1 Abs. 2 Nr. 3 BDSG) worunter auch Banken fallen (vgl. § 2 Abs. 4 BDSG). Die Verarbeitung personenbezogener Daten und deren Nutzung sind weiterhin nur zulässig, wenn der Betroffene einwilligt oder das BDSG oder eine andere Rechtsvorschrift sie erlaubt (§ 4 Abs. 1 BDSG). Das BDSG gestattet dies als Mittel für die Erfüllung eigener Geschäftszwecke im Rahmen der Zweckbestimmung eines Vertragsverhältnisses oder vertragsähnlichen Vertrauensverhältnisses mit den Betroffenen (§ 28 Abs. 1 Nr. 1 BDSG), oder soweit dies zur Wah-

---

64 BGHZ 27, 246; Sichtermann/Kirchherr, aaO., S. 135; Canaris, 3. Aufl., Rz. 48; Heymann/Horn, aaO., Rz. 45.

65 Sichtermann/Kirchherr, S. 131; Canaris, Rz. 49; Heymann/Horn, aaO., Rz. 45.

66 BVerfGE 65, 1, 45 =NJW 1984, 419; vgl. auch BGHZ 80, 311; 95, 362, 367ff.

67 Vgl. § 1 Abs. 2 Satz 1 und § 2 Abs. 3 Ziff. 3 BDSG.

68 G zur Fortentwicklung der Datenverarbeitung und des Datenschutzes v. 20. 12. 1990, BGBl I, S. 2954; zum Gesetz Dammann, NVwZ 1991, 640.

rung berechtigter Interessen der speichernden Stelle erforderlich ist und kein Grund zu der Annahme besteht, daß das schutzwürdige Interesse der Betroffenen an dem Ausschluß der Verarbeitung oder Nutzung überwiegt (§ 28 Abs. 1 Nr. 2 BDSG). Im ganzen entspricht die letztere Regelung der des § 24 Abs. 1 BDSG a.F.

Auch im Hinblick auf Rechte und Pflichten aus dem BDSG gibt die Klausel Nr. 2 (1) AGB-Banken ein im ganzen zutreffendes Bild; auf Einzelheiten des BDSG brauchte die Klausel naturgemäß nicht einzugehen. Nr. 2 (3) 4 orientiert sich allerdings an § 28 BDSG.[69] Danach wird eine Bankauskunft nur erteilt, wenn der Anfragende ein berechtigtes Interesse an der gewünschten Auskunft glaubhaft dargelegt hat und kein Grund zu der Annahme besteht, daß schutzwürdige Belange des Kunden der Auskunftserteilung entgegenstehen.

b) Grenzen: Gesetz, Einwilligung, „Befugnis" (Nr. 2 (1) 2)

Nr. 2 (1) 2 bringt zutreffend zum Ausdruck, daß das Bankgeheimnis durch gesetzliche Bestimmungen Ausnahmen erleidet, z.B. durch die in der Praxis höchst bedeutsame Verpflichtung der Bank zur Auskunft nach § 33 ErbStG, und ferner naturgemäß durch die Einwilligung des Kunden. Diese Einwilligung ist für Privatkunden noch einmal ausdrücklich in Nr. 2 (3) 3 erwähnt. Diese müssen generell oder im Einzelfall ausdrücklich zugestimmt haben.

Außerdem soll nach der Klausel das Bankgeheimnis dann zurücktreten, wenn die Bank sonst „zur Erteilung einer Bankauskunft befugt ist". Diese eigene Kategorie bezweckt wohl eine differenzierte Behandlung kaufmännischer Kunden und juristischer Personen. In der Tat ist in diesem Bereich davon auszugehen, daß der Kunde sich bei Abschluß seines jeweiligen Bankvertrages kraft Handelsbrauchs konkludent mit der Weitergabe banküblicher Auskünfte über ihn einverstanden erklärt, weil solche Bankauskünfte für diesen Kunden ein unentbehrliches Element seiner Teilnahme am Geschäftsverkehr sind.[70] Diese Differenzierung zwischen Privatkundenverkehr und kaufmännischen Kunden hat sich in der Bankpraxis stärker herausgebildet, nachdem im Gefolge der Neufassung der AGB 1984 eine heftige und aufgeregte öffentliche Diskussion um das damals erstmals kodifizierte Bankauskunftsrecht entbrannt ist.[71]

---

69 Bruchner, DZWir 1993, 89ff.
70 Horn, WM 1984, 449ff., 456ff.
71 Horn, aaO.

Die Differenzierung wurde daher schon in der erneuten Überarbeitung der AGB 1986 berücksichtigt.[72]

Die Konstruktion der generellen vertraglichen Einwilligung bei kaufmännischen Kunden ist im Grundsatz nicht zu beanstanden. Allerdings sind die Grenzen dieser Durchbrechung des Bankgeheimnisses zu beachten. Die Einwilligung bezieht sich nur auf den geschäftlichen Bereich, nicht auf die Privatsphäre des kaufmännischen Kunden.[73] Ferner deckt das allgemeine vertragliche Einverständnis des kaufmännischen Kunden mit der Erteilung bankmäßiger Auskünfte nicht mehr den Fall, daß in der konkreten Situation die Bankauskunft die Interessen des Kunden schwer schädigen kann und die Bank dies erkennt. In diesem Fall ist die Bank aufgrund ihrer Interessenwahrungspflicht verpflichtet, die Auskunft nicht zu erteilen, auch wenn diese Auskunftsverweigerung ihrerseits einen negativen Eindruck vermittelt, und in Zweifelsfällen muß sie auch beim kaufmännischen Kunden Rückfrage halten, ob die Auskunft erteilt werden soll.[74]

Es wurde schon bemerkt, daß die in Nr. 2 (1) 2 erwähnte dritte Kategorie der „Befugnis" der Bank zur Erteilung einer Bankauskunft sich im Fall der generellen Einwilligung des kaufmännischen Bankkunden letztlich als vertragliche Einwilligung darstellt, die lediglich durch Handelsbrauch und die AGB-Klausel Nr. 2 (3) 1 präzisiert wird. Es gibt aber weitere Fälle der „Befugnis" der Bank, die sich nicht ohne weiteres auf eine vertragliche Abrede zurückführen lassen. Hier ist insbesondere an den heiklen Fall zu denken, daß die Bank gegenüber einem anderen Kunden eine vorrangige Warnpflicht hat oder ihr Rechtfertigungsgründe wie Notwehr und Nothilfe zu Gebote stehen.[75] Die Bank muß z. B. aufgrund ihrer Interessenwahrungspflicht einen Kunden warnen, wenn dieser an einen anderen Kunden, der kurz vor dem wirtschaftlichen Zusammenbruch steht, eine Vorleistung erbringen will, für die er mit großer Wahrscheinlichkeit den Gegenwert nicht mehr erhalten kann. Die Bank befindet sich hier in einem Loyalitätskonflikt und muß durch Interessenabwägung entscheiden, ob sie zu einer solchen Warnung berechtigt und gegenüber dem zahlenden Kunden verpflichtet ist. Die dogma-

---

72 Zu dieser allg. Bunte/Schröter, AGB und Sonderbedingungen der Kreditinstitute, WM-Skript 101, 1986.
73 Ähnlich Schebesta/Vortmann, S. 14.
74 Horn, in: Wolf/Horn/Lindacher, § 23 Rz. 647 m. Nachw.
75 Horn, in: Wolf/Horn/Lindacher, § 23 Rz. 647; zu Notwehr und Nothilfe auch Canaris, Rz. 62.

tische Einordnung dieses Rechts zur Warnung als Einschränkung des
Bankgeheimnisses ist nicht ganz einfach. Man muß hier wohl eine immanente Schranke des Rechts des Kunden auf Geheimhaltung annehmen, mit dem dieser sich generell einverstanden erklärt, sofern er überhaupt am bankgeschäftlichen Verkehr teilnehmen will. Niemand kann
erwarten, daß sein Bankgeheimnis in der Weise gewahrt wird, daß es zur
Schadensfalle für andere Kunden wird.

c) Recht und Pflicht zur Bankauskunft (Nr. 2 (2) und (3))

aa) Begriff; andere Auskünfte (Nr. 2 (2))

Die Kennzeichnung der Bankauskunft als eine allgemein gehaltene Mit-
teilung von Festellungen und Bemerkungen über die wirtschaftlichen
Verhältnisse von Kunden, ihre Kreditwürdigkeit und Zahlungsfähigkeit
in Nr. 2 (2) ist im wesentlichen unverändert aus den vorherigen AGB
(Nr. 10 a. F.) übernommen. Bekanntlich spielt diese Bankauskunft im
Geschäftsverkehr eine nicht unwesentliche Rolle.

Weitere, spezielle Fälle der Auskunfterteilung sind zweckmäßigerwei-
se in dieser Klausel nicht geregelt. Dazu gehört z. B. einmal die sog.
Scheckauskunft zur Frage, ob ein Scheck gedeckt ist; mit dieser Auskunft
ist der Scheckaussteller konkludent stets einverstanden.[76] Formularmäßige Einwilligungen des Kunden in einem Kreditvertrag, daß die Bank
Daten über die Aufnahme und Abwicklung des Kredits an kollektive
Gläubigerschutzvereinigungen weitergeben darf (sog. Schufa-Klausel),
müssen bestimmten, von der Rechtsprechung aufgestellten Kriterien entsprechen, insbesondere den Empfängerkreis eingrenzen und nach Daten
differenzieren; sie dürfen keinen globalen Verzicht auf das Bankgeheimnis enthalten.[77] Auch diese speziellen Auskünfte waren in den AGB-Banken nicht zu regeln, sondern haben in den Formularverträgen des Kredit-
geschäfts ihren Platz. Für diese und andere speziellen Auskünfte, auch die
in den AGB ausdrücklich ausgeschlossenen, ausnahmsweise vom Ge-
schäftspartner des Kunden aber geforderten betragsmäßigen Auskünfte,
gilt im übrigen der Grundsatz, daß der Kunde jeweils durch seine Einwilligung den Umfang der Auskunft bestimmen kann.

---

76 Kirchherr/Stützle, ZIP 1984, 514, 521f.; von Westphalen, GroßKomm z.
    AGB-Gesetz, Bd. III, Nr. 34.1.36; Horn, in: Wolf/Horn/Lindacher, § 23 Rz.
    649.
77 BGHZ 95, 362 = WM 1985, 1305; Horn, aaO., § 23 Rz. 649.

bb) Berechtigung zur Auskunft (Nr. 2 (1) 2 und (3))

Die Berechtigung zur Erteilung von Bankauskünften gegenüber dem Kunden, über den Auskunft erteilt wird, ergibt sich aus den bereits erörterten Einschränkungen des Bankgeheimnisses, die in Nr. 2 (1) 2 und (3) niedergelegt sind. Danach bedarf es, falls keine gesetzliche Erlaubnis vorliegt, der ausdrücklichen generellen oder speziellen Einwilligung des Privatkunden, beim kaufmännischen Kunden der konkludenten, dem Handelsbrauch entsprechenden Einwilligung, wobei aber eine gegenteilige Weisung zu beachten ist und bei Interessengefährdung die Auskunft ausnahmsweise unterbleiben muß (oben b). Außerdem muß die Bank jeweils das berechtigte Interesse des Anfragenden und ein etwa entgegenstehendes Interesse des Kunden, über den Auskunft begehrt wird, beachten (Nr. 2 (3) 4).

cc) Pflicht zur Auskunft? (Nr. 2 (4))

Der Anfragende hat normalerweise keinen Anspruch gegen die auskunfterteilende Bank auf die Auskunft. Ein solches Recht ist in den AGB nicht vorgesehen und auch nicht aus Nr. 2 (4) zu entnehmen, wonach die Bank nur ihren eigenen Kunden sowie anderen Kreditinstituten für deren Zwecke und die ihrer Kunden Bankauskünfte erteilt. Damit ist lediglich der mögliche Empfängerkreis und die Art der Ausführung von Bankauskünften umschrieben. Man kann freilich überlegen, ob sich ein Anspruch des einzelnen Kunden aus seinem Bankvertrag und der daraus folgenden Interessenwahrungspflicht der Bank ergibt, die durch Nr. 2 (4) im Hinblick auf Bankauskünfte konkretisiert ist. Auch dann kann ein solcher Anspruch naturgemäß nur bestehen, soweit die Bank überhaupt zur Auskunft berechtigt ist. Man kann einen Anspruch in der Tat insoweit bejahen, als die Bank die Einholung einer Auskunft gegenüber dem anfragenden Kunden nicht willkürlich verweigern darf. Im übrigen kann sich ein Anspruch gegen die Bank auf Erteilung einer Bankauskunft ausnahmsweise auch aus einem ad hoc geschlossenen Auskunftsvertrag (auch mit einem Nichtkunden) ergeben.[78]

---

78   Vgl. BGH 1985, 381; Horn, in: Wolf/Horn/Lindacher, § 23 Rz. 650.

d) Haftung für fehlerhafte Bankauskunft

Auch soweit man eine vertragliche Verpflichtung der Bank zur Erteilung von Bankauskünften verneinen sollte, muß man doch anerkennen, daß die Bank jedenfalls dann, wenn sie eine Auskunft tatsächlich erteilt, für sorgfältige Erteilung haftet. Die übliche Formel, daß die Bank dem Kunden, aber auch dem Nichtkunden immer dann haftet, wenn die Auskunft für den Empfänger größere wirtschaftliche Bedeutung hat und die Bank dies erkennen kann, ist bei der üblichen, in Nr. 2 (2) AGB-Banken 1993 definierten Bankauskunft durchweg erfüllt.[79] Die bisherige Freizeichnung (in Nr. 10 (2) 2 AGB a. F.), daß die Bank nur für grobes Verschulden haftet, ist mit Recht gestrichen worden. Die Klausel hat in der Praxis kaum Bedeutung erlangen können. In der Praxis war immer dann, wenn die Bank bei der Erteilung der Auskunft ihr bekannte Fakten nicht berücksichtigt hat, eine fehlerhafte Bankauskunft anzunehmen, für die die Bank einzustehen hat.[80] Andererseits ist in der Rechtsprechung anerkannt, daß ein Kunde sich nicht blind auf eine Bankauskunft verlassen darf und insbesondere deren allgemein gehaltenen Charakter berücksichtigen muß.[81] Auf die Regelung solcher Details wurde in den neuen AGB mit Recht verzichtet.

2. Haftung der Bank und Mitverschulden des Kunden
(Nr. 3 und Nr. 11)

a) Grundsatz der Haftung der Bank; Erfüllungsgehilfen (Nr. 3 (1))

Die Neufassung der AGB-Banken bringt in Nr. 3 (1) 1 den allgemeinen zivilrechtlichen Grundsatz der Haftung der Bank für ihre vertraglichen und sonstigen Verpflichtungen klar zum Ausdruck und zugleich verzichten die AGB, wie bereits (oben II 2 a) ausgeführt, auf jeden Versuch, diese grundsätzliche Haftung durch umstrittene Freizeichnungsklauseln wieder einzuschränken. Darin liegt ein großer Fortschritt an Vereinfa-

---

79 Vgl. allg. Horn, in: Wolf/Horn/Lindacher, § 23 Rz. 651 m. Nachw.
80 Vgl. BGH, WM 1990, 1990 m. Nachw.; Breinersdorf, WM 1991, 977f.; Schebesta/Vortmann, S. 16.
81 OLG Frankfurt, WM 1985, 253; Heymann/Horn, Anh. § 372 Bankgeschäfte I Rz. 73.

chung und Klarheit der AGB unter Vermeidung zahlreicher möglicher Streitfragen. Nr. 3 (1) 1 hat dabei nur eine deklaratorische Bedeutung. Die Bank haftet danach bei der Erfüllung ihrer Verpflichtungen für jedes Verschulden ihrer Mitarbeiter und der Personen, die sie zur Erfüllung ihrer Verpflichtungen hinzuzieht.

Die Haftung für Erfüllungsgehilfen entspricht den allgemeinen Haftungsgrundsätzen des Zivilrechts (§ 278 BGB). Jeder Versuch einer Differenzierung zwischen leitenden Angestellten und einfachen Mitarbeitern ist aufgegeben. Erfüllungsgehilfen sind neben den Mitarbeitern der Bank auch selbständige Erfüllungsgehilfen, insbesondere andere Unternehmen, deren sich die Bank zur Erfüllung ihrer Verpflichtungen gegenüber dem Kunden bedient.[82] Zu diesen selbständigen Erfüllungsgehilfen gehören auch die von der Bank eingeschalteten Rechenzentralen,[83] im Kreditkartengeschäft etwa die eingeschalteten Akquisitions-Unternehmen.

b) Gestattete Substitution bei weitergeleiteten Aufträgen (Nr. 3 (2))

Von der Einschaltung selbständiger Erfüllungsgehilfen zu unterscheiden ist die Einschaltung solcher selbständiger Dritter, die im Wege der gestatteten Substitution i.S. § 664 Abs. 1 Satz 2 BGB anstelle der erstbeauftragten Bank den Kundenauftrag ganz oder teilweise ausführen. In diesem Fall haftet die Bank nur für Auswahlverschulden (culpa in eligendo). Der Kunde kann einen direkten Schadensersatzanspruch bei unsorgfältiger Ausführung gegen die eingeschaltete Zweitbank haben. Dieser Anspruch kann sich entweder aus dem Vertrag der Erstbank mit der Zweitbank ergeben, wenn dieser Schutzwirkung für den Kunden entfaltet,[84] oder daraus, daß die Erstbank ihren vertraglichen Anspruch gegen die Zweitbank abtritt. Substitution i.S. § 664 BGB ist für die erstbeauftragte Bank generell ein willkommener Weg, ihre eigene Haftung für das Handeln der Zweitbank, auf das sie in der Tat oft wenig Einfluß hat, zu vermeiden. Es hat daher auch nicht an Versuchen in der bankrechtlichen Literatur gefehlt, die gestattete Substitution i.S. § 664 Abs. 1 Satz 2 BGB zu einer allgemeinen, typischen Geschäftsform des Bankverkehrs zu er-

---

82 Allg. Heymann/Horn, Bd. 4 Anh. § 372 Bankgeschäfte I Rz. 24 m. Nachw.
83 Schebesta/Vortmann, aaO., S. 18.
84 Heymann/Horn, aaO Anh. § 372 Bankgeschäfte I Rz. 24.

klären.[85] Aus guten Gründen nehmen die neuen AGB-Banken nicht einen so weitgehenden und letztlich kundenunfreundlichen Standpunkt ein. Wie bereits (oben II 2 b bb) erörtert, wurde auf die bedenkliche Normierung einer allgemeinen Substitutionsbefugnis der Banken in den AGB verzichtet. Auch zeigt die neue Nr. 3 (1) 1, daß der Fall der Einschaltung selbstständiger Dritter, also anderer Banken und sonstiger Unternehmen, als Erfüllungsgehilfen durchaus in Rechnung gestellt wird. Es bleibt also die Aufgabe, diesen Fall von dem der Substitution abzugrenzen.

Diese Abgrenzung unternimmt Nr. 3 (2) AGB-Banken 1993 durch den Begriff des „weitergeleiteten Auftrags", und zwar im Anschluß an eine Entscheidung des BGH,[86] die sich freilich zur dogmatischen Einordnung nicht weiter äußert. Mit einem semantischen Kunstgriff wird in den AGB der Begriff der Substitution vermieden und der Begriff solcher Kundenaufträge geprägt, die sich von vornherein darauf beschränken, daß die Bank den Auftrag an Dritte weiterleitet und durch diese Weiterleitung ihre eigene Verpflichtung vollständig erfüllt. Natürlich ist dies nur eine andere Umschreibung für den Fall der gestatteten Substitution.

Kriterium der Gestattung soll nach Nr. 3 (2) 1 sein, daß „ein Auftrag seinem Inhalt nach typischerweise in der Form ausgeführt wird, daß die Bank einen Dritten mit der weiteren Erledigung betraut". Es bleibt zweifelhaft, ob mit diesen Worten die Abgrenzung gelungen ist, ganz abgesehen davon, daß das Kriterium „typischerweise" objektiv und nicht nach dem Ermessen der Bank zu bestimmen ist.[87] Es kommt darauf an, ob nach der berechtigten Erwartung des Kunden, die auf den Inhalt und Sinn seines Vertrages mit „seiner" Bank (Erstbank) begründet ist, diese Bank auch bei der weiteren Erledigung des Auftrags sein maßgeblicher Vertragspartner bleibt und der selbständige Dritte in das von der Erstbank geschuldete Programm der Vertragserfüllung nur eingefügt ist (dann: Erfüllungsgehilfe), oder ob die Erstbank sich – auch aus der Sicht des Kunden – nur auf die Vermittlung einer weiteren Vertragsbeziehung mit dem selbständigen Dritten und die Vorbereitung von dessen weiterer Vertragsausführung durch „Weiterleitung" beschränkt (dann: Substitution).

---

85 Dazu von Gablenz, Die Haftung der Banken bei Einschaltung Dritter, 1983, insbes. S. 189–211.
86 BGH, WM 1991, 797.
87 A. A. Schebesta/Vortmann, S. 21.

Gestattete Substitution oder, in der neuen Sprachweise, ein weitergeleiteter Auftrag wird von der h. M. schon bisher bei institutsübergreifenden Überweisungen angenommen.[88] Überzeugend ist auch das Regelbeispiel für einen weitergeleiteten Auftrag in Nr. 3 (2) 2 AGB-Banken, daß bei Einholung von Bankauskünften bei anderen Kreditinstituten diese anderen Institute nicht als Erfüllungsgehilfen, sondern als Substitute handeln. Weniger überzeugend ist das weitere dort genannte Regelbeispiel, daß auch bei Verwahrung und Verwaltung von Wertpapieren im Ausland gestattete Substitution (bzw. ein „weitergeleiteter Auftrag") vorliegt. Bei einem solchen Auftrag zur Verwahrung von Wertpapieren geht der Kunde von der Vorstellung aus, daß die beauftragte Bank letztlich für diese Verwahrung die vertragliche Verantwortung trägt. Denn mit ihr hat er den Verwahrvertrag abgeschlossen. Von ihr erwartet er auch, daß sie notfalls ihre geschäftlichen Beziehungen und ihren Einfluß auf den ausländischen Partner geltend machen wird, um Schaden vom Kunden abzuwenden. Will die deutsche Bank dies nicht, muß sie dem Kunden hinreichend klar machen, daß sie sich in solchen Fällen sozusagen auf eine reine Vermittlerrolle beschränkt und in der Tat den Auftrag nur „weiterleitet". Es ist zu bezweifeln, daß der Kunde schon durch die AGB auf diesen Sachverhalt ausreichend hingewiesen wird.

Es bleiben also auch künftig offene Fragen der Abgrenzung von Erfüllungsgehilfenschaft und Substitution. Ein gewisser Anhaltspunkt für Erfüllungsgehilfenschaft mag der Umstand sein, daß die Bank einen gewissen Einfluß auf den Dritten ausüben kann, z.B. wenn eine Institutsgruppe ein gemeinsames Rechenzentrum betreibt. Ein Umkehrschluß ist allerdings unzulässig. Es gehört gerade zum anerkannten Fall des selbständigen Erfüllungsgehilfen, daß er dem Einfluß und der Kontrolle des Vertragspartners, der sich seiner zur Erfüllung seiner Verpflichtung bedient, nicht oder nur begrenzt unterliegt. Entscheidend bleibt die erwähnte Einfügung des Dritten in die Erfüllungsverpflichtung der Bank. So sind unstreitig die großen internationalen Unternehmen der Wertpapierverwahrung (Euroclear; CEDEL) nicht von den einzelnen Banken, die sich ihrer bedienen, abhängig. Gleichwohl kann man wohl Erfüllungsgehilfenschaft deshalb bejahen, weil die typische Dienstleistung dieser Unternehmen darin besteht, für andere Kreditinstitute Verwahrdienste zu übernehmen und damit als deren Erfüllungsgehilfen im Eu-

---

88 Heymann/Horn, Anh. § 372 Bankgeschäfte III Rz. 12.

romarkt tätig zu werden. Der Fragenkomplex ist noch nicht abschließend geklärt.

Insbesondere darf man aus der vorerwähnten BGH-Entscheidung, die den Fall einer Auslandsüberweisung betraf, nicht den generellen Schluß ziehen, daß nach Ansicht des BGH im Auslandsgeschäft durchweg gestattete Substitution (weitergeleiteter Auftrag) vorliege.[89] Denn bei der institutsübergreifenden Überweisung ist Substitution auch im Inlandsgeschäft anerkannt und weiterreichende Schlüsse lassen sich daraus nicht ziehen. Die Annahme einer Erfüllungsgehilfenschaft bei Auslandsgeschäften ist für die erstbeauftragte deutsche Bank natürlich lästig. Für den Kunden hat sie den Vorteil, daß er auf die Geschäftsbeziehungen und Einflußmöglichkeiten seiner deutschen Bank im unübersichtlichen Auslandsgeschäft rechnen kann. Andererseits wird man es aber auch bei Erfüllungsgehilfenschaft anerkennen müssen, daß für bestimmte spezifische Auslandsrisiken der Kunde letztlich einstehen muß. Dies bedeutet: zwar muß die Bank in den Fällen, in denen keine Substitution vereinbart ist, für ihren ausländischen Erfüllungsgehilfen im Grundsatz einstehen. Man muß es aber für zulässig halten, daß sie das Risiko solcher Auslandsschäden, für die sie trotz eigener Bemühungen im Ergebnis keinen Ausgleich erlangen kann, auf den Kunden abwälzt. Dies muß auch durch entsprechende Klauseln in Formularverträgen zulässig sein. Die Regelung in den AGB erscheint allerdings als zu pauschal.

c) Störung des Betriebes (Nr. 3 (3))

Die Bank haftet nach Nr. 3 (3) nicht für Schäden, die durch höhere Gewalt, Aufruhr, Kriegs- und Naturereignisse oder durch sonstige von ihr nicht zu vertretende Vorkommnisse (z.B. Streik, Aussperrung, Verkehrsstörung, Verfügungen von hoher Hand im In- oder Ausland) eintreten. Die Regelung schließt sich im wesentlichen an Nr. 25 AGB a.F. an und hat insofern eine klarstellende Bedeutung, als nach deutschem Zivilrecht grundsätzlich nur bei Verschulden gehaftet wird (§§ 275–278 BGB). Sie entspricht zugleich Gepflogenheiten des internationalen Geschäftsverkehrs, wo Klauseln über höhere Gewalt schon wegen der andersartigen Struktur der Vertragshaftung im common law eine große Rolle spielen. Solche Klauseln enthalten i.S. der deutschen Zivilrechtsdogmatik Tatbestände, in denen jedenfalls ein Verschulden der Bank nicht gegeben ist.

---

89   WM 1991, 797.

Beruht die Betriebsstörung ihrerseits auf einem Verschulden der Bank, greift die Haftungsbefreiung nicht ein. Ob die Haftungsbefreiung eingreift, soweit die Bank auch ohne Verschulden i.S. einer Gefährdungs- oder Garantiehaftung haftet, wird von Schebesta/Vortmann verneint,[90] kann aber nicht undifferenziert in der einen oder anderen Richtung beantwortet werden. Bei Garantiehaftung kommt es auf den Umfang der Garantie an. Ob die vertragliche Erfüllungsverpflichtung, die ohne jedes weitere Verschulden besteht, durch höhere Gewalt berührt wird, hängt überhaupt von der Art der vertraglichen Verpflichtung ab. Ob die Bank nach dem Sinn und Zweck von Bankverträgen das Risiko interner Betriebsstörungen auf Kunden überwälzen kann, ist zweifelhaft; die Rechtsprechung wird in solchen Fällen wohl den Sorgfaltsmaßstab so hoch ansetzen, daß eine Verschuldenshaftung der Bank in den meisten Fällen bejaht werden wird.

d) Mitwirkungspflichten und Mitverschulden des Kunden (Nr. 3 (1) 3, Nr. 11)

Nicht zu beanstanden und mit den Grundsätzen des § 254 BGB zu vereinbaren ist der Satz in Nr. 3 (1) 3, daß der Kunde nach dem Umfang seines Mitverschuldens bei der Entstehung eines Schadens diesen im Verhältnis zur Bank mitzutragen hat. Dabei wird ausdrücklich auf die in Nr. 11 aufgezählten Mitwirkungspflichten des Kunden verwiesen.

In der Tat kommt dem neugefaßten Nr. 11 über die Mitwirkungspflichten des Kunden eine große Bedeutung zu. Der Kunde hat danach Änderungen von Name, Anschrift oder Änderung einer Vertretungsmacht der Bank unverzüglich mitzuteilen (Abs. 1); der Kunde muß ferner Aufträge klar und vollständig erteilen und z.B. bei Überweisungsaufträgen Name, Kontonummer und Bankleitzahl des Zahlungsempfängers richtig angeben (Abs. 2). Er muß auf Eilbedürftigkeit der Ausführung eines Auftrages hinweisen (Abs. 3), Mitteilungen der Bank wie z.B. Kontoauszüge, Wertpapierabrechnungen, Depot- und Erträgnisaufstellungen usw. prüfen und unverzüglich Einwendungen erheben (Abs. 4) und schließlich muß er die Bank auch bei Ausbleiben von Mitteilungen, die er erwartet, wie z.B. Wertpapierabrechnungen oder Kontoauszüge, unverzüglich benachrichtigen.

---

90 S. 23.

Die Aufzählung dieser Kundenpflichten dient in mancher Hinsicht
der Klarheit und kann die nicht geringe Zahl allzu sorgloser Kunden,
die wenig Ordnung in ihren Angelegenheiten halten, vielleicht zu mehr
Sorgfalt und Kooperation bei der Abwicklung ihrer Geschäfte mit der
Bank veranlassen. Gleichwohl erweckt die Liste dieser Kundenpflichten
gewisse Bedenken. Einige Pflichten sind ziemlich weitreichend. Dies gilt
etwa für die Mitteilungspflicht bei Erlöschen oder Änderung der Vertretungsmacht auch dann, wenn die Vertretungsmacht im Handelsregister
oder Genossenschaftsregister eingetragen ist und auch ihr Erlöschen
oder ihre Änderung in dieses Register eingetragen wird (Nr. 11 (1) 2).
Die Pflicht des Kunden gem. Nr. 11 (4), Kontoauszüge usw. unverzüglich auf ihre Richtigkeit und Vollständigkeit zu überprüfen und etwaige
Einwendungen unverzüglich zu erheben, kann nur mit der Einschränkung gelten, daß dem Privatkunden eine geschäftsmäßige Organisation
seines Haushaltes, z.B. bei reisebedingter Abwesenheit, natürlich nicht
zugemutet werden kann und wohl auch nach Vorstellung der Verfasser
der AGB nicht zugemutet wird. Gewisse Zweifel bestehen auch hinsichtlich der Benachrichtigungspflicht des Kunden in dem Fall, daß ihm
bestimmte Mitteilungen nicht zugehen, deren Eingang der Kunde erwartet (Nr. 11 (5). Gewiß weiß der Kunde nunmehr, daß er am Vierteljah-
resende einen Rechnungsabschluß zu erhalten hat. Es bleiben aber im
einzelnen gewisse Zweifelsfragen hinsichtlich der Tragweite dieser Kun-
denpflicht.

Damit hängt ein zweites Bedenken zusammen. Der Begriff der „Mitwirkungspflichten" ist insofern mißverständlich, als in vielen Fällen reine Gläubigerobliegenheiten und nicht echte Schuldnerpflichten gemeint
sind. Allerdings ist anerkannt, daß die Abwägung eines Mitverschuldens
i.S. § 254 BGB typischerweise die Nichtbeachtung von Obliegenheiten
des Geschädigten betrifft. Die in Nr. 11 überwiegend normierten Kun-
denobliegenheiten haben die große praktische Bedeutung, daß Schadensersatzansprüche des Kunden gegen die Bank dadurch gemindert oder
gar ausgeschlossen werden können. Es soll damit nicht ausgeschlossen
werden, daß Nr. 11 auch u. U. bestimmte echte Schuldnerpflichten des
Kunden enthalten kann, deren Verletzung dann sogar zu Schadenser-
satzansprüchen der Bank führen kann. Dies dürfte aber eher die Ausnahme sein und ist jedenfalls noch weiter klärungsbedürftig.

Dies führt zu einem dritten Bedenken. Immerhin entsteht bei der
Liste der Mitwirkungspflichten des Bankkunden in Nr. 11 teilweise der
etwas bedenkliche Eindruck, als ob der Bankkunde fast in gleicher Weise
wie die Bank die vertragliche Verantwortung für die Durchführung seiner Kundenaufträge übernimmt und, überspitzt formuliert, sozusagen

eine BGB-Gesellschaft zwischen Bank und Kunde mit dem gemeinsamen Zweck der Ausführung von Kundenaufträgen entsteht. Dies kann nicht gemeint sein und soll bei einer Auslegung auch nicht als Absicht der Verfasser der AGB-Banken unterstellt werden. Dann aber muß Einigkeit darüber bestehen, daß die Mitwirkungspflichten des Kunden tendenziell von geringerem Gewicht sind als die Durchführungspflichten der Bank, und daß es sich jedenfalls im Regelfall nur um Obliegenheiten des Kunden handelt.

Dies gilt etwa für die Pflicht zur Angabe der Bankleitzahl. Es gilt ferner für die Pflicht zur richtigen Angabe der Kontonummer zumindest insoweit, als der Kunde auch künftig sowohl im beleghaften wie im beleglosen Überweisungsverkehr darauf vertrauen kann, daß die Bank in erster Linie den Empfängernamen (bei dem ein Irrtum oder ein Versehen weniger wahrscheinlich ist) für maßgebend hält und nicht die Kontonummer.

Eine weitere Einschränkung ergibt sich daraus, daß der Kunde sich im Einzelfall darauf berufen können muß, daß die Verletzung einer bestimmten Pflicht nicht schuldhaft erfolgt ist. Zur typischen und der Bank willkommenen Kundschaft gehören auch reiselustige Rentner mit ansehnlichen Konten, die nicht täglich oder wöchentlich ihre Bankauszüge kontrollieren, um unverzüglich Einwendungen bei Mitteilungen der Bank i.S. Nr. 11 (4) zu erheben. Hier muß die Entschuldigung einer normalen reisebedingten Abwesenheit des Privatkunden für maßvolle Zeit durchgreifen.

3. Kontoführung (Nr. 7 und Nr. 8)

a) *Rechnungsabschlüsse und Einwendungen (Nr. 7)*

aa) *Periodensaldo und Anerkenntnis*

Nr. 7 (1) 1 sieht nun bei einem Kontokorrentkonto in Übereinstimmung mit einer verbreiteten Praxis einen vierteljährlichen Abschluß zum Quartalsende vor. Der Rechnungsabschluß wird zugleich als Verrechnung der in diesem Zeitraum entstandenen beiderseitigen Ansprüche definiert. Dies entspricht der h. M., derzufolge das Girokonto als Periodenkontokorrent i.S. § 355 HGB geführt wird.[91] Die verschiedenen Rechtswirkungen der Verrechnungen werden in den AGB naturgemäß

---

91   Heymann/Horn, HGB, § 355 Rz. 3 und 29.

nicht vertieft; dies wäre auch gar nicht möglich. Es sei aber daran erinnert, daß diese Verrechnung eine Fülle unterschiedlicher Rechtswirkungen hat. Die Verrechnung beiderseitiger Forderungen hat nach umstrittener Auffassung eine Tilgungswirkung ähnlich einer Aufrechnung.[92]
Durch die Verrechnung entsteht eine kausale Saldoforderung, die auf
den ins Kontokorrent eingestellten einzelnen Ansprüchen beruht, soweit diese nicht durch Verrechnung erloschen sind.[93] Die Zusammenset-
zung dieses kausalen Saldos ist umstritten und hängt davon ab, welche
Forderungen durch Verrechnung getilgt sind.[94] Dieser kausale Saldo ist
anschließend Gegenstand eines abstrakten Schuldanerkenntnisvertrages
i. S. § 781 BGB, der einen neuen Anspruch begründet.[95]

Mit dem Saldoanerkenntnisvertrag ist nach der Rechtsprechung zugleich der Untergang der einzelnen Kontokorrentforderungen verbunden; der Anspruch aus § 781 BGB tritt im Wege der Novation an ihre
Stelle.[96] Diese weitreichende Rechtsfolge ist aber zu bezweifeln. Sie ist
durch den Zweck des Anerkenntnisses nicht geboten, mit dem in § 356
angeordneten Fortbestand der Sicherheiten für einzelnen Forderungen
schwer zu vereinbaren und widerspricht der Auslegungsregel des § 364
Abs. 2 BGB, wonach ein Anerkenntnis im Zweifel nur schuldbestärkend
wirkt. Die Rechtsprechung hat daher die Novationswirkung in einzelnen Fällen auch eingeschränkt, wo sie zu einem wirtschaftlich unsinni-
gen Ergebnis führen würde.[97] Es ist daher sachgerechter anzunehmen,
daß das Schuldanerkenntnis zur kausalen Saldoforderung nur hin zu-
tritt.[98] Ist das Saldoanerkenntnis unrichtig, weil der Saldo falsch berechnet wurde oder Einzelforderungen nicht bestanden, oder mit einer Einrede behaftet sind, kann das Anerkenntnis nach § 812 Abs. 2 BGB
kondiziert werden.[99]

---

92 Vgl. dazu einerseits BGHZ 93, 307, 314, andererseits BGHZ 93, 315, 323;
    Heymann/Horn, § 355 Rz. 21.
93 BGHZ 49, 24, 26 f.; 70, 86, 93; BGH, WM 1983, 704; Heymann/Horn, § 355
    Rz. 23.
94 Zum Streitstand Heymann/Horn, § 355 Rz. 24.
95 BGHZ 49, 24, 27; BGH, WM 1982, 291; Schlegelberger/Hefermehl, § 355
    Rz. 43 ff.; Heymann/Horn, § 355 Rz. 25.
96 BGHZ 26, 142, 150; 50, 277, 279; 58, 257, 260; 93, 307, 313.
97 BGHZ 58, 262; 70, 86, 92.
98 So auch Großkomm/Canaris, § 355 Rz. 63 ff.; Baumbach/Duden/Hopt, § 355
    Anm. 3 A; Blaurock, NJW 1971, 2206, 2209; Heymann/Horn, § 355 Rz. 27.
99 RGZ 101, 125; 114, 268, 274; BGHZ 51, 346, 348.

bb) Vereinbarung des Anerkenntnisses. Genehmigungsfiktion

In den früheren AGB wurde eine Regelung angestrebt, den Abschluß des erörterten abstrakten Schuldanerkenntnisses dadurch zu erleichtern, daß Nr. 1 Abs. 2 a. F. eine Zugangsfiktion enthielt und ferner die Zustimmung des Kunden nach Nr. 15 a. F. durch eine Erklärungsfiktion ersetzt wurde; danach galt die Unterlassung rechtzeitiger Einwendungen als Genehmigung. Die Zugangsfiktion scheiterte nach der Rechtsprechung aber an § 10 Nr. 6 AGB, weil es sich um Erklärungen von besonderer Bedeutung handelte.[100]

Die Erklärungsfiktion durch das Unterlassen rechtzeitiger Einwendungen wurde dagegen beibehalten (Nr. 7 (2) 2). Solche Erklärungsfiktionen werden vom AGB-Gesetz nicht rundweg mißbilligt, wie schon § 10 Nr. 5 zeigt.[101] Erforderlich ist eine ausreichende Frist, wobei die eingeräumte Monatsfrist angesichts der heute üblichen Urlaubsgewohnheiten noch als gerade ausreichend erscheint,[102] und ferner muß der Kunde auf die Rechtsfolge besonders hingewiesen werden, wozu sich die Bank ausdrücklich in Nr. 7 (2) 3 verpflichtet.

Die Regelung der Genehmigungsfiktion ist sinngemäß einschränkend so aufzufassen, daß sie nicht eingreift, wenn die Bank nicht mit dem Einverständnis des Kunden rechnen kann, z.B. bei groben Irrtümern oder groben Abweichungen vom Kundenauftrag.[103] Unwirksam ist daher das Anerkenntnis eines Kontokorrentsaldos, in dem unverbindliche Posten aus Börsentermingeschäften enthalten sind.[104] Dies gilt nicht nur, wenn der Rechnungsabschluß zu einem passiven Saldo führt, sondern auch bei aktivem (kreditorischem) Saldo.[105]

Umgekehrt kann der Kunde nicht darauf vertrauen, daß ein offensichtlich unrichtiger, ihm günstiger Saldo verbleibt, wenn er ihn anerkennt.[106] Ein ähnliches Problem ist für das Stornorecht der Bank in Nr. 8 (1) letzter Hs. für Falschbuchungen vor dem Periodenabschluß geregelt.

---

100 BGH, ZIP 1985, 1315 = NJW 1985, 2699 = WM 1985, 1048.
101 Horn, in: Wolf/Horn/Lindacher, § 23 Rz. 632 m. Nachw.
102 Kümpel, WM Sonderbeil. 1/1976, S.11f.; Lwowski, Die Bank 1978, 189; Rehbein, DB 1976, 1002.
103 Canaris, Rz. 2638; Horn, in: Wolf/Horn/Lindacher, § 23 Rz. 632.
104 BGHZ 93, 307, 312f. betr. passiven Kontensaldo.
105 Zutr. Canaris, ZIP 1987, 885, gegen LG Tübingen, ZIP 1987, 570.
106 Heymann/Horn, aaO., BankGesch III Rz. 28ff, 39ff.

cc) *Exkurs: Tagessaldo und Periodensaldo*

Die beim Periodenabschluß nach Nr. 7 (1) vorgenommene Verrechnung der ins Kontokorrent eingestellten einzelnen Posten mag Anlaß sein, daran zu erinnern, daß in der Bankpraxis eine solche tatsächliche Verrechnung täglich durch Erstellung des Tagessaldos für ein Girokontokorrent stattfindet. Diesem Tagessaldo kommt in der Praxis höchste Bedeutung zu. Denn für den Umfang des Auszahlungsanspruchs ist der jeweilige Tagessaldo maßgeblich, der durch fortlaufende Verrechnung der Einzelposten ermittelt wird. Er ist ferner maßgeblich für die Zinsberechnung.[107] Im Kontrast zu dieser großen praktischen Bedeutung des Tagessaldos wird von der Rechtsprechung und ü. M. die rechtliche Bedeutungslosigkeit des Tagessaldos betont: dieser sei nur ein buchungstechnisches Informationsmittel.[108] In Wirklichkeit besteht nicht der geringste Unterschied zwischen diesem Tagessaldo und dem vorerwähnten kausalen Saldo bei Vornahme des periodischen Rechnungsabschlusses. Der einzige rechtliche Unterschied besteht vielmehr darin, daß dieser periodische Saldo anschließend Gegenstand eines besonderen Saldoanerkenntnisses wird.[109] Dieses Anerkenntnis ist in Nr. 7 (2) AGB-Banken teilweise geregelt. Ein weiterer Unterschied besteht darin, daß das Stornorecht (dazu i. F.) durch dieses Saldoanerkenntnis beendet wird.

Versäumt der Kunde die Frist für die Einwendung und greift die Erklärungsfiktion ein, so kann der Kunde gleichwohl das Anerkenntnis eines zugunsten der Bank unrichtigen Periodensaldos anschließend kondizieren. Dabei ergibt sich allerdings eine gewisse Verschiebung der Beweislast zu seinen Ungunsten, die allerdings in ihrer praktischen Auswirkung nicht überschätzt werden darf.

b) *Stornorecht (Nr. 8 (1))*

aa) *Inhalt (Nr. 8 (1))*

Das Stornorecht (bisher Nr. 4 AGB a. F.) ist in der Neufassung in Nr. 8 klarer gekennzeichnet als Rückgängigmachung fehlerhafter Gutschriften auf Kontokorrentkonto, wobei als Beispiel eine Fehlerquelle aus dem

---

107 BGHZ 73, 297, 209.
108 BGHZ 73, 207, 209; BGH, NJW 1985, 2327; Capelle/Canaris, Handelsrecht, § 25 III 1 c; Baumbach/Duden/Hopt, § 355 Anm. 3 C.
109 Heymann/Horn, § 355 Rz. 31.

Kundenbereich genannt wird (Angabe einer falschen Kontonummer), obgleich unstreitig ist, daß Fehlerquellen der verschiedensten Art in Betracht kommen. Das Stornorecht ist ein allgemein anerkanntes Rechtsinstitut des Bankkontoverkehrs. Es handelt sich um ein vertragliches Widerrufsrecht hinsichtlich der irrtümlich ausgeführten Buchung und beseitigt das in der Gutschrift liegende Schuldversprechen.[110] Es hat eine der Anfechtung vergleichbare (begrenzte) Funktion.[111] Das Stornorecht endet nach h. M., wenn die fragliche Gutschrift in einen Rechnungsabschluß eingestellt und dieser durch ein Saldoanerkenntnis anerkannt ist.[112] Diese zeitliche Grenze kommt in der neuen wie schon in der alten Fassung der AGB-Banken in den Worten „bis zum nächstfolgenden Rechnungsabschluß" klar zum Ausdruck.

Das Stornorecht entfällt, wenn die Bank kein materielles Rückforderungsrecht hat, der Kontoinhaber die Gutschrift vielmehr cum causa erworben hat, insbesondere weil er einen entsprechenden Anspruch gegen den überweisenden Kunden hatte.[113] Diese wichtige Voraussetzung bzw. Einschränkung des Stornorechts ist jetzt erstmals in die AGB-Regelung aufgenommen, wo es heißt, daß das Recht zur Rückgängigmachung der Buchung nur besteht, soweit der Bank ein Rückzahlungsanspruch gegen den Kunden zusteht.

Das Stornorecht ist tatbestandlich nicht auf technische Buchungsfehler zu beschränken, sondern auch dann anzuerkennen, wenn es an der Wirksamkeit des Überweisungsauftrags fehlt, z.B. wegen Geschäftsunfähigkeit, Fälschung oder auch begründeter Anfechtung.[114] Diese Erweiterung entspricht praktischen Bedürfnissen, sie vermindert zugleich die Bedeutung einer Rückabwicklung über Bereicherungsrecht. Allerdings

---

110 Löwe/von Westphalen, GroßKomm z. AGBG, Bd. III, Nr. 34.1.13; Horn, in: Wolf/Horn/Lindacher, § 23 Rz. 636.

111 Blaurock, NJW 1984, 1, 4; vgl. auch Möschel, JuS 1972, 305; Liesecke, WM 1975, 240; Otto, BB 1978, 987, 989.

112 BGHZ 72, 9, 11; OLG Düsseldorf, WM 1985, 690; Staudinger/Schlosser, § 9 Rz. 73, Horn, in: Wolf/Horn/Lindacher, § 23 Rz. 636; a.A. Kümpel, WM 1979, 378f.

113 BGHZ 87, 246 = WM 1983, 907 = NJW 1983, 2501; vgl. auch OLG Hamm, WM 1985, 1065; Horn, in: Wolf/Horn/Lindacher, § 23 Rz. 636.

114 Str. so Canaris, 3. Aufl. Rz. 449; Baumbach/Duden/Hopt, HGB, 7 (Bank-Gesch) III Anm. 3 D; Kümpel, WM Sonderbeil. 1/1976; Blaurock, NJW 1984, 5f.; Heymann/Horn, Anh. § 372 Bangeschäfte III Rz. 26; a.A. Möschel, JuS 1972, 304f.; Liesecke, WM 1975, 240.

ist ein Stornorecht nicht anzuerkennen bei Widerruf des Überweisen-den. Dies gilt nicht nur bei verspätetem Widerruf, der erst nach Gut-schrift eintritt, sondern auch schon dann, wenn ein rechzeitiger Wider-ruf von der Bank übersehen wurde. Denn der Überweisende ist hier relativ weniger schutzwürdig, falls er keinen Anfechtungsgrund hat, als der Empfänger, der auf die Gutschrift vertraut.[115]

bb) Wegfall der Bereicherung; Haftung der Bank

Nach den neuen AGB kann der Kunde gegen eine Stornierung nicht einwenden, daß er inzwischen in Höhe der Gutschrift verfügt habe (Nr. 8 (1) letzter Hs.). Damit soll der Einwand des Wegfalls der Berei-cherung gem. § 818 Abs. 3 BGB ausgeschlossen werden, der dem Kun-den zustehen könnte, falls die Bank ihr Stornorecht nur auf einen Kon-diktionsanspruch stützen würde. Aber auch in diesem Fall träfe den Kunden regelmäßig die strengere Haftung des § 819 Abs. 1 BGB schon bei fahrlässiger Unkenntnis von der Unrichtigkeit der Gutschrift, weil der Kunde vertraglich zur sorgfältigen Überwachung der Kontenbewe-gungen verpflichtet ist.[116] Diese Sorgfaltspflicht ist jetzt in Nr. 11 (4) AGB-Banken besonders geregelt. Die Stornobuchung unterscheidet sich von dem Kondiktionsanspruch der Bank allerdings durch ihre vertrag-liche Grundlage.[117] Der Vergleich mit dem parallel gegebenen Kondik-tionsanspruch verdeutlicht aber, daß die AGB-Regelung, die die Einrede des Wegfalls der Bereicherung dem Kunden abschneidet, nicht unange-messen i.S. § 9 AGB-Gesetz ist.

Andererseits wird durch diese Regelung nicht jede denkbare Haftung der Bank ausgeschlossen. Weder die Formulierung, daß die Bank bis zum nächsten Rechnungsabschluß die fehlerhafte Gutschrift rückgängig machen „darf", noch der Ausschluß des Einwandes der weggefallenen Bereicherung schließen jegliche Haftung der Bank aus. Die Bank kann durchaus für mangelnde Sorgfalt bei der irrtümlichen Gutschrift haften, falls dem Kunden daraus ein Schaden entsteht. Dies ist etwa in den Fällen denkbar, daß der Kunde den Umständen nach mit der Gutschrift

---

115 Blaurock, NJW 1984, 5f.; Heymann/Horn, aaO., Rz. 27; a. A. Canaris, 3. Aufl. Rz. 449.
116 BGH Z 72, 9, 14f.; Heymann/Horn, Anh. § 372 Bankgeschäfte III Rz. 30; a. A. Canaris, 3. Aufl., Rz. 433–435.
117 Schebesta/Vortmann, S. 39.

rechnen konnte, oder wenn die Stornierung erst nach längerer Zeit –
nach den neuen AGB maximal nach knapp drei Monaten – erfolgt.[118]
Es kommt in solchen Fällen also ggf. eine Schadensteilung nach dem
Ausmaß des beiderseitigen Verschuldens in Betracht. Die Wirksamkeit
der neuen Klausel Nr. 8 (1) wird durch diese eher ausnahmsweise vorliegende Fallgestaltung aber nicht berührt.[119]

c) Berichtigungsbuchung nach Rechnungsabschluß (Nr. 8 (2))

Eine ganz neuartige Regelung enthalten die AGB-Banken 1993 in Nr. 8
(2) über das Recht der Bank zur Berichtigungsbuchung nach Rechnungsabschluß. Dieses Recht zur Berichtigungsbuchung enthält auf den
ersten Blick eine überraschende Fortsetzung des Stornorechts und
scheint sich über den erwähnten Grundsatz hinwegzusetzen, daß das
Stornorecht mit dem Anerkenntnis des Periodensaldos erlischt. Das
neuartige Recht der Bank ist allerdings gegenüber dem Stornorecht insofern bedeutend abgeschwächt, als die Bank sich verpflichtet, den mit
der Berichtigungsbuchung abgebuchten Betrag dem Kunden sofort wieder gutzuschreiben, wenn dieser Einwendungen gegen die Berichtigungsbuchungen erhebt; die Bank wird dann ihren Rückzahlungsanspruch gesondert geltend machen (Nr. 8 (2) 2). Darin liegt eine wichtige
Abschwächung gegenüber dem Stornorecht. Da der Kunde die Berechtigung seiner Einwendung nicht darzutun braucht, liegt eine deutliche
Unterscheidung zum Stornorecht vor, die den denkbaren Vorwurf einer
unzulässigen Perpetuierung des Stornorechts ausräumt.

Im übrigen bewegt sich das neuartige Rechtsinstitut durchaus in Bah-
nen, die bereits bisher zumindest ansatzweise in der Rechtsprechung
vorgezeichnet waren. Unstreitig kann die Bank ebenso wie der Kunde
ein unrichtiges Saldoanerkenntnis kondizieren. Anschließend kann die
Bank die Kontobuchung berichtigen.[120] Dieser Berichtigungsanspruch
konnte schon bisher nach der Rechtsprechung auch einem Auszahlungs-
anspruch des Kontoinhabers einredeweise (gem. § 821 BGB) entgegen-
gesetzt werden.[121] Dies war zwar konstruktiv nicht in allen Details ganz

---

118 Horn, in: Wolf/Horn/Lindacher, § 23 Rz. 636.
119 Horn, aaO.
120 Heymann/Horn, Anh. § 372 Banggeschäfte III Rz. 28.
121 BGHZ 72, 9, 12f.; OLG Koblenz, WM 1987, 345; Kümpel, WM 1979, 378,
386.

klar, aber im Ergebnis billigenswert.[122] Das OLG Koblenz ging sogar
noch einen Schritt weiter und befürwortete eine sofortige Berichtigungsbuchung auch ohne Einwilligung des Kunden oder ohne Urteil aufgrund des § 821 BGB.[123] Damit wäre aber die zeitliche Begrenzung des
Stornorechts praktisch hinfällig geworden und die Funktion des Periodensaldos, der auch dem Kunden ein gewisses Maß an Klarheit verschaffen soll, ausgehölt.[124] Die Lösung der neuen AGB-Banken vermei-
det diese Bedenken durch die erörterte Differenzierung zwischen
Stornorecht und Berichtigungsbuchung.

4. Zinsen und andere Entgelte. Auslagen (Nr. 12)

a) *Entgeltvereinbarung und Leistungsbestimmungsrecht der Bank (Nr. 12 (1) und (2))*

Der Anspruch der Bank auf Zinsen und andere Entgelte ergibt sich dem
Grunde nach bereits aus dem konkreten Vertrag und der ergänzenden
gesetzlichen Regelung. Nach dem Gesetz kann die Bank für Geschäfts-
besorgungen und Dienstleistungen nach § 354 HGB und § 612 BGB
Entgelt verlangen.[125] Für Kredite trifft § 354 Abs. 2 HGB ebenfalls eine
grundsätzliche Entgeltregelung im kaufmännischen Verkehr. Im Verkehr
mit den Privatkunden ist eine Verzinsungsvereinbarung ausdrücklich erforderlich; sie wird in § 608 BGB vorausgesetzt.

Nr. 12 AGB-Banken sucht (ebenso wie die Vorgängerregelungen in
Nr. 14 und 22 AGB a.F.) die Höhe der Zinsen und Entgelte näher zu
bestimmen und damit die Gefahr auszuschließen, daß z.B. die Bank bei
Kreditgewährung nur den gesetzlichen Zinssatz von 5% (vgl. § 354
Abs. 2 i.V.m. § 352 Abs. 2 HGB) verlangen kann. Die AGB-Regelung
differenziert zwischen Privatkundengeschäft und kaufmännischem Geschäftsverkehr. Sie geht zutreffend in beiden Fällen davon aus, daß in
erster Linie die konkrete vertragliche Vereinbarung mit dem Kunden

---

122 Heymann/Horn, aaO.
123 OLG Koblenz, WM 1987, 345 = WuB I D 1–3.87 (Sonnenhol).
124 Heymann/Horn, aaO., Rz. 28.
125 Auch ein Handeln der Bank im Interesse des Kunden ohne seine Einzelwei-
    sung ist bei bestehendem Vertrag regelmäßig vertragliche Interessenwahrneh-
    mung; nur ausnahmsweise dürfte Geschäftsführung ohne Auftrag vorliegen.

maßgeblich ist, wie sich aus der Formulierung, „wenn keine abweichende (andere) Vereinbarung getroffen" wurde, ergibt. Es gilt also der Vorrang der Entgeltvereinbarung.

Im Privatkundengeschäft ist in zweiter Linie der Preisaushang i.S. § 3 PAngV und ergänzend das von der Kreditwirtschaft eingeführte Preisverzeichnis maßgeblich (Nr.12 (1) 1 und 2). Auch hier handelt es sich um einen besonderen Fall der Leistungsvereinbarung. Die Bezugnahme in den AGB's soll dazu führen, daß der Inhalt des Preisaushangs bzw. des Preisverzeichnisses zum Inhalt des einzelnen Vertrages mit dem Kunden wird. Diese Einbeziehung gelingt wohl nur, wenn ähnlich wie bei der Einbeziehung von AGB i.S. § 2 AGBG der Kunde auf Preisaushang und Preisverzeichnis hingewiesen und ihm die Möglichkeit zur Einsichtnahme verschafft wird. Diese Anforderung entspricht auch denjenigen, die das EG-Recht an die Information des Kunden über Preise und andere Entgelte zunehmend stellt (dazu unten V). Im Preisaushang wird zwischen Entgelten für den eingeräumten Überziehungskredit und dem nur geduldeten Überziehungskredit differenziert. Diese Regelung stützt sich auf die Rechtsprechung des BGH, das die bloß geduldete Überziehung eine zusätzliche Leistung des Kreditinstituts darstellt, mit größerem Arbeitsaufwand und erhötem Risiko für die Bank verbunden ist und daher ein erhöhtes Entgelt rechtfertigt.[126]

Ein Leistungsbestimmungsrecht i.S. § 315 BGB hat sich die Bank gegenüber dem Privatkunden nur in den relativ selteneren Fällen vorbehalten, daß eine Regelung weder im Preisaushang noch im Preisverzeichnis getroffen ist (Nr.12 (1) 3). Im Geschäft mit dem kaufmännischen Kunden hat sich die Bank dagegen in Fällen, in denen keine konkrete Vereinbarung getroffen ist, ein Leistungsbestimmungsrecht i.S. § 315 BGB vorbehalten (Nr.12 (2)). Die Regelung eines solchen Leistungsbestimmungsrechts des Verwenders in AGB ist nicht grundsätzlich unzulässig[127] und im Bankgeschäft z.T. durch die Bedürfnisse des Massengeschäfts gerechtfertigt.[128] Der relativ stärkeren Schutzbedürftigkeit des Privatkunden wird dadurch Rechnung getragen, daß für diesen vorran-

---

126　BGH, ZIP 1992, 751, 752, 754; Hettich/Thieves/Timmann/Windhöfel, BB 1990, 2351; Schebesta/Vortmann, S.71f.

127　BGH, NJW 1985, 623; Horn, NJW 1985, 1118, 1121ff.; Heymann/Horn, Anh.§ 372 Bankgeschäfte I, Rz.26; für den kaufmännischen Bereich vgl. auch Wolf, ZIP 1987, 341.

128　Heymann/Horn aaO.; Canaris Rz.2631; Löwe/von Westphalen, Bd.III, Nr.34.1.43.

gig Preisaushang und Preisverzeichnis gelten. Im übrigen ist auch beim
kaufmännischen Kunden das Leistungsbestimmungsrecht durch den
Maßstab der Billigkeit und die Möglichkeit der gerichtlichen Überprüfung des Billigkeitsmaßstabes begrenzt. Auch gegenüber dem kaufmännischen Kunden entsprechen im Zweifel die im Preisaushang und Preisverzeichnis aufgeführten Zinsen und Entgelte der Billigkeit, falls ihm
nicht wegen des größeren Geschäftsumfangs sogar niedrigere Entgelte
einzuräumen sind.

b) Änderung von Entgelten und Kündigung (Nr.12 (3) und (4))

Die Regelung der Änderung von Kreditzinsen bei Krediten mit veränderlichen Zinssatz wird in den AGB nicht vorgenommen, sondern ausdrücklich in die jeweiligen vertraglichen Vereinbarungen verwiesen
(Nr.12 (3) 1). Sie ist also im Kreditvertrag durch Individualvereinbarung
oder Formularklausel (AGB-Klausel) vorzunehmen. In diesen Zinsanpassungsklauseln können die Anforderungen, die die Rechtsprechung
an Anpassungsklauseln hinsichtlich der konkreten Anpassungsmaßstäbe
stellt, besser erfüllt werden als in den allgemeinen AGB-Banken.

Nur unter Ausklammerung dieses problematischen Bereiches sehen
die AGB im übrigen ein Leistungsbestimmungsrecht der Banken i.S.
§ 315 BGB vor, die Entgelte zu ändern. Es ist anerkannt, daß das Leistungsbestimmungsrecht i.S. § 315 BGB auch ein Abänderungsrecht bei
bereits bestehenden Entgelten für die Zukunft umfassen kann; dafür
gelten die gleichen Gesichtspunkte der Zulässigkeit wie bei der Einräumung eines ursprünglichen (anfänglichen) Leistungsbestimmungsrechts.[129] Auch hier gilt, daß ein solches Abänderungsrecht durch die
Bedürfnisse des Massenverkehrs gerechtfertigt sein kann. Andererseits
schließt die Vielfalt der Entgelte eine nähere Konkretisierung der Anpassungsmaßstäbe in der AGB-Klausel aus. Dieser Mangel wird durch
ein Kündigungsrecht des Kunden gem. § Nr. 12 (4) ausgeglichen.[130]

Das Abänderungsrecht nach Nr. 12 (4) gilt sowohl in dem Fall, daß
die Zinsanpassung im konkreten Kreditvertrag erfolgt ist (wie in Nr. 12
(3) 1 vorgesehen), als auch in den Fällen, in denen die Bank von ihrem
Leistungsbestimmungsrecht hinsichtlich sonstiger Entgelte i.S. Nr. 12
(3) 2 Gebrauch macht. Im Fall der Kündigung treffen den Kunden die

---

129 Heymann/Horn aaO. Rz.26.
130 Schebesta/Vortmann, S.76 m.Nachw.d.Rspr.

nachteiligen Folgen der Erhöhung nicht. Die Klausel ist insofern nicht zu beanstanden.

c) Auslagen (Nr.12 (5))

Die Bank hat bereits aufgrund ihres vertraglichen Aufwendungsersatzanspruchs gem. §§ 675, 670 BGB[131] einen Anspruch auf Erstattung ihrer Auslagen. Es handelt sich um eine im wesentlichen deklaratorische Klausel, gegen die keine Bedenken bestehen und die eher im Interesse der transparenten Vermittlung eines Gesamtbildes der Rechte und Pflichten des Kunden eingefügt ist.

d) Besonderheiten bei Verbraucherkrediten (Nr.12 (6))

Auch die Bestimmung in Nr.12 (6), daß sich die Regelung der Zinsen und Kosten (Entgelte, Auslagen) bei Verbraucherkrediten nach den gesetzlich vorgeschriebenen schriftlichen Angaben in der Vertragsurkunde richtet, ist ebenso wie der übrige Inhalt der Klausel deklaratorischer Natur und soll klarstellen, daß die Entgeltregelungen in den AGB-Banken in keiner Weise die vorrangige Geltung des Verbraucherkreditgesetzes in Frage stellen wollen.

e) Entgeltregelungen und Transparenzgebot

Wie bereits erwähnt und noch unten (V) auszuführen, ist auf der Ebene des EG-Rechts der Grundsatz, daß der Kunde genau über Kosten und Entgelte aufgeklärt werden muß, immer stärker herausgearbeitet worden. Auch die deutsche Rechtsprechung zum Transparenzgebot hat sich bekanntlich an speziellen Entgeltregelungen entzündet, vor allem an der Regelung der Verzinsung und Tilgung bei Krediten.[132] Während nämlich Preisabreden und sonstige Entgeltvereinbarungen gem. § 8 AGBG einer Inhaltskontrolle entzogen sind, sind nach heute gefestigter Rechtsprechung sog. Preisnebenabreden in AGB, welche die Art der Berechnung des Zinses oder sonstigen Entgeltes festlegen, einer Kontrolle nach

---

131 BGH, WM 1989, 129; Horn, WM 1984, 462.
132 BGHZ 106, 42=ZIP 1988, 1530; BGHZ 112, 115=ZIP 1990, 980; BGH ZIP 1991, 791.

AGB-Gesetz unterworfen. Maßgeblich für die Kontrollfähigkeit ist der Gedanke, daß der Kunde auch gegen Klauseln geschützt werden müsse, die zwar ausschließlich dazu dienen, die in Geld geschuldete Leistung festzulegen, aber die als Nebenabreden im Rahmen von AGB nicht die gleiche Aufmerksamkeit des Kunden finden wie die Angabe des Preises oder Nominalzinses als die hauptsächliche Beschreibung der von ihnen zu erbringende Leistung.[133] Gerade die Rechtsprechung zur Transparenz solcher Verzinsungs- und Tilgungsregelungen ist noch im Fluß[134] und daher war es nicht möglich, dazu in den allgemeinen AGB-Banken eine Regelung zu treffen. Dieser Problembereich kann hier nicht ausgeführt werden und wird nur erwähnt, um beispielhaft die Grenzen der Regelungsmöglichkeit in allgemeinen AGB-Banken zu verdeutlichen. Dies schließt nicht aus, daß bei einem späteren Entwicklungsstand allgemeine Grundsätze solcher Klauseln feststehen und geeignet sind, in AGB kodifiziert zu werden.

5. Sicherheiten für Ansprüche der Bank (Nr. 13–17)

a) Anspruch der Bank auf Bestellung von Sicherheiten (Nr. 13)

Der nunmehr in Nr. 13 (1) geregelte Anspruch der Bank gegen den Kunden auf Bestellung bankmäßiger Sicherheiten ist traditionell ein wichtiger und allgemein anerkannter Bestandteil der AGB-Banken (vgl. Nr. 19 AGB a. F.) und die grundsätzliche Berechtigung und Angemessenheit dieses Anspruchs im Hinblick auf § 9 AGB-Gesetz ist allgemein anerkannt.[135] Seine natürliche Grenze findet dieser Anspruch in der ausdrücklichen Vereinbarung zwischen Bank und Kunden, daß der Kunde keine oder ausschließlich im einzelnen bestimmte Sicherheiten zu bestellen hat. Diese Grenze ist nunmehr im Rahmen der Regelung der Veränderung des Risikos in Nr. 13 (2) 4 geregelt. Bei Krediten, die unter das VerbraucherkreditG fallen, besteht ein Anspruch auf Bestellung oder Verstärkung von Sicherheiten nur, soweit die Sicherheiten im Kreditvertrag in der vorgeschriebenen Weise angegeben sind; auch diese Ausnah-

---

133 BGHZ 106, 46.
134 Vgl. auch die weiteren Nachweise oben in Fußnote 132.
135 BGH, WM 1981, 150f.; Staudinger/Schlosser, § 9 Rz. 156; Canaris, Rz. 2653f.; Horn, in: Wolf/Horn/Lindacher, § 23 Rz. 653.

me ist in Nr. 13 (2) 5 ausdrücklich erwähnt. Im übrigen liegen immanente Grenzen des Anspruchs auf Sicherheitenbestellung im Verbot einer rechtsmißbräuchlichen Sicherung, insbesondere einer Übersicherung.[136] Diese Begrenzung war in den alten AGB (in Nr. 19 (6 a. F.) angedeutet und ist nun in Nr. 16 (1) (2) deutlicher geregelt.

Die Pflicht zur Bestellung von Sicherheiten trifft nicht den Kunden, der sich der Bank gegenüber für einen Dritten verbürgt hat. Es entspricht nicht dem Leitbild der Bürgschaft, daß dieser zusätzlich Sicherheiten stellt, bevor er wegen Fälligkeit der Bürgschaftsschuld in Anspruch genommen werden kann.[137] Die Bank kann auch nicht vor Fälligkeit der Bürgschaft auf das Kontoguthaben des Bürgen als Pfandobjekt zugreifen.[138] Diese Einschränkung ist nunmehr in Nr. 13 (1) 2 AGB-Banken klar normiert.

Hat die Bank bei Abschluß eines Vertrages (z. B. Kreditvertrages) und der Entstehung entsprechender Ansprüche gegen den Kunden keine Sicherheiten verlangt, obwohl ihr Anspruch auf Sicherheiten vertraglich weder ausgeschlossen noch beschränkt war, hat sie also von dem ihr durch Nr. 13 (1) 1 eingeräumten Anspruch auf Sicherheitenbestellung nicht Gebrauch gemacht, so kann sie später nicht ohne weiteres den Kunden damit überraschen, daß sie nachträglich Sicherheiten verlangt. Die Rechtsprechung hat bisher ein solches Nachsicherungsrecht aber anerkannt, wenn ein sachlicher Grund dafür bestand, insbesondere wenn sich das wirtschaftliche Risiko des Kredits vergrößert hatte.[139] Nr. 13 (2) gewährt nun ein solches Recht auf nachträgliche Bestellung von Sicherheiten unter eingeschränkten Voraussetzungen, daß eine erhöhte Risikobewertung sachlich begründet ist, insbesondere durch eine drohende oder bereits eingetretene nachteilige Veränderung der wirtschaftlichen Verhältnisse des Kunden oder des Wertes der bereits gestellten Sicherheiten.

Für dieses Nachbesicherungsrecht gilt die bereits erörterte allgemeine Grenze, daß die Bank Nachbesicherung nicht verlangen kann, wenn die Stellung von Sicherheiten vertraglich ausgeschlossen oder auf bestimmte Sicherheiten beschränkt ist.[140] Aus der bloßen Tatsache, daß die Parteien

---

136 Staudinger/Schlosser, aaO., Rz. 156; Brandner, in: Ulmer/Brandner/Hensen, Anh. §§ 9–11 Rz. 661; Horn, in: Wolf/Horn/Lindacher, § 23 Rz. 653.
137 BGHZ 92, 295, 300 = BGH, WM 1984, 1465.
138 BGH, WM 1989, 129, 131.
139 BGH, WM 1983, 926f., und 1985, 769.
140 BGH, WM 1968, 828, und 1981, 150f.

bestimmte Sicherheiten vereinbart haben, kann eine solche einschränkende Abrede aber noch nicht entnommen werden.[141] Ist dagegen der
Ausschluß der Nachbesicherung vertraglich eindeutig vereinbart, verschlechtert sich aber das Risiko aus den in Nr. 13 (2) 2 genannten Umständen, so bleibt der Bank nur die Möglichkeit, gem. Nr. 19 (3) wegen
wesentlicher Verschlechterung der Vermögenslage des Kunden den Kreditvertrag oder die ganze Geschäftsverbindung zu kündigen. Es kann
der Bank auch nicht verwehrt sein, eine neue Vereinbarung über die
Bestellung weiterer Sicherheiten zu erreichen, wenn ihr tatsächlich ein
wichtiger Grund zur Kündigung zu Gebote steht.

Die Bank kann nicht bestimmte Sicherheiten fordern, sondern muß
die Auswahl dem Kunden überlassen, sofern die Sicherheit bankmäßig
ist, d. h. ohne ungewöhnliche Schwierigkeiten verwertet werden kann.[142]

b) Vereinbarung eines Pfandrechts (Nr. 14)

aa) Sicherungsgegenstände

Die traditionelle Pfandklausel (Nr. 19 (2 a. F.) ließ im Wortlaut nicht
hinreichend erkennen, daß es sich (natürlich) um die rechtsgeschäftliche
Bestellung eines Pfandrechts handelt. Diese rechtsgeschäftliche Einigung
zwischen Bank und Kunde ist nunmehr in Nr. 14 (1) mit vorbildlicher
Deutlichkeit ausgedrückt. Diese formularmäßige Sicherheitenbestellung
ist mit Rücksicht auf die typischen Geschäftsrisiken der Bank weder
überraschend i. S. § 3 AGB-Gesetz[143] noch unangemessen i. S. § 9.[144] Es
handelt sich im Kern um eine antizipierte Einigung über Pfandrechte an
den einzelnen Gegenständen gem. §§ 1205, 1275 BGB.[145]

Als Pfandgegenstände sind Sachen und (nun wiederum auch) Wertpapiere genannt (Satz 1) und Ansprüche des Kunden gegen die Bank
insbesondere aus Kontoguthaben (Satz 2). Ein solches Pfandrecht der

---

141 BGH, WM 1979, 1176, 1179, und 1983, 926f.
142 Allg. BGHZ 33, 389, 394; BGH, NJW 1981, 1363; Pleyer/Weiser, DB 1985,
    2233; Heymann/Horn, Anh. § 372 Bankgeschäfte I Rz. 33.
143 Von Westphalen, WM 1980, 1422; Horn, in: Wolf/Horn/Lindacher, § 23 Rz.
    655.
144 BGH, WM 1976, 248, 250; NJW 1983, 2701; Löwe/von Westphalen, Groß-
    Komm zum AGB-Gesetz III, Nr. 34.1.62; Horn, aaO.
145 BGH, BB 1983, 1880.

Bank an eigener Schuld (pignus indebiti) ist wirksam.[146] Das Pfandrecht wird – einschränkend – nur an solchen Gegenständen bestellt, die im bankmäßigen Geschäftsverkehr in den Besitz der Bank gelangen. Diese sachliche Einschränkung war bisher nicht in den AGB enthalten (Nr. 19 (2) a.F.), entsprach aber der h. M.[147] Die weitere sachliche Einschränkung in Nr.14 (1) auf solche Wertpapiere und Sachen, an denen eine inländische Geschäftsstelle im bankmäßigen Geschäftsverkehr Besitz erlangt hat oder erlangen wird, klammert den Besitzerwerb durch ausländische Geschäftsstellen mit Rücksicht auf die Tatsache aus, daß nach dem Prinzip der lex rei sitae der Erwerb von Sicherheiten nur nach dem betreffenden ausländischen Recht erfolgen kann.

bb) Sicherungszweck

Gesichert sind gem. Nr. 14 (2) alle bestehenden, künftigen und bedingten Ansprüche der Bank gegen den Kunden. Eine wichtige, den Kunden belastende Erweiterung besteht darin, daß auch Ansprüche gesichert sind, die der Bank mit ihren ausländischen Geschäftsstellen gegen den Kunden zustehen. Diese Erweiterung ist aber sachlich gerechtfertigt und unbedenklich. Entsprechend der bereits erwähnten einschränkenden BGH-Rechtsprechung (oben a) werden Ansprüche der Bank gegen den Kunden aus Bürgschaft oder sonstiger Haftungsübernahme erst ab Fälligkeit gesichert (Nr. 14 (2) 2).[148]

Die Neuregelung verzichtet darauf, in den Sicherungszweck der Sicherheiten auch Ansprüche der Bank gegen Firmen oder Gesellschaften aufzunehmen, für deren Verbindlichkeiten der Kunde persönlich haftet. Gegen eine so weit gefaßte Sicherungszweckbestimmung bestanden unter dem Gesichtspunkt des § 3 und des § 9 AGB-Gesetz in der Tat Bedenken.[149]

Die Sicherungszweckbestimmung enthält nunmehr die wichtige sachliche Einschränkung, daß nur solche Ansprüche gesichert sind, „die der

---

146 BGH, BB 1983, 1880; Staudinger/Riedel/Wiegand, § 1279 Rz. 6; Horn, in: Wolf/Horn/Lindacher, § 23 Rz. 655.

147 Vgl. nur BGHZ 93, 71, 75; Löwe/von Westphalen, GroßKomm ZAGB 3 Nr. 34.1.62; Horn, in: Wolf/Horn/Lindacher, § 23 Rz. 655.

148 Vgl. BGH, NJW 1985, 45; WM 1989, 129, 131.

149 Vgl. BGH, ZIP 1987, 572.

Bank ... aus der bankmäßigen Geschäftsverbindung gegen den Kunden zustehen" (Nr. 14 (2) 1). Diese immanente Beschränkung entspricht seit längerem der h. M.[150] Diese Voraussetzung ist nicht erfüllt, wenn sich die Bank Forderungen eines Dritten gegen den Kunden zu dem Zweck abtreten läßt, um dem Dritten Deckung aus Sicherheiten des Kunden zu verschaffen, über die die Bank verfügt, die sie aber zur eigenen Sicherheit nicht benötigt. Hier liegt vielmehr Rechtsmißbrauch vor.[151] Erwirbt die Bank dagegen in banküblicherweise eine Forderung eines Dritten gegen den Kunden, wird diese Forderung vom Sicherungszweck ohne weiteres erfaßt.[152]

cc) Ausnahmen

Durch besondere Abrede können bestimmte Sicherheiten von der Anwendung der bereits durch Nr. 14 (1) vereinbarten Pfandbestellung ausgenommen werden. An das Zustandekommen einer solchen Ausschlußabrede sind zwar strenge Anforderungen zu stellen.[153] Es ist aber allgemein anerkannt, daß solche Vermögenswerte, die der Bank nur mit einer bestimmten Zweckbestimmung zugeleitet werden, nicht dem Pfandrecht unterliegen, weil dies dem Sinn und Zweck des Kundenauftrags widersprechen würde. Die Bank muß entweder den Vermögenswert auftragsgemäß weiterleiten oder ihn zurückgeben.[154] Ausgeschlossen ist das Pfandrecht nach h. M. bei echten Treuhandkonten,[155] ferner bei solchen Geldern, die der Bankkunde ausdrücklich zur Weiterleitung z. B. an seinen Lieferanten der Bank überläßt,[156] ferner ganz unstreitig bei Einreichung von Wechseln zum Diskont, weil hier klar ist, daß der Einreicher verfügbare Mittel erstrebt.[157] Nr. 14 (3) der neuen AGB for-

150 Horn, in: Wolf/Horn/Lindacher, § 23 Rz. 654 m. w. Nachw.
151 BGH, NJW 1981, 1600; 1987, 2997 = WM 1987, 834; vgl. auch BGH, NJW 1983, 1735.
152 BGH, NJW 1981, 756.
153 BGH, WM 1974, 155, 157.
154 BGHZ 74, 129, 132; BGH, WM 1973, 167.
155 BGHZ 61, 72, 77f.; vgl. auch OLG Düsseldorf, WM 1983, 919 betr. Bautreuhand.
156 OLG Düsseldorf, WM 1987, 1008.
157 RGZ 126, 348, 350f.; BGH, WM 1968, 695; 1984, 1391f.; 1985, 688f.; Canaris, Rz. 1547; Horn, in: Wolf/Horn/Lindacher, § 23 Rz. 656.

mulieren erstmals diesen Ausnahmetatbestand in allgemeiner Form und fügen den bisher allein (in Nr. 19 (3 a. F.)) erwähnten Sonderfall hinzu, daß ein Pfandrecht an den von der Bank selbst ausgegebenen eigenen Aktien nicht besteht und ebenso wenig an den Wertpapieren, die die Bank im Ausland für den Kunden verwahrt.[158]

c) Sicherungsrechte an Einzugspapieren und Wechseln (Nr. 15)

Nr. 15 (1) 1 AGB sieht den Erwerb von Sicherungseigentum durch die Bank an den ihr vom Kunden zum Einzug eingereichten Schecks und Wechseln vor. Die Bank erwirbt freilich Eigentum meist schon unabhängig von dieser AGB-Klausel durch die mit der Einreichung zum Einzug erfolgenden Übertragung, bei Wechseln durch das übliche Vollindossament gem. Art. 11 I, Art. 14 I WG (anders als durch bloßes Inkassoindossament nach Art. 18 WG), bei Schecks, die durchweg als Inhaberschecks ausgestaltet sind, durch den in der Einreichung liegenden Begebungsvertrag; das auch im letzteren Fall weithin übliche Indossament hat gem. Art. 20 ScheckG nur die Funktion, die scheckrechtliche Haftung des Einreichers zu begründen. Nr. 15 (1) 1 AGB über den Eigentumserwerb der Bank hat demnach auf sachenrechtlicher Ebene lediglich klarstellende Bedeutung: bei der Einreichung von Wechseln wird das bloße Inkassoindossament ausgeschlossen, bei Schecks klarstellend ein antizipierter Begebungsvertrag vorgesehen. In der Klausel wird aber weiterhin auf die Sicherungsfunktion dieses Eigentumserwerbs hingewiesen. Die Festlegung des Sicherungszwecks erfolgt dann durch Nr. 15 (4) AGB.

Nach dieser Klausel ist der Sicherungszweck eng begrenzt. Denn der Kunde erstrebt bei Einreichung der Einzugspapiere für die Bank erkennbar den Zweck, sich Liquidität zu verschaffen; mit dieser Zweckbindung könnte ein zu weit gefaßter, genereller Sicherungszweck zugunsten der Bank in Konflikt geraten. Nr. 15 (4) AGB sieht zwei Sicherungszwecke vor, die mit dem Liquiditätsverschaffungszweck des Kunden in engem Zusammenhang stehen und daher im Hinblick auf § 9 AGB-Gesetz unbedenklich sind: (1) Es besteht bereits ein Debetsaldo des Kunden auf seinen Kontokorrentkonten; hier ist ohne weiteres ein

---

158 Zum Problem des Pfandrechts an eigenen Aktien der Bank vgl. das Verbot bzw. die Begrenzung der Inpfandnahme eigener Aktien in § 71e AktG.

Sicherungsinteresse der Bank anzuerkennen.[159] Dem Kunden sind diese
Debetsalden bekannt. Sein Liquiditätsverschaffungsinteresse wird normalerweise schon durch den Abbau dieser Salden befriedigt. Will er
dagegen unbedingt voll verfügbare Liquidität erhalten, so kann er mit
der Bank eine besondere Zweckabrede i. S. Nr. 15 (3) AGB abschließen.
(2) Hat die Bank mangels Einlösbarkeit des Einzugspapiers den dem
Kunden bereits gutgeschriebenen Betrag wieder abgebucht und ist dadurch ein Debetsaldo entstanden, so ist erst recht ein Sicherungsinteresse
der Bank anzuerkennen.[160] Denn das vom Kunden eingereichte Einzugspapier hat sich dann als untauglich zur Liquiditätsverschaffung er-
wiesen, und die Bank, die zu einer vorläufigen ungesicherten Kredi-
tierung des Betrags (durch vorläufige Gutschrift i. S. Nr. 9 (1) AGB)
veranlaßt wurde, kann für einen bei Rückbuchung entstehenden Debetsaldo Sicherheit beanspruchen.

Nr. 15 (2) AGB über die Sicherungsabtretung der Forderungen, die
den vom Kunden eingereichten Schecks und Wechseln oder anderen
Einzugspapieren (Lastschriften, kaufmännische Handelspapiere) zugrunde liegen, stellt eine antizipierte Abtretungserklärung i. S. §398
BGB dar. Die entsprechende in den vorhergehenden AGB (Nr. 44 AGB
a. F.) enthaltene Regelung ist als wirksam anerkannt.[161] Die Sicherungs-
zession hat zur Folge, daß die Bank nach Eröffnung des Konkurses über
das Vermögen des Kunden die abgetretene Forderung gegen den Dritten
einzieht und dadurch ihre gesicherte Kundenforderung ohne weiteres
zum Erlöschen bringt.[162] Die Vereinbarung von Sicherungseigentum
gem. Nr. 15 (1) und eine Sicherungsabtretung gem. Nr. 15 (2) AGB kann
im Einzelfall durch eine vorrangige Individualabrede i. S. §4 AGB-Gesetz ausgeschlossen sein. Ferner greift wie beim AGB-Pfandrecht nach
Nr. 14 auch hier der Grundsatz ein, daß eine besondere und kenntlich
gemachte Zweckbindung die Sicherungsrechte der Bank ausschließen
kann. Nr. 15 (3) AGB sieht daher vor, daß die antizipierte Sicherungsübereignung und Sicherungsabtretung nicht bei solchen Einzugspapieren eingreift, die mit der Maßgabe eingereicht werden, daß ihr Gegenwert nur für einen bestimmten Zweck verwendet werden darf. Durch

---

159 BGHZ 5, 285 = NJW 1952, 819; BGH NJW 1985, 2649 = WM 1985, 1057,
     1058.
160 BGH WM 1984, 1073, 1074; Schebesta/Vortmann Rz. 255.
161 BGH NJW 1985, 2649; Baumbach/Duden/Hopt AGB-Banken 44 Anm. 1;
     Canaris Rz. 2743.
162 BGH NJW 1985, 2649.

diese Einschränkung wird vermieden, daß die Regelung in Nr. 15 AGB in Konflikt mit der Rechtsprechung zur vorrangigen Zweckbindung gerät, die auch bei der Pfandklausel des Nr. 14 zu beachten ist.[163]

Für diskontierte Wechsel enthält Nr. 15 (1) 2 AGB eine besondere Regelung. Danach erwirbt die Bank im Zeitpunkt des Wechselankaufs uneingeschränktes Eigentum. Dieser Teil der Klausel hat nur deklaratorische Bedeutung, denn der Eigentumserwerb ergibt sich bereits aus der mit dem Ankauf verbundenen Übertragung des Wechsels. Diese Übertragung erfolgt nur unter der Bedingung, daß die Diskontabrede zustande kommt; andernfalls wird die Bank grundsätzlich nicht Eigentümerin des Wechsels und erlangt auch kein Pfandrecht.[164] Denn bei der Einreichung von Wechseln zum Diskont ist allen Beteiligten klar, daß der Einreicher verfügbare Mittel erstrebt.

Allerdings sieht die Klausel ferner vor, daß der Bank Sicherungseigentum an den zum Diskont eingereichten Wechseln verbleibt, wenn sie „die diskontierten Wechsel dem Konto zurückbelastet" (Nr. 15 (1) 2, 2. Hs.). Darin liegt kein Recht der Bank, nachträglich nach Belieben die bereits getroffene Diskontvereinbarung aufzuheben. Vielmehr ist der typische Fall gemeint, daß die Bank zunächst den diskontierten Wechselbetrag dem einreichenden Kunden gutschreibt, dann aber mit dem Einzug der Wechselsumme bei Fälligkeit scheitert. In diesem Fall steht der Bank, die typischerweise das Bonitätsrisiko des Wechsels nicht übernimmt, schon aus der Diskontabrede das Recht zu, den gutgeschriebenen Wechselbetrag zurückzufordern und diesen Anspruch durch entsprechende Belastungsbuchung zu realisieren. Daneben hat sie den wechselrechtlichen Rückgriffsanspruch gegen den Kunden. Nur für diesen Fall ist eine antizipierte Einigung über Sicherungseigentum am Wechsel in der Klausel vereinbart. Rechtskonstruktiv bestehen dagegen keine Bedenken.[165]

---

163 BGHZ 74, 129, 132; BGH WM 1973, 167.
164 BGH WM 1984, 1391; WM 1986, 610, 611.
165 Vgl. BGH WM 1986, 610, 611.

d) Deckungsgrenze und Freigabeanspruch (Nr. 16)

aa) Grundbegriffe. Übersicherung

Eine Sicherungsabrede, die zu einer Übersicherung führt, kann sitten-widrig und damit gem. § 138 BGB nichtig sein.[166] Formularmäßige Sicherungsabreden, die zu einer Übersicherung führen, verstoßen gegen § 9 AGB-Gesetz und sind daher unwirksam.[167] Eine Übersicherung liegt vor, wenn der Wert der gestellten Sicherheiten den Sicherungsbedarf der Bank (Deckungsgrenze) überschreitet. Als Wert der Sicherheiten sind nur die voraussichtlichen Verwertungserlöse (Liquidations- oder Zer-schlagungswerte) anzusetzen.[168] Die neue Regelung in Nr. 16 AGB-Banken sucht diesen Grundsätzen Rechnung zu tragen, beschränkt den Sicherungsanspruch der Bank durch die Deckungsgrenze (Abs. 1) und gesteht dem Kunden in Übereinstimmung mit der h. M. einen Freigabe-anspruch zu, wenn der Wert der Sicherheiten die Deckungsgrenze über-schreitet (Abs. 2).

bb) Die BGH-Rechtsprechung zur Deckungsgrenze

Die neue Regelung hat gleichwohl gewisse Schwierigkeiten, mit dem stark gestiegenen Anforderungen der jüngeren Rechtsprechung des BGH Schritt zu halten. Danach sind alle formularmäßigen Sicherungs-geschäfte bei fehlender Angabe einer Deckungsgrenze wegen Übersiche-rung unwirksam.[169] Hinzutreten muß jeweils eine Freigabeklausel, die den Sicherungsgeber berechtigt, die Freigabe von Sicherheiten jenseits der Deckungsgrenze zu verlangen.[170] Nach BGH ist eine zahlenmäßig bestimmte Deckungsgrenze erforderlich.[171] Da jedoch die Höhe der Forderungen der Bank gegen den Kunden im laufenden bankmäßigen

---

166 BGHZ 72, 308, 311 betr. Globalzession trotz schuldrechtlicher Teilver-
      zichtsklausel.
167 BGHZ 72, 308, 311; 109, 240, 246.
168 Löwe/v. Westphalen2 III, 34.1.67; Canaris Rz. 2697.
169 BGHZ 109, 240, 242 = WM 1990, 51, 53; BGH WM 1992, 813; BGH WM
      1993, 139, 140.
170 BGHZ 109, 240, 246 = WM 1990, 51, 52f betr. Globalzession; BGH WM
      1992, 813 betr. formularmäßige Sicherungsübereignung eines Warenlagers
      mit wechselndem Bestand.
171 Vgl. z. B. BGH WM 1992, 813.

Geschäftsverkehr ständig wechseln kann, ist eine einmalige betragsmäßige Festsetzung der Deckungsgrenze ungeeignet; sie wäre entweder ständig zu niedrig oder dem Vorwurf der Übersicherung ausgesetzt. Es muß daher genügen, formularmäßig die Kriterien der Deckungsgrenze möglichst genau in genereller Form festzulegen (z. B. als Summe der Debetsalden bestimmter Konten des Kunden), und diesen laufend darüber zu informieren. Hinzutreten muß die genaue prozentuale Festlegung des Zuschlags, um den die vereinbarte Deckungsgrenze über der Summe der zu sichernden Bankforderungen liegen darf. Denn das in der Deckungsgrenze ausgedrückte Sicherungsbedürfnis der Bank erschöpft sich nicht im gegenwärtigen Betrag aller Forderungen gegen den Kunden, sondern erhöht sich durch einerseits möglicherweise auflaufende Verzugszinsen im Fall der Nichtzahlung des Kunden, andererseits durch Unsicherheiten bei der Sicherheitenbewertung. So ist z. B. anerkannt, daß bei einer Globalzession der Nennwert der abgetretenen Forderungen den Betrag der gesicherten Bankforderungen bis 50 Prozent übersteigen darf.[172] Beim Eigentumsvorbehalt wird eine Übersicherung angenommen, wenn der Wert der Sicherheiten um 20 % über dem der gesicherten Forderungen liegt.[173] Der BGH hat ferner neuerdings eine genaue Regelung der Wertermittlung der Sicherheiten gefordert, also z. B. der Frage, wie der Wert eines sicherungsübereigneten Warenlagers bei wechselndem Bestand berechnet werden soll.[174] Dies stellt die Praxis vor erhebliche Probleme. Der Hinweis des BGH, daß die Einkaufspreise der Waren eine Wertuntergrenze bilden können,[175] ist nur ein grober Anhaltspunkt. Bei Sachen mit raschem Wertverfall (z. B. Saisonware; technisch überholte Elektronik usw.) müssen größere Wertabschläge anerkannt werden. Zwischen der Frage, welche Wertabschläge zulässigerweise bei der Bewertung der Sicherheiten vorgenommen werden dürfen, und der Frage angemessener Zuschläge zum Nennwert der Bankenforderung bei Festlegung der vereinbarten Deckungsgrenze besteht ein funktionaler Zusammenhang. Viele Einzelheiten sind hier noch erklärungsbedürftig.

---

172 BGHZ 98, 303, 316f = WM 1986, 1545 (50 %); vgl. auch BGHZ 94, 105, 114 (20 %).
173 BGH WM 1993, 139.
174 BGH WM 1992, 813.
175 BGH WM 1992, 815.

cc) Die Klauseln zur Deckungsgrenze (Nr. 16 (1) und (3) AGB)

Nr. 16 (1) AGB enthält neben der (deklaratorischen) Feststellung, daß der Sicherungsanspruch der Bank durch die Deckungsgrenze begrenzt ist, auch eine formularmäßige Vereinbarung einer Deckungsgrenze. Diese wird durch die Summe der Ansprüche der Bank aus bankmäßiger Geschäftsverbindung mit dem Kunden definiert. Dies genügt wohl den strengen Anforderungen auch der neuen Rechtsprechung an eine betragsmäßige Bestimmung. Zugleich ist diese enge Definition der Deckungsgrenze freilich für die Bank nachteilig, weil hier Zuschläge zur Abdeckung von Unsicherheiten und Risikofaktoren fehlen. Da die Klausel dem Kunden günstig ist, bestehen gegen ihre Angemessenheit keine Bedenken. Zugleich definiert die Klausel den Wert der Sicherheiten als den „realisierbaren Wert", also den Liquidationswert. Dies entspricht, wie erwähnt, der h. M. Allerdings fehlt es an der vom BGH neuerdings geforderten formularmäßigen Berechnungsmethode zur Wertermittlung. Zwar bestehen wegen vieler ungeklärter praktischer Fragen Zweifel, ob dieses Erfordernis zum Maßstab der Angemessenheit i.S. §9 AGB-Gesetz gemacht werden kann. Hält man jedoch an diesem Erfordernis fest, so hat die Klausel des Nr. 16 (1) AGB in diesem Punkt nur dann Bestand, wenn im einzelnen Sicherungsgeschäft eine Ergänzung dieser Regelung durch besondere formularmäßige Klauseln, die auf den betreffenden Typ des Sicherungsgeschäfts abgestimmt sind, ergänzt wird. Überhaupt hat Nr. 16 (1) AGB nur die Funktion, eine Grundregel aufzustellen und als Auffangklausel in den Fällen zu dienen, in denen das konkrete Sicherungsgeschäft nicht durch besondere Formulare weiter ausgestaltet ist. Diese weitere Ausgestaltung stellt dann eine Sondervereinbarung i.S. Nr. 16 (3) AGB dar.

dd) Die Freigabeklausel (Nr. 16 (2) AGB)

Auch die Freigabeklausel in Nr. 16 (2) AGB hat nur die Funktion, eine Grundregel aufzustellen und als Auffangregel in den Fällen zu dienen, in denen nicht durch spezielle Formulare und Klauseln eine besondere Regelung getroffen ist. Sie enthält einen schuldrechtlichen Freigabeanspruch des Kunden. Dessen Voraussetzungen müssen nach der neuen Rechtsprechung in der Sicherungsabrede mit Freigabeklausel durch die bestimmte Deckungsgrenze und Regelung der Berechnung des Wertes der Sicherheiten genau bestimmt sein. Der Bank wird insoweit entgegen der früher vorherrschenden Meinung nach der Rechtsprechung des

BGH kein Ermessen i. S. §315 BGB mehr zugestanden.[176] Wohl aber ist noch immer anerkannt, daß die Bank ein solches Ermessen bei der Auswahl der freizugebenden Sicherheiten hat, wobei sie gem. §315 BGB die Interessen des Kunden und ggf. dritter Sicherungsgeber zu beachten hat.[177] Diese Ermessensentscheidung ist nunmehr in Nr. 16 (2) 2 AGB vorgesehen.

e) Verwertung von Sicherheiten (Nr. 17)

Die neue Regelung der Verwertung von Sicherheiten durch die Bank in Nr. 17 ist bedeutend kürzer als die alte Regelung (in Nr. 20 und 21 a. F.). Zum einen war die bereits (oben II 2 b ee) besprochene unwirksame Regel auszuscheiden, daß die Bank ohne Androhung der Verwertung und ohne Einhaltung einer Frist die Verwertung durchführen darf (Nr. 20 (2) 1 a. F.). Diese Regelung setzte sich gegen berechtigte Interessen des Kunden an einer Abwendung der Verwertung sowie notfalls einer möglichst günstigen Verwertung hinweg und war gem. § 9 AGBG unwirksam.[178] Einige andere, eher technische Regelungen der alten AGB sollen, soweit erforderlich, in Sicherheitenbestellungsvordrucke übernommen werden und die AGB nicht belasten.[179]

Nr. 17 (1) behält das Wahlrecht der Bank unter mehreren Sicherheiten bei. Dieses Wahlrecht ist nur deshalb unbedenklich, weil zugleich – und deutlicher als in den alten AGB – eine Verpflichtung der Bank zur Beachtung der berechtigten Interessen des Kunden und auch eines dritten Sicherungsgebers normiert ist.[180]

---

176 BGHZ 109, 240, 247 = WM 1990, 51, 52f (betr. Globalzession); BGH WM 1992, 813 (betr. sicherungsübereignetes Warenlager); krit. Wolf, EWiR 1990, 215; Weber, JZ 1990, 493; anders noch BGH WM 1980, 1306 (betr. Grundschulden).

177 BGH NJW 1983, 2701; BGH WM 1991, 846.

178 BGH WM 1992, 1351, 1361.

179 Schebesta/Vortmann, S. 100.

180 Allg. dazu v. Westphalen, WM 1980, 1423; Horn, in: Wolf/Horn/Lindacher, § 23 Rz 658.

6. Kündigung und Abwicklung (Nr. 18)

Wie bereits eingangs (oben I) bemerkt, ist das Recht zur Kündigung sowohl der Bank als auch des Kunden dogmatisch präziser formuliert und in ein übersichtliches, allgemeinen Grundsätzen entsprechendes System gebracht. Unterschieden wird zwischen dem Kündigungsrecht des Kunden einerseits (Nr. 18) und dem der Bank andererseits (Nr. 19) und in beiden Fällen zwischen der ordentlichen Kündigung und der Kündigung aus wichtigem Grund. Dabei ist eine Asymetrie der Rechte zugunsten des Kunden zu verzeichnen. Der Kunde darf die gesamte Geschäftsbeziehung oder einzelne Verträge jederzeit ohne Einhaltung einer Kündigungsfrist kündigen (Nr. 18 (1)). Dieses ordentliche, nicht begründungsbedürftige, fristlose Kündigungsrecht war früher beiden Vertragsparteien eingeräumt; es ist aus guten Gründen jetzt nur noch für den Kunden aufrechterhalten. In der Tat gibt es viele Situationen, in denen der Kunde seine Interessen am besten wahren kann, indem er ohne weiteres seine Geschäftsverbindung zur Bank löst. Das Recht ist zugleich ein Ansporn für die Bank, sich um zufriedene Kunden zu bemühen. Es wäre andererseits geschäftlich wenig sinnvoll und nur dem Ansehen der Banken abträglich, wenn sie Kunden gegen ihren Willen an der Geschäftsverbindung festhalten wollten.

Naturgemäß besteht das ordentliche fristlose Kündigungsrecht nicht, wenn für einen bestimmten Vertrag eine feste Laufzeitvereinbarung vorgesehen ist. Der Kunde kann sich also auf diese Weise nicht von einem Kredit lösen, für den eine feste Laufzeit oder eine Kündigungsregelung vereinbart ist.[181] Allerdings ist in diesen Fällen das zwingende Kündigungsrecht gem. § 609a BGB zu beachten.[182] Der praktisch wichtigste Anwendungsbereich für das ordentliche fristlose Kündigungsrecht des Bankkunden sind unbefristete Kontokorrentkredite[183] sowie Girokontoverträge und andere Dienstleistungs- und Geschäftsbesorgungsverträge.

Das in den bisherigen AGB der Bank gleichermaßen zustande Recht zur ordentlichen fristlosen Kündigung (mangels anderweitiger Vereinbarung) stieß schon bisher auf das Bedenken, daß der Kunde, der von den Leistungen der Bank eher abhängt, als die Bank vom Kunden, durch eine Kündigung zur Unzeit überrascht und belastet werden kann.

---

181 Horn, in: Wolf/Horn/Lindacher, § 23 Rz 665.
182 Überblick bei Heuser/Welter, NJW 1987, 17.
183 Löwe/v.Westphalen Bd III, Nr 31.1.49; vgl auch OLG München WM 1984, 128.

Dieses Recht der Bank zur fristlosen ordentlichen Kündigung wurde daher nur deshalb für wirksam gehalten, weil man es grundsätzlich durch eine Rücksichtspflicht der Bank eingeschränkt auffaßte.[184] Insbesondere mußte die Bank das Verbot einer Kündigung zur Unzeit beachten.[185] Die neuen AGB tragen diesen Bedenken dadurch Rechnung, daß die Bank gem. Nr. 19 (1) die ordentliche Kündigung nur unter Einhaltung einer angemessenen Kündigungsfrist ausüben kann. Bei der Bemessung der Kündigungsfrist wird die Bank auf die berechtigten Belange des Kunden Rücksicht nehmen. Bei laufenden Konten und Depots beträgt die Frist mindestens einen Monat.

Ein unbefristetes ordentliches Kündigungsrecht der Bank lebt allerdings in Nr. 18 (2) AGB für den besonders wichtigen Fall unbefristeter Kredite und Kreditzusagen fort, bei denen es an einer vertraglichen Einschränkung des Kündigungsrechts durch eine Laufzeitvereinbarung oder besondere Kündigungsregelung fehlt. Hier bleibt der von der h. M. seit jeher gemachte Vorbehalt bestehen, daß die Bank auf die berechtigten Belange des Kunden Rücksicht zu nehmen hat. Dieser Vorbehalt kommt nun im Text zum Ausdruck (Satz 2). Von besonderer Bedeutung ist bei Krediten und Kreditzusagen das Verbot einer Kündigung zur Unzeit, weil der Kunde sich in seinen wirtschaftlichen Dispositionen auf den Kredit eingestellt hat. Zur Unzeit erfolgt die Kündigung z.B. dann, wenn der Kreditnehmer von der Bank wwirtschaftlich abhängt, andererseits ausreichende Sicherheiten gestellt hat und die Kündigung überraschend ist, u.a. wegen früherer Duldung höherer Überziehungen, die inzwischen zurückgeführt sind.[186] Andererseits kann der Kunde nicht mit der unbegrenzten Offenhaltung eines einmal gewährten Kredits rechnen,[187] zumal wenn er erforderliche Sicherheiten nicht stellt.[188] Aus der Pflicht zur Rücksichtnahme folgt u.U. die Pflicht, dem Kunden für die Rückführung des Kredits eine gewisse Schonfrist einzuräumen.[189]

Beiden Parteien räumen die AGB ein außerordentliches Kündigungsrecht aus wichtigem Grund ein, dessen praktische Bedeutung darin be-

---

184 Horn aaO Rz 665 m. Nachw; vgl auch zur Rücksichtspflicht der Bank Canaris, ZHR 143 (1979), 119 f.
185 Canaris aaO; OLG Köln WM 1985, 1128; OLG Hamm WM 1985, 1411.
186 OLG Hamm WM 1985, 1411.
187 OLG Köln WM 1985, 1128.
188 BGH WM 1985, 769.
189 OLG Zweibrücken ZIP 1984, 1334; BGH WM 1979, 1176; Horn, aaO, Rz. 665.

steht, daß die Vertragsparteien einseitig eine Vertragsbeziehung auch dann beenden können, wenn an sich eine feste Laufzeitvereinbarung oder Kündigungsregelung entgegensteht. Die Vereinbarung eines außerordentlichen Kündigungsrechts aus wichtigem Grund in den AGB ist grundsätzlich unbedenklich, weil sie mit allgemeinen Grundsätzen der Beendigung von Dauerschuldverhältnissen aus wichtigem Grund übereinstimmt.[190] Wie bisher wird die Rechtsprechung darauf zu achten haben, daß die Interessen des Kunden durch sorgfältige Bestimmung der Voraussetzungen und Grenzen des wichtigen Grundes für das Kündigungsrecht der Bank genau bestimmt werden.

V. AGB-Recht und europäisches Recht

Die neuen AGB-Banken müssen nicht nur den Anforderungen des deutschen Rechts genügen, sondern sich auch denen des europäischen Rechts stellen. Daher sind mit der gebotenen Kürze einige Hinweise auf die Rechtsentwicklungen in der EG geboten.

1. EG-Empfehlungen zum bargeldlosen Zahlungsverkehr und zum Gebrauch von Kreditkarten und anderen Karten

Die EG-Kommission ist auf dem Gebiet des Zahlungsverkehrs und des Gebrauchs von Kreditkarten und anderen Karten im Binnenmarkt durch drei Empfehlungen tätig geworden.[191]

(1) In ihrer Empfehlung von 1987 zum elektronischen Zahlungsverkehr fordert die EG-Kommission einen Verhaltenskodex im Bereich des elektronischen Zahlungsverkehrs, den Zusammenschluß der europäischen Netze und die Kompatibilität der verwendeten Karten.[192] Im Bereich der Verträge empfiehlt die Kommission Schriftform, Überschaubarkeit der Gebührenordnungen und besondere Kündigungsbedingungen.

---

190 Horn, WM 1984, 449, 463; vgl auch BGH WM 1979, 1176, 1179; 1981, 150 f.
191 Vgl zum folgenden auch Rehm, Zur künftigen Gestaltung des privaten Massen-Zahlungsverkehrs in der Europäischen Gemeinschaft, in: Hadding/Schneider, Rechtsprobleme der Auslandsüberweisung (Untersuchungen über das Spar-, Giro- und Kreditwesen Bd 82/I) 1992, S.563 ff.
192 Empfehlung vom 8.12.1987, 87/598/EG, AblEG Nr L 365/72; Text abgedruckt im Anhang, S. 238 ff.

(2) Die Kommission hat 1988 eine Empfehlung zu Zahlungssystemen, insbesondere zu den Beziehungen zwischen Karteninhabern und Kartenausstellern erlassen.[193] Die Empfehlung beschäftigt sich vor allem mit Fragen des Verbraucherschutzes. Dieser Schutz soll schon bei Vertragschluß dadurch gewährleistet werden, daß die Verträge schriftlich geschlossen werden und daß im verwendeten Schriftstück zumindest die für den Verbraucher wichtigsten Bedingungen unmißverständlich aufgeführt sind. Weitere Instrumente zum Schutz des Kunden sieht die Kommission in einer genauen Aufzeichnung der getätigten Transaktionen und in der Haftung des Ausstellers der verwendeten Karte für Nichtausführung oder mangelhafte Ausführung der Zahlungsaufträge und damit zusammenhängende Transaktionen.

(3) Die Kommission hat schließlich 1990 eine Empfehlung zur Transparenz der Bankkonditionen bei grenzüberschreitenden Finanztransaktionen erlassen.[194] In einem Anhang werden 6 konkrete Empfehlungen in Form von Grundsätzen gegeben, um diese Transparenz zu verwirklichen. Die Empfehlungen betreffen die Information des Kunden über die Kosten, die genaue Abrechnung der Kosten, die erforderlichen Hinweise über die Kostenaufteilung, die Verpflichtung zwischengeschalteter Unternehmen zur raschen Erledigung des Transfers, die Pflicht der Bank des Begünstigten zur raschen Erledigung und die rasche Bescheidung von Beschwerden der beteiligten Kunden.

Die EG-Kommission hat im Sommer 1990 ferner ein Diskussionspapier über den Zahlungsverkehr im EG-Binnenmarkt vorgelegt.[195] Im März 1991 hat sie nach öffentlicher Diskussion des Dokuments von 1990 eine Mitteilung zum Thema „Zahlungsverkehr im Binnenmarkt" veröffentlicht. 1992 hat sie aufgrund der Vorarbeiten von zwei Arbeitsgruppen ein Schlußbericht mit dem Titel „Erleichterung für grenzüberschreitende Zahlungen: Die Grenzen fallen – Arbeitsprogramm der Kommission" vorgelegt.[196]

Die vorgenannten Empfehlungen sind nicht unmittelbar anwendbares Recht. Sie beeinflussen aber durch ihre bloße Existenz bereits die Kautelarpraxis und letztlich die Standards der Angemessenheit i.S. § 9 oder § 3

---

193 Empfehlung vom 17.11.1988, 88/590/EWG, AblEG Nr L 317/55, abgedruckt in ZIP 1988, 1621–1624 sowie im Anhang, S. 230 ff.

194 Empfehlung vom 14.2.1990, 90/109/EWG, AblEG Nr L 67/39; Text abgedruckt im Anhang, S. 223 ff.

195 EG-Kommision, Zahlungsverkehr im Binnenmarkt, Kom (90) 447 endg.

196 SEK (92) G 21 endg., v. 27.3.1992; zum Ganzen Rehm, aaO, S. 564 ff.

AGBG und die künftige Konkretisierung der Angemessenheitsstandards
i. S. der EG-Richtlinie über mißbräuchliche Klauseln in Verbraucherverträgen, die Anfang März 1993 beschlossen wurde. Ein Großteil der hier
angesprochenen Regelungsprobleme betrifft Sondermaterien, die in Bedingungen für Scheckkarten, Kreditkarten und anderen besonderen Geschäftsformen geregelt werden, also nicht zum Bereich der AGB, sondern
der Sonderbedingungen gehören. Immerhin ist nicht zu verkennen, daß
einige der hier genannten Grundsätze Grundgedanken des Kundenschutzes betreffen, die auch im allgemeinen Bankverkehr Beachtung verlangen.
Dazu gehören insbesondere die Empfehlungen zur Transparenz der Vertragsbedingungen und Kosten grenzüberschreitender Zahlungen. Die
Banken haben hier durch den gesetzlich gebotenen Preisaushang und das
zusätzliche Preisverzeichnis bereits Maßnahmen in dieser Richtung unternommen. Möglicherweise wird man künftig die Information in der
Geschäftsabwicklung oder durch Ausweitung des Preisverzeichnisses
noch verbessern oder auch weitere Bedingungen aufstellen müssen.

Die Empfehlungen machen auch deutlich, daß künftig die internationale Harmonisierung der AGB-Banken im grenzüberschreitenden Geschäftsverkehr stärker in den Blick rücken wird. Dabei darf man annehmen, daß die nunmehr im Bereich der deutschen AGB-Banken
erreichten Schutzstandards einem internationalen Vergleich durchaus
standhalten und in der einen oder der anderen Frage sicher auch eine
Modellfunktion übernehmen können.

Das Bedürfnis nach Harmonisierung geht übrigens über den Bereich
der EG hinaus. Man denke nur an den Gebrauch von Kreditkarten und
das international ganz unterschiedlich gehandhabte Problem einer Zulässigkeit des Widerrufs des Kunden nach Zahlung mit Kreditkarten.[197]

2. EG-Richlinie über mißbräuchliche Klauseln
in Verbraucherverträgen

Anfang April 1993 hat der EG-Ministerrat die Richtlinie über mißbräuchliche Klauseln in Verbraucherverträgen erlassen. Einen ersten
Vorschlag dazu hatte die Kommission 1990 vorgelegt.[198] Nach Beratung
im EG-Parlament[199] hat die Kommission 1992 einen geänderten Vor-

---

197 Dazu demnächst Horn, in WM 1993.
198 Am 24.7.1990; ABlEG Nr C 243, v. 28.9.1990, S. 2.
199 Vgl. EuZW 1992, 70.

schlag vorgelegt.[200] Nach Erarbeitung eines Gemeinsamen Standpunktes des EG-Ministerrats v. 22.9.1992 hat sich das EG-Parlament erneut mit diesem Projekt befaßt und Änderungsvorschläge gemacht,[201] die von der EG-Kommission teilweise in den „überprüften Vorschlag" v. 26. 1. 1993 übernommen wurden.[202]

Die Richtlinie erfaßt alle „mißbräuchlichen Klauseln in Verträgen zwischen Gewerbetreibenden und Verbrauchern" (Art. 1 Abs. 1) mit Ausnahme von Verträgen auf dem Gebiet des Arbeits-, Erb-, Familien- und Gesellschaftsrechts (Art. 1 Abs. 2). Bei der Definition des Gewerbetreibenden erwähnt die Richtlinie auch Dienstleistungen (Art. 2 c). Sie soll damit auch auf Verträge über Dienstleistungen der Banken Anwendung finden, wobei bestimmte Bereichsausnahmen (Börsentransaktionen, Verträge über den Kauf von Fremdwährungen, Reiseschecks und internationale Geldanweisungen in Fremdwährungen) gemacht sind. Die Richtlinie ist auf Verbraucherverträge beschränkt, klammert also den Schutz des kaufmännischen Kunden aus. Da es sich um Mindeststandards handelt, ist aber der weitergehende Schutz des kaufmännischen Kunden, wie er im deutschen AGB-Gesetz gem. § 24 vorgenommen wird, nicht unzulässig.[203]

AGB-Klauseln sind mißbräuchlich, wenn sie entgegen dem Gebot von Treu und Glauben (1) zum Nachteil des Verbrauchers ein erhebliches und ungerechtfertigtes Mißverhältnis der vertraglichen Rechte und Pflichten der Vertragsparteien verursacht oder (2) dadurch die Vertragserfüllung erheblich von dem abweicht, was der Verbraucher berechtigterweise erwarten kann (Art. 3 Abs. 1). Das erste Kriterium ist unter dem Gesichtspunkt kritisiert worden, daß dieses entgegen den bisherigen Grundsätzen des deutschen AGB-Rechts eine Äquivalenz- und Preiskontrolle herbeiführe.[204] Der Wortlaut nötigt aber nicht zu der Annahme, daß damit auch eine Kontrolle der Angemessenheit des Preis-Leistungsverhältnisses bezweckt wird. Es geht vielmehr um die Ausgewogenheit der gegenseitigen Rechte und Pflichten. Ferner wurde mit Recht bemängelt, daß die Beschränkung des Schutzes auf Verträge mit Verbrauchern und die Heraus-

---

200 Gem Art. 149 Abs. 3 EWGV. Neuer Vorschlag vom 5. März 1992, ABlEG Nr C 73 v. 24.3.1992, S.7 ff.
201 EuZW 1993, 110.
202 „Überprüfter Vorschlag" v. 26.1.1993, EG-Dok KOM (93) 11 endg-SYN 285; endgültige Fassung abgedruckt im AblEG Nr. L 95 v. 21.4.1993, S. 29 ff sowie im Anhang, S. 194 ff.
203 Vgl. dazu auch den Beitrag von Reich, oben S. 43 ff.
204 So zum ursprünglichen Entwurf Brandner/Ulmer, BB 1991, 701, 705.

nahme des kaufmännischen Kunden zu Unzuträglichkeiten führt, z. B. im System von Absatzketten zwischen Hersteller und Endverbraucher.[205] Ein abgestufter Schutz nach dem deutschen System ist einleuchtender und es bedarf noch der näheren Klärung, wie weit sich dieser in § 24 AGBG verordnete Schutz mit der EG-Richtlinie verträgt.

Die Richtlinie enthält eine angefügte Liste von mißbräuchlichen Klauseln. Diese Liste stellt keine zwingenden Klauselverbote dar, sondern typischerweise mißbräuchliche Klauseln, wobei die Vermutung der Unangemessenheit vom Gewerbetreibenden widerlegt werden kann.

Die Vereinbarkeit der AGB-Banken mit dieser Verbotsliste bedarf künftig noch genauerer Prüfung, zumal die Klauselverbote in einer für deutsche Juristen ungewohnten und z. T. unpräzisen Weise formuliert sind.

Das Verbot der Klausel, daß der Gewerbetreibende einen unbefristeten Vertrag ohne Frist einseitig kündigen kann (Nr. 1 f), soll für Finanzdienstleistungen nicht gelten, wenn der Gewerbetreibende verpflichtet ist, die andere Vertragspartei unmittelbar davon zu unterrichten (Nr. 2 a). Das ordentliche Kündigungsrecht der Bank nach Nr. 19 (1) AGB-Banken n. F. ist schon wegen Einhaltung einer „angemessenen Kündigungsfrist" unbedenklich, aber auch wegen des selbstverständlichen Erfordernisses, daß jede Kündigungserklärung zugangsbedürftig ist. Aus dem letzteren Grund ist auch das fristlose Kündigungsrecht der Bank aus wichtigem Grund nach Nr. 19 (3) unbedenklich, aber auch deshalb, weil der wichtige Grund nur gegeben ist, wenn zugleich die berechtigten Belange des Kunden angemessen berücksichtigt sind.

Nach Nr. 1 lit. i des Anhangs der Richtlinie sind solche Klauseln mißbräuchlich, die vorsehen, daß der Gewerbetreibende Vertragsklauseln einseitig ändern kann. Das Verbot wird aber durch Nr. 2 lit. b für Finanzdienstleistungen eingeschränkt, bei denen sich der Erbringer das Recht vorbehält, die zu zahlenden Zinsen oder anderweitigen Kosten ohne Vorankündigung zu ändern, sofern er über die Änderung unverzüglich unterrichtet und ein Kündigungsrecht einräumt. Die neuen AGB-Banken haben die Regelung der Änderung von Zinsen bei laufenden Kreditverträgen grundsätzlich den betreffenden Kreditvereinbarungen zugewiesen (Nr. 12 (3) 1) und keine Regelung in den AGB selbst getroffen. Hinsichtlich der sonstigen Entgelte hat sich die Bank allerdings ein Leistungsbestimmungsrecht bzw. Leistungsänderungsrecht i. S. § 315 BGB vorbehalten (Nr. 12 (3) 2). Die in der EG-Richtlinie verlang-

---

205 Brandner/Ulmer, aaO., S. 703.

te Mitteilungspflicht und das Kündigungsrecht des Kunden sind bereits in den neuen AGB-Banken (Nr. 12 (4)) berücksichtigt. Diese Hinweise zeigen schon, daß die Verfasser der neuen AGB die zur Zeit der Abfassung noch nicht endgültig feststehende und verabschiedete EG-Richtlinie tunlichst berücksichtigt haben.

VI. Schlußbemerkungen

1. Ein Spiegel der Beziehung Kunde-Bank

In der Überschrift dieses Beitrags wurden die AGB-Banken recht anspruchsvoll als Grundlage des Bankprivatrechts bezeichnet. Das ist natürlich ganz ungenau. Wie jedermann weiß, ist Grundlage jeden Privatrechtsverkehrs das BGB, das AGB-Gesetz, das HGB und die anderen Gesetze zum Privatrecht. Aber in der Praxis des bankgeschäftlichen Rechtsverkehrs spielen die AGB-Banken eine so große Rolle, daß man sie in praktischer Hinsicht tatsächlich als Grundlage dieses geschäftlichen Verkehrs bezeichnen kann. Dies entspricht auch dem Bewußtsein vieler Bankkunden und Bankangestellter. Umso wichtiger ist es, die Banken-AGB nicht nur übersichtlich und klar abzufassen, was ganz unstreitig geschehen ist und Lob verdient, sondern auch so, daß dem Kunden zugleich die ihm nach allgemeinem Zivilrecht gegebenen Rechte und Pflichten deutlich werden und ein zutreffender Gesamteindruck davon entsteht, wie sich die Rechte und Pflichten des Kunden nach dem allgemeinen Zivilrecht und den besonderen Regelungen der AGB darstellen. Auch in dieser Hinsicht haben die AGB-Banken besondere Fortschritte gemacht, wie sich an den nicht wenigen deklaratorischen Klauseln zeigt, die lediglich die allgemeine Rechtslage wiedergeben, wie z.B. die Klausel über die grundsätzliche Haftung der Bank (Nr. 3 (1) 1) und die Bedeutung eines mitwirkenden Verschulden des Kunden (Nr. 3 (1) 2). Es kann nicht überraschen, daß bei der Betrachtung der einzelnen neuen Regelungen auch hier und da das Bedürfnis nach weiterer Klarstellung festgestellt wurde.

2. Immanente Grenzen von AGB-Regeln und das Verbot der geltungserhaltenden Reduktion

Ähnlich wie ein Gesetzgeber muß sich auch der Aufsteller von AGB stets auf einen knappen Kern von Regelungen beschränken. Dies ist bei den neuen AGB-Banken im Ganzen gelungen. Ähnlich wie bei der Erläuterung einer Norm muß auch bei der Erläuterung einer AGB-Klausel das Umfeld der Regelung, die Struktur der Vertragspflichten und die dabei auftretenden Konflikte erörtert werden. Zur Kunst des AGB-Aufstellers gehört es, diejenigen Ausnahmentatbestände in seine Regelung aufzunehmen, ohne die eine Klausel mit § 3 oder mit §§ 9–11 AGB-Gesetz in Konflikt geraten würde. Andererseits kann nicht die ganze Kasuistik des Regelungsfeldes mit allen Ausnahmen und Rückausnahmen aufgenommen werden. Auch bei den neuen AGB wurde verschiedentlich festgestellt, daß hier bestimmte immanente, im Klauseltext nicht ausgedrückte Grenzen oder Ausnahmen zu beachten sind, so etwa bei der Mitwirkungspflicht des Kunden in Nr. 11, daß bei ihrer Beachtung die Klausel aber keiner Beanstandung unterliegt. Eine solche Betrachtung darf nicht dem Verbot der geltungserhaltenden Reduktion unterfallen. Nicht jede sozusagen immanente Ausnahme einer Regelung kann im Text berücksichtigt werden. Man muß also zwischen den Fällen unterscheiden, in denen eine nicht berücksichtigte Ausnahme von so großem praktischen Gewicht ist, daß die Nichtberücksichtigung zur Verletzung des § 3 oder der §§ 9–11 AGB-Gesetz führt, und solchen Ausnahmen, die entweder weniger praktisches Gewicht haben oder ohnehin im allgemeinen Rechtsverständnis verankert sind, so daß die Klausel unbedenklich ist.

Die Verfasser der neuen AGB haben sich bemüht, eine Reihe von Einschränkungen und Ausnahmen, die man bisher in der Literatur oder Rechtsprechung annahm, auch wenn sie im Wortlaut keinen Niederschlag gefunden haben, nunmehr in den Wortlaut zu übernehmen, um auf jeden Fall Gefahren gegen die Wirksamkeit auszuschließen, die sich aus dem Verbot der geltungserhaltenden Reduktion ergeben. Andererseits darf daran erinnert werden, daß einem solchen Bemühen sachliche Grenzen gesetzt sind und daß auch künftig die Frage auftreten wird, ob bei einer bestimmten Klausel eine sozusagen immanente Einschränkung oder Ausnahme anzuerkennen ist oder ob sie gegen das AGB-Gesetz verstößt.

3. Neue Entwicklungen

Die Entwicklung steht nicht still. Auch die neuen AGB-Banken werden sich nicht nur dem Test in den Gerichten stellen müssen, sondern auch neuen Entwicklungen im Recht oder in den Geschäftformen. Als Beispiel rechtlicher Entwicklung wurden bereits das EG-Recht erwähnt und mögliche Fortentwicklungen der Rechtsprechung auf dem Gebiet des Transparenzgebots bei der Gestaltung von Zins- und Entgeltberechnungen. Insofern sind AGB nie das letzte Wort. Aber die neuen AGB-Banken sind insgesamt nach dem heutigen Stand eine solide Grundlage für die Abwicklung von Bankgeschäften.

Anhang

1. Allgemeine Geschäftsbedingungen des privaten Bankgewerbes

(Fassung Januar 1993)

Grundregeln für die Beziehung zwischen Kunde und Bank

1. Geltungsbereich und Änderungen dieser Geschäftsbedingungen und der Sonderbedingungen für einzelne Geschäftsbeziehungen

(1) Geltungsbereich

Die Allgemeinen Geschäftsbedingungen gelten für die gesamte Geschäftsverbindung zwischen dem Kunden und den inländischen Geschäftsstellen der Bank (im folgenden Bank genannt). Daneben gelten für einzelne Geschäftsbeziehungen (zum Beispiel für das Wertpapiergeschäft, für den ec-Service, für den Scheckverkehr, für den Sparverkehr) Sonderbedingungen, die Abweichungen oder Ergänzungen zu diesen Allgemeinen Geschäftsbedingungen enthalten; sie werden bei der Kontoeröffnung oder bei Erteilung eines Auftrags mit dem Kunden vereinbart. Unterhält der Kunde auch Geschäftsverbindungen zu ausländischen Geschäftsstellen, sichert das Pfandrecht der Bank (Nr. 14 dieser Geschäftsbedingungen) auch die Ansprüche dieser ausländischen Geschäftsstellen.

(2) Änderungen

Änderungen dieser Geschäftsbedingungen und der Sonderbedingungen werden dem Kunden schriftlich bekanntgegeben. Sie gelten als genehmigt, wenn der Kunde nicht schriftlich Widerspruch erhebt. Auf diese Folge wird ihn die Bank bei der Bekanntgabe besonders hinweisen. Der Kunde muß den Widerspruch innerhalb eines Monats nach Bekanntgabe der Änderungen an die Bank absenden.

2. Bankgeheimnis und Bankauskunft

(1) Bankgeheimnis

Die Bank ist zur Verschwiegenheit über alle kundenbezogenen Tatsachen und Wertungen verpflichtet, von denen sie Kenntnis erlangt (Bankgeheimnis). Informationen über den Kunden darf die Bank nur weitergeben, wenn gesetzliche Bestimmungen dies gebieten oder der Kunde eingewilligt hat oder die Bank zur Erteilung einer Bankauskunft befugt ist.

(2) Bankauskunft

Eine Bankauskunft enthält allgemein gehaltene Feststellungen und Bemerkungen über die wirtschaftlichen Verhältnisse des Kunden, seine Kreditwürdigkeit und Zahlungsfähigkeit; betragsmäßige Angaben über Kontostände, Sparguthaben, Depot- oder sonstige der Bank anvertraute Vermögenswerte sowie Angaben über die Höhe von Kreditinanspruchnahmen werden nicht gemacht.

(3) Voraussetzungen für die Erteilung einer Bankauskunft

Die Bank ist befugt, über juristische Personen und im Handelsregister eingetragene Kaufleute Bankauskünfte zu erteilen, sofern sich die Anfrage auf ihre geschäftliche Tätigkeit bezieht. Die Bank erteilt jedoch keine Auskünfte, wenn ihr eine anderslautende Weisung des Kunden vorliegt. Bankauskünfte über andere Personen, insbesondere über Privatkunden und Vereinigungen, erteilt die Bank nur dann, wenn diese generell oder im Einzelfall ausdrücklich zugestimmt haben. Eine Bankauskunft wird nur erteilt, wenn der Anfragende ein berechtigtes Interesse an der gewünschten Auskunft glaubhaft dargelegt hat und kein Grund zu der Annahme besteht, daß schutzwürdige Belange des Kunden der Auskunftserteilung entgegenstehen.

(4) Empfänger von Bankauskünften

Bankauskünfte erteilt die Bank nur eigenen Kunden sowie anderen Kreditinstituten für deren Zwecke oder die ihrer Kunden.

3. Haftung der Bank; Mitverschulden des Kunden

(1) Haftungsgrundsätze

Die Bank haftet bei der Erfüllung ihrer Verpflichtungen für jedes Verschulden ihrer Mitarbeiter und der Personen, die sie zur Erfüllung ihrer Verpflichtungen hinzuzieht. Soweit die Sonderbedingungen für einzelne Geschäftsbeziehungen oder sonstige Vereinbarungen etwas Abweichendes regeln, gehen diese Regelungen vor. Hat der Kunde durch ein schuldhaftes Verhalten (zum Beispiel durch Verletzung der in Nr. 11 dieser Geschäftsbedingungen aufgeführten Mitwirkungspflichten) zu der Entstehung eines Schadens beigetragen, bestimmt sich nach den Grundsätzen des Mitverschuldens, in welchem Umfang Bank und Kunde den Schaden zu tragen haben.

(2) Weitergeleitete Aufträge

Wenn ein Auftrag seinem Inhalt nach typischerweise in der Form ausgeführt wird, daß die Bank einen Dritten mit der weiteren Erledigung betraut, erfüllt die Bank den Auftrag dadurch, daß sie ihn im eigenen Namen an den Dritten weiterleitet (weitergeleiteter Auftrag). Dies betrifft zum Beispiel die Einholung von Bankauskünften bei anderen Kreditinstituten oder die Verwahrung und Verwaltung von Wertpapieren im Ausland. In diesen Fällen beschränkt sich die Haftung der Bank auf die sorgfältige Auswahl und Unterweisung des Dritten.

(3) Störung des Betriebs

Die Bank haftet nicht für Schäden, die durch höhere Gewalt, Aufruhr, Kriegs- und Naturereignisse oder durch sonstige von ihr nicht zu vertretende Vorkommnisse (zum Beispiel Streik, Aussperrung, Verkehrsstörung, Verfügungen von hoher Hand im In- oder Ausland) eintreten.

4. Grenzen der Aufrechnungsbefugnis des Kunden

Der Kunde kann gegen Forderungen der Bank nur aufrechnen, wenn seine Forderungen unbestritten oder rechtskräftig festgestellt sind.

5. Verfügungsberechtigung nach dem Tod des Kunden.

Nach dem Tod des Kunden kann die Bank zur Klärung der Verfügungsberechtigung die Vorlegung eines Erbscheins, eines Testamentsvollstreckerzeugnisses oder weiterer hierfür notwendiger Unterlagen verlangen; fremdsprachige Urkunden sind auf Verlangen der Bank in
deutscher Übersetzung vorzulegen. Die Bank kann auf die Vorlage eines
Erbscheins oder eines Testamentsvollstreckerzeugnisses verzichten,
wenn ihr eine Ausfertigung oder eine beglaubigte Abschrift der letztwilligen Verfügung (Testament, Erbvertrag) nebst zugehöriger Eröffnungsniederschrift vorgelegt wird. Die Bank darf denjenigen, der darin als
Erbe oder Testamentsvollstrecker bezeichnet ist, als Berechtigten ansehen, ihn verfügen lassen und insbesondere mit befreiender Wirkung an
ihn leisten. Dies gilt nicht, wenn der Bank bekannt ist, daß der dort
Genannte (zum Beispiel nach Anfechtung oder wegen Nichtigkeit des
Testaments) nicht verfügungsberechtigt ist, oder wenn ihr dies infolge
Fahrlässigkeit nicht bekannt geworden ist.

6. Maßgebliches Recht und Gerichtsstand bei
kaufmännischen und öffentlich-rechtlichen Kunden

(1) Geltung deutschen Rechts

Für die Geschäftsverbindung zwischen dem Kunden und der Bank gilt
deutsches Recht.

(2) Gerichtsstand für Inlandskunden

Ist der Kunde ein Kaufmann, der nicht zu den Minderkaufleuten gehört,
und ist die streitige Geschäftsbeziehung dem Betriebe seines Handelsgewerbes zuzurechnen, so kann die Bank diesen Kunden an dem für die
kontoführende Stelle zuständigen Gericht oder bei einem anderen zuständigen Gericht verklagen; dasselbe gilt für eine juristische Person des
öffentlichen Rechts und für öffentlich-rechtliche Sondervermögen. Die
Bank selbst kann von diesen Kunden nur an dem für die kontoführende
Stelle zuständigen Gericht verklagt werden.

(3) Gerichtsstand für Auslandskunden

Die Gerichtsstandsvereinbarung gilt auch für Kunden, die im Ausland eine vergleichbare gewerbliche Tätigkeit ausüben, sowie für ausländische Institutionen, die mit inländischen juristischen Personen des öffentlichen Rechts oder mit einem inländischen öffentlich-rechtlichen Sondervermögen vergleichbar sind.

Kontoführung

7. Rechnungsabschlüsse bei Kontokorrentkonten (Konten in laufender Rechnung)

(1) Erteilung der Rechnungsabschlüsse

Die Bank erteilt bei einem Kontokorrentkonto, sofern nicht etwas anderes vereinbart ist, jeweils zum Ende eines Kalenderquartals einen Rechnungsabschluß; dabei werden die in diesem Zeitraum entstandenen beiderseitigen Ansprüche (einschließlich der Zinsen und Entgelte der Bank) verrechnet. Die Bank kann auf den Saldo, der sich aus der Verrechnung ergibt, nach Nr. 12 dieser Geschäftsbedingungen oder nach der mit dem Kunden anderweitig getroffenen Vereinbarung Zinsen berechnen.

(2) Frist für Einwendungen; Genehmigung durch Schweigen

Einwendungen wegen Unrichtigkeit oder Unvollständigkeit eines Rechnungsabschlusses hat der Kunde spätestens innerhalb eines Monats nach dessen Zugang zu erheben; macht er seine Einwendungen schriftlich geltend, genügt die Absendung innerhalb der Monatsfrist. Das Unterlassen rechtzeitiger Einwendungen gilt als Genehmigung. Auf diese Folge wird die Bank bei Erteilung des Rechnungsabschlusses besonders hinweisen. Der Kunde kann auch nach Fristablauf eine Berichtigung des Rechnungsabschlusses verlangen, muß dann aber beweisen, daß zu Unrecht sein Konto belastet oder eine ihm zustehende Gutschrift nicht erteilt wurde.

8. Storno- und Berichtigungsbuchungen

(1) Vor Rechnungsabschluß

Fehlerhafte Gutschriften auf Kontokorrentkonten (zum Beispiel wegen einer falschen Kontonummer) darf die Bank bis zum nächsten Rechnungsabschluß durch eine Belastungsbuchung rückgängig machen, soweit ihr ein Rückzahlungsanspruch gegen den Kunden zusteht; der Kunde kann in diesem Fall gegen die Belastungsbuchung nicht einwenden, daß er in Höhe der Gutschrift bereits verfügt hat (Stornobuchung).

(2) Nach Rechnungsabschluß

Stellt die Bank eine fehlerhafte Gutschrift erst nach einem Rechnungsabschluß fest und steht ihr ein Rückzahlungsanspruch gegen den Kunden zu, so wird sie in Höhe ihres Anspruchs sein Konto belasten (Berichtigungsbuchung). Erhebt der Kunde gegen die Berichtigungsbuchung Einwendungen, so wird die Bank den Betrag dem Konto wieder gutschreiben und ihren Rückzahlungsanspruch gesondert geltend machen.

(3) Information des Kunden; Zinsberechnung

Über Storno- und Berichtigungsbuchungen wird die Bank den Kunden unverzüglich unterrichten. Die Buchungenn nimmt die Bank hinsichtlich der Zinsberechnung rückwirkend zu dem Tag vor, an dem die fehlerhafte Buchung durchgeführt wurde.

9. Einzugsaufträge

(1) Erteilung von Vorbehaltsgutschriften bei der Einreichung

Schreibt die Bank den Gegenwert von Schecks und Lastschriften schon vor ihrer Einlösung gut, geschieht dies unter dem Vorbehalt ihrer Einlösung, und zwar auch dann, wenn diese Papiere bei der Bank selbst zahlbar sind. Reicht der Kunde andere Papiere mit dem Auftrag ein, von einem Zahlungspflichtigen einen Forderungsbetrag zu beschaffen (zum Beispiel Zinsscheine), und erteilt die Bank über den Betrag eine Gutschrift, so steht diese uner dem Vorbehalt, daß die Bank den Betrag

erhält. Der Vorbehalt gilt auch dann, wenn die Papiere bei der Bank
selbst zahlbar sind. Werden Schecks oder Lastschriften nicht eingelöst
oder erhält die Bank den Betrag aus dem Einzugsauftrag nicht, macht
die Bank die Vorbehaltsgutschrift rückgängig. Dies geschieht unabhängig davon, ob in der Zwischenzeit ein Rechnungsabschluß erteilt wurde.

(2) Einlösung von Lastschriften und vom Kunden ausgestellter Schecks

Lastschriften und Schecks sind eingelöst, wenn die Belastungsbuchung
nicht spätestens am zweiten Bankarbeitstag nach ihrer Vornahme rückgängig gemacht wird. Barschecks sind bereits mit Zahlung an den
Scheckvorleger eingelöst. Im Einzugsverfahren vorgelegte Schecks sind
eingelöst, wenn die Bank im Einzelfall eine Bezahltmeldung absendet.
Lastschriften und Schecks, die über die Abrechnungsstelle einer Landeszentralbank vorgelegt wurden, sind eingelöst, wenn sie nicht bis zu dem
von der Landeszentralbank festgesetzten Zeitpunkt an die Abrechnungsstelle zurückgegeben werden.

10. Risiken bei Fremdwährungskonten und Fremdwährungsgeschäften

(1) Auftragsausführung bei Fremdwährungskonten

Fremdwährungskonten des Kunden dienen dazu, Zahlungen an den
Kunden und Verfügungen des Kunden in fremder Währung bargeldlos
abzuwickeln. Verfügungen über Guthaben auf Fremdwährungskonten
(zum Beispiel durch Überweisungsaufträge zu Lasten des Fremdwährungsguthabens) werden unter Einschaltung von Banken im Heimatland
der Währung abgewickelt, wenn sie die Bank nicht vollständig innerhalb
des eigenen Hauses ausführt.

(2) Gutschriften bei Fremdwährungsgeschäften mit dem Kunden

Schließt die Bank mit dem Kunden ein Geschäft (zum Beispiel ein De-
visentermingeschäft) ab, aus dem sie die Verschaffung eines Betrages in
fremder Währung schuldet, wird sie ihre Fremdwährungsverbindlichkeit
durch Gutschrift auf dem Konto des Kunden in dieser Währung erfüllen, sofern nicht etwas anderes vereinbart ist.

(3) Vorübergehende Beschränkung der Leistung durch die Bank

Die Verpflichtung der Bank zur Ausführung einer Verfügung zu Lasten eines Fremdwährungsguthabens (Absatz 1) oder zur Erfüllung einer Fremdwährungsverbindlichkeit (Absatz 2) ist in dem Umfang und solange ausgesetzt, wie die Bank in der Währung, auf die das Fremdwährungsguthaben oder die Verbindlichkeit lautet, wegen politisch bedingter Maßnahmen oder Ereignisse im Lande dieser Währung nicht oder nur eingeschränkt verfügen kann. In dem Umfang und solange diese Maßnahmen oder Ereignisse andauern, ist die Bank auch nicht zu einer Erfüllung an einem anderen Ort außerhalb des Landes der Währung, in einer anderen Währung (auch nicht in Deutscher Mark) oder durch Anschaffung von Bargeld verpflichtet. Die Verpflichtung der Bank zur Ausführung einer Verfügung zu Lasten eines Fremdwährungsguthabens ist dagegen nicht ausgesetzt, wenn sie die Bank vollständig im eigenen Haus ausführen kann. Das Recht des Kunden und der Bank, fällige gegenseitige Forderungen in derselben Währung miteinander zu verrechnen, bleibt von den vorstehenden Regelungen unberührt.

Mitwirkungspflichten des Kunden

11. Mitwirkungspflichten des Kunden

(1) Änderungen von Name, Anschrift oder einer gegenüber der Bank erteilten Vertretungsmacht

Zur ordnungsgemäßen Abwicklung des Geschäftsverkehrs ist es erforderlich, daß der Kunde der Bank Änderungen seines Namens und seiner Anschrift sowie das Erlöschen oder die Änderung einer gegenüber der Bank erteilten Vertretungsmacht (insbesondere einer Vollmacht) unverzüglich mitteilt. Diese Mitteilungspflicht besteht auch dann, wenn die Vertretungsmacht in ein öffentliches Register (zum Beispiel in das Handelsregister) eingetragen ist und ihr Erlöschen oder ihre Änderung in dieses Register eingetragen wird.

(2) Klarheit von Aufträgen

Aufträge jeder Art müssen ihren Inhalt zweifelsfrei erkennen lassen. Nicht eindeutig formulierte Aufträge können Rückfragen zur Folge haben, die

zu Verzögerungen führen können. Vor allem hat der Kunde bei Aufträgen
zur Gutschrift auf einem Konto (zum Beispiel bei Überweisungsaufträgen) auf die Richtigkeit und Vollständigkeit des Namens des Zahlungsempfängers, der angegebenen Kontonummer und der angegebenen Bankleitzahl zu achten. Änderungen, Bestätigungen oder Wiederholungen von
Aufträgen müssen als solche gekennzeichnet sein.

(3) Besonderer Hinweis bei Eilbedürftigkeit der Ausführung eines Auftrages

Hält der Kunde bei der Ausführung eines Auftrags besondere Eile für
nötig (zum Beispiel weil ein Überweisungsbetrag dem Empfänger zu
einem bestimmten Termin gutgeschrieben sein muß), hat er dies der
Bank gesondert mitzuteilen. Bei formularmäßig erteilten Aufträgen muß
dies außerhalb des Formulars erfolgen.

(4) Prüfung und Einwendungen bei Mitteilungen der Bank

Der Kunde hat Kontoauszüge, Wertpapierabrechnungen, Depot- und
Erträgnisaufstellungen, sonstige Abrechnungen, Anzeigen über die Ausführung von Aufträgen sowie Informationen über erwartete Zahlungen
und Sendungen (Avise) auf ihre Richtigkeit und Vollständigkeit unverzüglich zu überprüfen und etwaige Einwendungen unverzüglich zu erheben.

(5) Benachrichtigung der Bank bei Ausbleiben von Mitteilungen

Falls Rechnungsabschlüsse und Depotaufstellungen dem Kunden nicht
zugehen, muß er die Bank unverzüglich benachrichtigen. Die Benachrichtigungspflicht besteht auch beim Ausbleiben anderer Mitteilungen,
deren Eingang der Kunde erwartet (Wertpapierabrechnungen, Kontoauszüge nach der Ausführung von Aufträgen des Kunden oder über
Zahlungen, die der Kunde erwartet).

Kosten der Bankdienstleistungen

12. Zinsen, Entgelte und Auslagen

(1) Zinsen und Entgelte im Privatkundengeschäft

Die Höhe der Zinsen und Entgelte für die im Privatkundengeschäft üblichen Kredite und Leistungen ergibt sich aus dem „Preisaushang – Regelsätze im standardisierten Privatkundengeschäft" und ergänzend aus dem „Preisverzeichnis". Wenn ein Kunde einen dort aufgeführten Kredit oder eine dort aufgeführte Leistung in Anspruch nimmt und dabei keine abweichende Vereinbarung getroffen wurde, gelten die zu diesem Zeitpunkt im Preisaushang oder Preisverzeichnis angegebenen Zinsen und Entgelte. Für die darin nicht aufgeführten Leistungen, die im Auftrag des Kunden oder in dessen mutmaßlichem Interesse erbracht werden und die, nach den Umständen zu urteilen, nur gegen eine Vergütung zu erwarten sind, kann die Bank die Höhe der Entgelte nach billigem Ermessen (§ 315 des Bürgerlichen Gesetzbuches) bestimmen.

(2) Zinsen und Entgelte außerhalb des Privatkundengeschäfts

Außerhalb des Privatkundengeschäfts bestimmt die Bank, wenn keine andere Vereinbarung getroffen ist, die Höhe von Zinsen und Entgelten nach billigem Ermessen (§ 315 des Bürgerlichen Gesetzbuches).

(3) Änderung von Zinsen und Entgelten

Die Änderung der Zinsen bei Krediten mit einem veränderlichen Zinssatz erfolgt aufgrund der jeweiligen Kreditvereinbarungen mit dem Kunden. Das Entgelt für Leistungen, die von Kunden im Rahmen der Geschäftsverbindung typischerweise dauerhaft in Anspruch genommen werden (zum Beispiel Konto- und Depotführung), kann die Bank nach billigem Ermessen (§ 315 des Bürgerlichen Gesetzbuches) ändern.

(4) Kündigungsrecht des Kunden bei Änderung von Zinsen und Entgelten

Die Bank wird dem Kunden Änderungen von Zinsen und Entgelten nach Absatz 3 mitteilen. Bei einer Erhöhung kann der Kunde, sofern nichts anderes vereinbart ist, die davon betroffene Geschäftsbeziehung innerhalb eines Monats nach Bekanntgabe der Änderung mit sofortiger Wirkung kündigen. Kündigt der Kunde, so werden die erhöhten Zinsen und Entgelte für die gekündigte Geschäftsbeziehung nicht zugrundegelegt. Die Bank wird zur Abwicklung eine angemessene Frist einräumen.

(5) Auslagen

Der Kunde trägt alle Auslagen, die anfallen, wenn die Bank in seinem Auftrag oder seinem mutmaßlichen Interesse tätig wird (insbesondere für Ferngespräche, Porti) oder wenn Sicherheiten bestellt, verwaltet, freigegeben oder verwertet werden (insbesondere Notarkosten, Lagergelder, Kosten der Bewachung von Sicherungsgut).

(6) Besonderheiten bei Verbraucherkrediten

Bei Kreditverträgen, die nach §4 des Verbraucherkreditgesetzes der Schriftform bedürfen, richten sich die Zinsen und die Kosten (Entgelte, Auslagen) nach den Angaben in der Vertragsurkunde. Fehlt die Angabe eines Zinssatzes, gilt der gesetzliche Zinssatz; nicht angegebene Kosten werden nicht geschuldet (§6 Abs. 2 des Verbraucherkreditgesetzes). Bei Überziehungskrediten nach §5 des Verbraucherkreditgesetzes richtet sich der maßgebliche Zinssatz nach dem Preisaushang und den Informationen, die die Bank dem Kunden übermittelt.

Sicherheiten für die Ansprüche der Bank gegen den Kunden

13. Bestellung oder Verstärkung von Sicherheiten

(1) Anspruch der Bank auf Bestellung von Sicherheiten

Die Bank kann für alle Ansprüche aus der bankmäßigen Geschäftsverbindung die Bestellung bankmäßiger Sicherheiten verlangen, und zwar auch dann, wenn die Ansprüche bedingt sind (zum Beispiel Aufwendungsersatzanspruch wegen der Inanspruchnahme aus einer für den Kunden übernommenen Bürgschaft). Hat der Kunde gegenüber der Bank eine Haftung für Verbindlichkeiten eines anderen Kunden der Bank übernommen (zum Beispiel als Bürge), so besteht für die Bank ein Anspruch auf

Bestellung oder Verstärkung von Sicherheiten im Hinblick auf die aus der Haftungsübernahme folgende Schuld jedoch erst ab ihrer Fälligkeit.

(2) Veränderungen des Risikos

Hat die Bank bei der Entstehung von Ansprüchen gegen den Kunden zunächst ganz oder teilweise davon abgesehen, die Bestellung oder Verstärkung von Sicherheiten zu verlangen, kann sie auch später noch eine Besicherung fordern. Voraussetzung hierfür ist jedoch, daß Umstände eintreten oder bekannt werden, die eine erhöhte Risikobewertung der Ansprüche gegen den Kunden rechtfertigen. Dies kann insbesondere der Fall sein, wenn
– sich die wirtschaftlichen Verhältnisse des Kunden nachteilig verändert haben oder sich zu verändern drohen oder
– sich die vorhandenen Sicherheiten wertmäßig verschlechtert haben oder zu verschlechtern drohen.
Der Besicherungsanspruch der Bank besteht nicht, wenn ausdrücklich vereinbart ist, daß der Kunde keine oder ausschließlich im einzelnen benannte Sicherheiten zu bestellen hat. Bei Krediten, die unter das Verbraucherkreditgesetz fallen, besteht ein Anspruch auf die Bestellung oder Verstärkung von Sicherheiten nur, soweit die Sicherheiten im Kreditvertrag angegeben sind; wenn der Nettokreditbetrag DM 100 000,– übersteigt, besteht der Anspruch auf Bestellung oder Verstärkung auch dann, wenn der Kreditvertrag keine oder keine abschließenden Angaben über Sicherheiten enthält.

(3) Fristsetzung für die Bestellung oder Verstärkung von Sicherheiten

Für die Bestellung oder Verstärkung von Sicherheiten wird die Bank eine angemessene Frist einräumen. Beabsichtigt die Bank, von ihrem Recht zur fristlosen Kündigung nach Nr. 19 Abs. 3 dieser Geschäftsbedingungen Gebrauch zu machen, falls der Kunde seiner Verpflichtung zur Bestellung oder Verstärkung von Sicherheiten nicht fristgerecht nachkommt, wird sie ihn zuvor hierauf hinweisen.

14. Vereinbarung eines Pfandrechts zugunsten der Bank

(1) Einigung über das Pfandrecht

Der Kunde und die Bank sind sich darüber einig, daß die Bank ein Pfandrecht an den Wertpapieren und Sachen erwirbt, an denen eine inländische Geschäftsstelle im bankmäßigen Geschäftsverkehr Besitz erlangt hat oder noch erlangen wird. Die Bank erwirbt ein Pfandrecht auch an den Ansprüchen, die dem Kunden gegen die Bank aus der bankmäßigen Geschäftsverbindung zustehen oder künftig zustehen werden (zum Beispiel Kontoguthaben).

(2) Gesicherte Ansprüche

Das Pfandrecht dient der Sicherung aller bestehenden, künftigen und bedingten Ansprüche, die der Bank mit ihren sämtlichen in- und ausländischen Geschäftsstellen aus der bankmäßigen Geschäftsverbindung gegen den Kunden zustehen. Hat der Kunde gegenüber der Bank eine Haftung für Verbindlichkeiten eines anderen Kunden der Bank übernommen (zum Beispiel als Bürge), so sichert das Pfandrecht die aus der Haftungsübernahme folgende Schuld jedoch erst ab ihrer Fälligkeit.

(3) Ausnahmen vom Pfandrecht

Gelangen Gelder oder andere Werte mit der Maßgabe in die Verfügungsgewalt der Bank, daß sie nur für einen bestimmten Zweck verwendet werden dürfen (zum Beispiel Bareinzahlung zur Einlösung eines Wechsels), erstreckt sich das Pfandrecht der Bank nicht auf diese Werte. Dasselbe gilt für die von der Bank selbst ausgegebenen Aktien (eigene Aktien) und für die Wertpapiere, die die Bank im Ausland für den Kunden verwahrt. Außerdem erstreckt sich das Pfandrecht nicht auf die von der Bank selbst ausgegebenen eigenen Genußrechte/Genußscheine und nicht auf die verbrieften und nicht verbrieften nachrangigen Verbindlichkeiten der Bank.

(4) Zins- und Gewinnanteilscheine

Unterliegen dem Pfandrecht der Bank Wertpapiere, ist der Kunde nicht berechtigt, die Herausgabe der zu diesen Papieren gehörenden Zins- und Gewinnanteilscheine zu verlangen.

15. Sicherungsrechte an Einzugspapieren und diskontierten Wechseln

(1) Sicherungsübereignung

Die Bank erwirbt an den ihr zum Einzug eingereichten Schecks und Wechseln im Zeitpunkt der Einreichung Sicherungseigentum. An diskontierten Wechseln erwirbt die Bank im Zeitpunkt des Wechselankaufs uneingeschränktes Eigentum; belastet sie diskontierte Wechsel dem Konto zurück, so verbleibt ihr das Sicherungseigentum an diesen Wechseln.

(2) Sicherungsabtretung

Mit dem Erwerb des Eigentums an Schecks und Wechseln gehen auch die zugrundeliegenden Forderungen auf die Bank über; ein Forderungsübergang findet ferner statt, wenn andere Papiere zum Einzug eingereicht werden (zum Beispiel Lastschriften, kaufmännische Handelspapiere).

(3) Zweckgebundene Einzugspapiere

Werden der Bank Einzugspapiere mit der Maßgabe eingereicht, daß ihr Gegenwert nur für einen bestimmten Zweck verwendet werden darf, erstrecken sich die Sicherungsübereignung und die Sicherungsabtretung nicht auf diese Papiere.

(4) Gesicherte Ansprüche der Bank

Das Sicherungseigentum und die Sicherungsabtretung dienen der Sicherung aller Ansprüche, die der Bank gegen den Kunden bei Einreichung von Einzugspapieren aus seinen Kontokorrentkonten zustehen oder die infolge der Rückbelastung nicht eingelöster Einzugspapiere oder diskontierter Wechsel entstehen. Auf Anforderung des Kunden nimmt die

Bank eine Rückübertragung des Sicherungseigentums an den Papieren
und der auf sie übergegangenen Forderung an den Kunden vor, falls ihr
im Zeitpunkt der Anforderung keine zu sichernden Ansprüche gegen
den Kunden zustehen oder sie ihn über den Gegenwert der Papiere vor
deren entgültiger Bezahlung nicht verfügen läßt.

16. Begrenzung des Besicherungsanspruchs und Freigabeverpflichtung

(1) Deckungsgrenze

Die Bank kann ihren Anspruch auf Bestellung oder Verstärkung von
Sicherheiten solange geltend machen, bis der realisierbare Wert aller Sicherheiten dem Gesamtbetrag aller Ansprüche aus der bankmäßigen Geschäftsverbindung (Deckungsgrenze) entspricht.

(2) Freigabe

Falls der realisierbare Wert aller Sicherheiten die Deckungsgrenze nicht
nur vorübergehend übersteigt, hat die Bank auf Verlangen des Kunden
Sicherheiten nach ihrer Wahl freizugeben, und zwar in Höhe des die
Deckungsgrenze übersteigenden Betrages; sie wird bei der Auswahl der
freizugebenden Sicherheiten auf die berechtigten Belange des Kunden
und eines dritten Sicherungsgebers, der für die Verbindlichkeiten des
Kunden Sicherheiten bestellt hat, Rücksicht nehmen. In diesem Rahmen
ist die Bank auch verpflichtet, Aufträge des Kunden über die dem Pfandrecht unterliegenden Werte auszuführen (zum Beispiel Verkauf von
Wertpapieren, Auszahlung von Sparguthaben).

(3) Sondervereinbarungen

Ist für eine bestimmte Sicherheit ein anderer Bewertungsmaßstab als der
realisierbare Wert, eine andere Deckungsgrenze oder eine andere Grenze
für die Freigabe von Sicherheiten vereinbart, so sind diese maßgeblich.

17. Verwertung von Sicherheiten

(1) Wahlrecht der Bank

Im Falle der Verwertung hat die Bank unter mehreren Sicherheiten die Wahl. Sie wird bei der Verwertung und bei der Auswahl der zu verwertenden Sicherheiten auf die berechtigten Belange des Kunden und eines dritten Sicherungsgebers, der für die Verbindlichkeiten des Kunden Sicherheiten bestellt hat, Rücksicht nehmen.

(2) Erlösgutschrift nach dem Umsatzsteuerrecht

Wenn der Verwertungsvorgang der Umsatzsteuer unterliegt, wird die Bank dem Kunden über den Erlös eine Gutschrift erteilen, die als Rechnung für die Lieferung der als Sicherheit dienenden Sache gilt und den Voraussetzungen des Umsatzsteuerrechts entspricht.

Kündigung

18. Kündigungsrechte des Kunden

(1) Jederzeitiges Kündigungsrecht

Der Kunde kann die gesamte Geschäftsverbindung oder einzelne Geschäftsbeziehungen, zum Beispiel den Scheckvertrag, für die weder eine Laufzeit noch eine abweichende Kündigungsregelung vereinbart ist, jederzeit ohne Einhaltung einer Kündigungsfrist kündigen.

(2) Kündigung aus wichtigem Grund

Ist für eine Geschäftsbeziehung eine Laufzeit oder eine abweichende Kündigungsregelung vereinbart, kann eine fristlose Kündigung nur dann ausgesprochen werden, wenn hierfür ein wichtiger Grund vorliegt, der es dem Kunden, auch unter angemessener Berücksichtigung der berechtigten Belange der Bank, unzumutbar werden läßt, die Geschäftsbeziehung fortzusetzen.

19. Kündigungsrechte der Bank

(1) Kündigung unter Einhaltung einer Kündigungsfrist

Die Bank kann die gesamte Geschäftsverbindung oder einzelne Geschäftsbeziehungen, für die weder eine Laufzeit noch eine abweichende Kündigungsregelung vereinbart ist, jederzeit unter Einhaltung einer angemessenen Kündigungsfrist kündigen (zum Beispiel den Scheckvertrag, der zur Nutzung der Scheckkarte und von Scheckvordrucken berechtigt). Bei der Bemessung der Kündigungsfrist wird die Bank auf die berechtigten Belange des Kunden Rücksicht nehmen. Für die Kündigung der Führung von laufenden Konten und Depots beträgt die Kündigungsfrist mindestens einen Monat.

(2) Kündigung unbefristeter Kredite

Kredite und Kreditzusagen, für die weder eine Laufzeit noch eine abweichende Kündigungsregelung vereinbart ist, kann die Bank jederzeit ohne Einhaltung einer Kündigungsfrist kündigen, die Bank wird bei der Ausübung dieses Kündigungsrechts auf die berechtigten Belange des Kunden Rücksicht nehmen.

(3) Kündigung aus wichtigem Grund ohne Einhaltung einer Kündigungsfrist

Eine fristlose Kündigung der gesamten Geschäftsverbindung oder einzelner Geschäftsbeziehungen ist zulässig, wenn ein wichtiger Grund vorliegt, der der Bank, auch unter angemessener Berücksichtigung der berechtigten Belange des Kunden, deren Fortsetzung unzumutbar werden läßt. Ein solcher Grund liegt insbesondere vor, wenn der Kunde unrichtige Angaben über seine Vermögenslage gemacht hat, die für die Entscheidung der Bank über eine Kreditgewährung oder über andere mit Risiken für die Bank verbundene Geschäfte (zum Beispiel Aushändigung der Scheckkarte) von erheblicher Bedeutung waren, oder wenn eine wesentliche Verschlechterung seiner Vermögenslage eintritt oder einzutreten droht und dadurch die Erfüllung von Verbindlichkeiten gegenüber der Bank gefährdet ist. Die Bank darf auch fristlos kündigen, wenn der Kunde seiner Verpflichtung zur Bestellung oder Verstärkung von Sicherheiten nach Nr. 13 Abs. 2 dieser Geschäftsbedingungen oder aufgrund einer sonstigen Vereinbarung nicht innerhalb der von der Bank gesetzten angemessenen Frist nachkommt.

(4) Kündigung von Verbraucherkrediten bei Verzug

Soweit das Verbraucherkreditgesetz Sonderregelungen für die Kündigung wegen Verzuges mit der Rückzahlung eines Verbraucherkredits vorsieht, kann die Bank nur nach Maßgabe dieser Regelungen kündigen.

(5) Abwicklung nach einer Kündigung

Im Falle einer Kündigung ohne Kündigungsfrist wird die Bank dem Kunden für die Abwicklung (insbesondere für die Rückzahlung eines Kredits) eine angemessene Frist einräumen, soweit nicht eine sofortige Erledigung erforderlich ist (zum Beispiel bei der Kündigung des Scheckvertrages die Rückgabe der Scheckvordrucke).

Schutz der Einlagen

20. Einlagensicherungsfonds

Die Bank ist dem Einlagensicherungsfonds des Bundesverbandes deutscher Banken e.V. (im folgenden Einlagensicherungsfonds genannt) angeschlossen. Soweit der Einlagensicherungsfonds oder ein von ihm Beauftragter Zahlungen an einen Kunden leistet, gehen die Forderungen des Kunden gegen die Bank in entsprechender Höhe Zug um Zug auf den Einlagensicherungsfonds über. Entsprechendes gilt, wenn der Einlagensicherungsfonds die Zahlungen mangels Weisung eines Kunden auf ein Konto leistet, das zu seinen Gunsten bei einer anderen Bank eröffnet wird. Die Bank ist befugt, dem Einlagensicherungsfonds oder einem von ihm Beauftragten alle in diesem Zusammenhang erforderlichen Auskünfte zu erteilen und Unterlagen zur Verfügung zu stellen.

2. Allgemeine Geschäftsbedingungen der Sparkassen

(Fassung Januar 1993)

Allgemeines

1. Grundlagen der Geschäftsbeziehung

(1) Geschäftsbeziehung als Vertrauensverhältnis

Die Geschäftsbeziehung zwischen dem Kunden und der Sparkasse ist durch die Besonderheiten des Bankgeschäfts und ein besonderes Vertrauensverhältnis geprägt. Der Kunde kann sich darauf verlassen, daß die Sparkasse seine Aufträge mit der Sorgfalt eines ordentlichen Kaufmanns ausführt und das Bankgeheimnis wahrt.

(2) Allgemeine und besondere Geschäftsbedingungen

Für die Geschäftsbeziehungen gelten ergänzend zu den einzelvertraglichen Vereinbarungen diese Allgemeinen Geschäftsbedingungen (AGB). Für einzelne Geschäftszweige gelten ergänzend Sonderbedingungen, z.B. für den Überweisungsverkehr, den Scheckverkehr, den Lastschriftverkehr, für den ec-Service, für den Sparverkehr, für Anderkonten, für die Annahme von Verwahrstücken und für die Vermietung von Schrankfächern, für das Wertpapiergeschäft, für das Auslandsgeschäft in Wertpapieren. Diese Geschäftsbedingungen stehen in den Geschäftsräumen zur Einsicht zur Verfügung und werden auf Wunsch ausgehändigt.

2. Änderungen der Geschäftsbedingungen

(1) Art und Weise des Hinweises

Die Sparkasse wird den Kunden auf eine Änderung der Allgemeinen Geschäftsbedingungen oder der Sonderbedingungen oder die Einführung zusätzlicher Bedingungen unmittelbar oder, wenn ein solcher Hinweis nur unter unverhältnismäßigen Schwierigkeiten möglich ist, durch deutlich sichtbaren Aushang oder Auslegung in den Geschäftsräumen der Sparkasse hinweisen. Soweit ein Änderung der Allgemeinen Geschäftsbedingungen durch Aushang/Auslegung bekanntgemacht wird, weist die Sparkasse hierauf außerdem in einer Tageszeitung am Ort ihres Sitzes hin.

(2) Genehmigung der Änderung

Ist der Hinweis erfolgt, so gilt die Änderung als genehmigt, wenn der Kunde ihr nicht binnen eines Monats schriftlich widerspricht. Die Sparkasse wird dann die geänderte Fassung der Allgemeinen Geschäftsbedingungen bzw. die geänderten Sonderbedingungen der weiteren Geschäftsbeziehung zugrunde legen. Die Sparkasse wird den Kunden bei der Bekanntgabe der Änderung auf diese Folgen besonders hinweisen. Die Frist ist gewahrt, wenn der Widerspruch innerhalb eines Monats nach Bekanntgabe abgesandt worden ist.

3. Bankauskünfte

(1) Voraussetzung für die Auskunftserteilung

Die Sparkasse steht dem Kunden im Rahmen der Geschäftsbeziehung für Bankauskünfte nach bestem Wissen zur Verfügung. Bankauskünfte sind allgemein gehaltene Feststellungen und Bemerkungen über die wirtschaftlichen Verhältnisse anderer Kunden, deren Kreditwürdigkeit und Zahlungsfähigkeit; betragsmäßige Angaben über Kontostände, Sparguthaben, Depot- oder sonstige dem Kreditinstitut anvertraute Vermögenswerte sowie Kreditinanspruchnahmen werden nicht gemacht. Bankauskünfte erhalten nur eigene Kunden sowie andere Kreditinstitute für deren eigene Zwecke und die ihrer Kunden; sie werden nur erteilt, wenn der Anfragende ein berechtigtes Interesse an der gewünschten Auskunft glaubhaft darlegt.

(2) Berechtigung der Sparkasse zur Auskunftserteilung

Die Sparkasse darf Bankauskünfte über juristische Personen und im Handelsregister eingetragene Kaufleute erteilen, sofern ihr keine anderslautende Weisung des Kunden vorliegt. Bankauskünfte über andere Kunden darf die Sparkasse nur erteilen, wenn diese allgemein oder im Einzelfall ausdrücklich zugestimmt haben.

(3) Schriftliche Bestätigung

Bei mündlichen Auskünften über Kreditwürdigkeit und Zahlungsfähigkeit behält sich die Sparkasse eine unverzügliche schriftliche Bestätigung vor, deren Inhalt von diesem Zeitpunkt an maßgeblich ist.

4. Vertretungs- und Verfügungsbefugnisse

(1) Bekanntgabe

Der Sparkasse bekanntgegebene Vertretungs- oder Verfügungsbefugnisse gelten, bis ihr eine schriftliche Mitteilung über das Erlöschen oder eine Änderung zugeht, es sei denn, diese Umstände sind der Sparkasse bekannt oder infolge Fahrlässigkeit nicht bekannt. Dies gilt auch, wenn die Befugnisse in einem öffentlichen Register eingetragen sind und eine Änderung veröffentlicht ist.

(2) Mangel in der Geschäftsfähigkeit des Vertreters

Der Kunde trägt den Schaden, der daraus entstehen sollte, daß die Sparkasse von einem eintretenden Mangel in der Geschäftsfähigkeit seines Vertreters unverschuldet keine Kenntnis erlangt.

5. Legitimationsurkunden

(1) Erbnachweise

Nach dem Tode des Kunden kann die Sparkasse zur Klärung der rechtsgeschäftlichen Berechtigung die Vorlegung eines Erbscheins, eines Testamentsvollstreckerzeugnisses oder ähnlicher gerichtlicher Zeugnisse verlangen; fremdsprachige Urkunden sind auf Verlangen der Sparkasse mit deutscher Übersetzung vorzulegen. Die Sparkasse kann auf die Vorlegung eines Erbscheins oder eines Testamentsvollstreckerzeugnisses verzichten, wenn ihr eine Ausfertigung oder eine beglaubigte Abschrift vom Testament oder Erbvertrag des Kunden sowie der Niederschrift über die zugehörige Eröffnungsverhandlung vorgelegt wird.

(2) Leistungsbefugnis der Sparkasse

Die Sparkasse ist berechtigt, auch die in Urkunden nach Absatz 1 Satz 1 als Erbe oder Testamentsvollstrecker bezeichneten Personen als Berechtigte anzusehen, insbesondere sie verfügen zu lassen und mit befreiender Wirkung an sie zu leisten. Dies gilt nicht, wenn der Sparkasse die Unrichtigkeit oder Unwirksamkeit dieser Urkunden bekannt oder infolge Fahrlässigkeit nicht bekannt geworden ist.

(3) Sonstige ausländische Urkunden

Werden der Sparkasse ausländische Urkunden als Ausweis der Person oder zum Nachweis einer Berechtigung vorgelegt, so wird sie prüfen, ob die Urkunden zum Nachweis geeignet sind. Sie haftet jedoch für deren Eignung, Wirksamkeit und Vollständigkeit sowie für deren richtige Übersetzung und Auslegung nur bei Fahrlässigkeit oder wenn die Urkunde insgesamt gefälscht ist.

Im vorstehenden Rahmen kann die Sparkasse die in den Urkunden als Berechtigte bezeichneten Personen als berechtigt ansehen, insbesondere sie verfügen lassen und mit befreiender Wirkung an sie leisten.

6. Rechtswahl, Gerichtsstand, Erfüllungsort

(1) Deutsches Recht

Auf die Geschäftsbeziehungen findet vorbehaltlich der in Artikel 29 des Einführungsgesetzes zum Bürgerlichen Gesetzbuch (EGBGB) geregelten Ausnahmen deutsches Recht Anwendung.

(2) Erfüllungsort

Erfüllungsort für die Sparkasse und den Kunden ist der Sitz der Sparkasse.

(3) Gerichtsstand

Ist der Kunde ein Kaufmann, der nicht zu den im § 4 des Handelsgesetzbuches bezeichneten Gewebetreibenden gehört, eine juristische Person des öffentlichen Rechts oder ein öffentlich-rechtliches Sondervermögen kann die Sparkasse an ihrem allgemeinen Gerichtsstand klagen
und nur an diesem Gerichtsstand verklagt werden.

7. Schutz der Einlagen

Die Sparkasse ist dem Einlagensicherungssystem der Sparkassenorgani-
sation angeschlossen. Außerdem haftet für alle Verbindlichkeiten der
Sparkasse ihr Gewährträger unbeschränkt[1].

Kontokorrentkonten und andere Geschäfte

8. Kontokorrent, Rechnungsabschlüsse

(1) Kontokorrent-Vereinbarung

Die Sparkasse führt Geschäfts- und Privatgirokonten (insbesondere Konten zur Abwicklung des laufenden Geschäfts- und Zahlungsverkehrs) als
Kontokorrent i.S. des § 355 des Handelsgesetzbuches (Konten in laufen-
der Rechnung).

(2) Rechnungsabschluß

Die Sparkasse erstellt Rechnungsabschlüsse nach den festgesetzten Zeit-
abschnitten. Soweit nichts anderes vereinbart ist, gelten – auch im Geschäftskundenbereich – die jeweils im Preisaushang aufgeführten Rech-
nungsabschlußperioden.

---

1 Satz 2 entfällt bei Sparkassen ohne Gewährträger

(3) Einwendungen gegen den Rechnungsabschluß

Einwendungen gegen Rechnungsabschlüsse müssen der Sparkasse schriftlich zugehen. Unbeschadet der Verpflichtung, Einwendungen gegen Rechnungsabschlüsse unverzüglich zu erheben (Nr. 21 Absatz 1 Buchst. g), gelten diese als genehmigt, wenn ihnen nicht innerhalb von vier Wochen nach Zugang des Rechnungsabschlusses widersprochen wird. Zur Wahrung der Frist genügt die rechtzeitige Absendung. Die Sparkasse wird den Kunden bei Fristbeginn auf diese Folgen hinweisen. Stellt sich nachträglich die Unrichtigkeit heraus, so können sowohl der Kunde als auch die Sparkasse eine Richtigstellung aufgrund gesetzlicher Ansprüche verlangen.

9. Korrektur fehlerhafter Gutschriften

(1) Stornobuchung

Gutschriften, die ohne einen verpflichtenden Auftrag gebucht werden (z.B. wegen Irrtums, Schreibfehlers, Widerrufs), darf die Sparkasse bis zum nächsten Rechnungsabschluß durch einfache Buchung rückgängig machen (Stornobuchung), soweit ihr ein Rückforderungsanspruch zusteht.

(2) Korrekturbuchung nach Rechnungsabschluß

Den Rückforderungsanspruch nach Absatz 1 kann die Sparkasse auch noch nach Rechnungsabschluß durch Korrekturbuchung geltend machen, wenn sie die fehlerhafte Gutschrift nicht mehr rechtzeitig vor diesem Zeitpunkt festgestellt hat. Bei Widerspruch des Kunden wird die Sparkasse die Korrekturbuchung rückgängig und ihren Anspruch anderweitig geltend machen.

(3) Kennzeichnung

Storno- und Korrekturbuchungen werden im Kontoauszug gekennzeichnet.

10. Gutschrift und Einlösung von Einzugspapieren

(1) Gutschriften-Eingang vorbehalten

Schreibt die Sparkasse den Gegenwert von Einzugspapieren (z.B. Scheck, Lastschrift, Inkassowechsel) schon vor ihrer Einlösung gut, so geschieht dies unter dem Vorbehalt der Einlösung und des Einganges des Gegenwertes (E.v.-Gutschrift). Das gilt auch dann, wenn das Papier bei der Sparkasse selbst zahlbar ist. Jede unter diesem Vorbehalt – „E.v." – erfolgende Gutschrift wird erst mit dem Eingang des Gegenwertes endgültig. Wird das Einzugspapier nicht eingelöst oder geht der Sparkasse der Gegenwert nicht zu, so macht sie die Gutschrift gemäß Nr. 24 dieser AGB rückgängig (Stornobuchung), und zwar auch nach einem zwischenzeitlich erfolgten Rechnungsabschluß.

(2) Einlösung

Einzugspapiere sind erst eingelöst, wenn die Belastungsbuchung nicht bis zum Ablauf des übernächsten Bankarbeitstages rückgängig gemacht wird. Diese Papiere sind auch eingelöst, wenn die Sparkasse ihren Einlösungswillen schon vorher Dritten gegenüber erkennbar bekundet hat (z.B. durch Bezahltmeldung). Über die Landeszentralbank eingezogene Papiere sind eingelöst, wenn sie nach deren Allgemeinen Geschäftsbedingungen nicht mehr zurückgegeben werden können. Barschecks sind mit Zahlung an den Scheckvorleger eingelöst.

11. Auftragsbestätigung vor Ausführung

Bei telefonischen, telegrafischen, drahtlosen, fernschriftlichen oder auf entsprechenden anderen technischen Wegen erteilten Aufträgen sowie bei nicht unterschriebenen Aufträgen behält sich die Sparkasse die unverzügliche Einholung einer Bestätigung vor Auftragsausführung vor.

12. Aufrechnung und Verrechnung

(1) Aufrechnung durch den Kunden

Der Kunde darf Forderungen gegen die Sparkasse nur insoweit aufrechnen, als seine Forderungen unbestritten oder rechtskräftig festgestellt sind.

(2) Verrechnung durch die Sparkasse

Die Sparkasse darf bestimmen, auf welche von mehreren fälligen Forderungen Zahlungseingänge, die zur Begleichung sämtlicher Forderungen nicht ausreichen, zu verrechnen sind. Dies gilt nicht, soweit der Kunde anderes bestimmt hat oder eine andere Verrechnung gesetzlich zwingend vorgeschrieben ist.

13. Guthaben in ausländischer Währung

Die Inhaber von Guthaben in ausländischer Währung tragen anteilig bis zur Höhe ihres Guthabens alle wirtschaftlichen und rechtlichen Nachteile und Schäden, die das im In- und Ausland unterhaltene Gesamtguthaben der Sparkasse in der entsprechenden Währung durch Maßnahmen oder Ereignisse im Land der Währung trifft, z.B. als mittelbare oder unmittelbare Folge von höherer Gewalt, Krieg, Aufruhr oder ähnlichen Ereignissen oder durch von der Sparkasse nicht zu vertretende Zugriffe Dritter oder im Zusammenhang mit Verfügungen von hoher Hand des In- oder Auslandes.

14. Geldeingang in ausländischer Währung

Geldbeträge in ausländischer Währung darf die Sparkasse mangels ausdrücklicher gegenteiliger Weisung des Kunden in Deutscher Mark gutschreiben, sofern sie nicht für den Kunden ein Konto in der betreffenden Währung führt. Die Abrechnung erfolgt zum amtlichen Geldkurs – bei Fehlen eines solchen zum Marktkurs – des Tages, an dem der Geldbetrag in ausländischer Währung zur Verfügung der Sparkasse steht und von dieser verwertet werden kann.

15. Kredit in ausländischer Währung

Kredite in ausländischer Währung sind in der Währung zurückzuzahlen, in der sie gegeben worden sind. Die Sparkasse ist jedoch berechtigt, den Kredit jederzeit auf inländische Währung umzustellen, wenn dessen ordnungsgemäße Abwicklung aus von der Sparkasse nicht zu vertretenden Gründen nicht gewährleistet erscheint.

16. Einlagengeschäft

Mangels abweichender Vereinbarungen sind Einlagen ohne Kündigung fällig (täglich fällige Gelder). Einlagen werden mit dem jeweiligen, von der Sparkasse für Einlagen dieser Art festgesetzten und durch Aushang bekanntgemachten Zinssatz verzinst, soweit nichts Abweichendes vereinbart ist. Für die Zinsberechnung wird jeder Monat zu 30 Tagen gerechnet.

17. Akkreditiv und Kreditbrief

Zahlungen aufgrund eines Akkreditivs, Kreditbriefs oder sonstigen Ersuchens darf die Sparkasse an denjenigen Begünstigten leisten, den sie nach sorgfältiger Prüfung seines Ausweises als empfangsberechtigt ansieht. Für Dokumentenakkreditive gelten, sofern nicht abweichende Weisungen aus dem Akkreditiv ersichtlich sind, neben etwaigen Sonderbedingungen die von der Internationalen Handelskammer aufgestellten „Einheitlichen Richtlinien und Gebräuche für Dokumentenakkreditive".

Entgelte einschließlich Überziehungen

18. Entgelte, Kosten, Auslagen

(1) Entgelt-Berechtigung

Die Sparkasse ist berechtigt, für ihre Leistungen Entgelte, insbesondere Zinsen, Gebühren und Provisionen vom Kunden zu verlangen. Dies gilt auch für Leistungen, die zusätzlich zu einer üblichen Grundleistung im Auftrag oder nach den Grundsätzen der Geschäftsführung ohne Auftrag im Interesse des Kunden erbracht oder im Zusammenhang mit der Geschäftsverbindung mit ihm erforderlich werden (z.B. bei der Verwaltung von Sicherheiten). Gleiches gilt für Maßnahmen und Leistungen der Sparkasse, die auf Zwangsmaßnahmen Dritter gegen den Kunden beruhen.

(2) Festsetzung und Ausweis der Entgelte

Soweit nichts anderes vereinbart ist, werden die Entgelte im Privat- und Geschäftskundenbereich von der Sparkasse unter Berücksichtigung der Marktlage (z.B. Veränderung des allgemeinen Zinsniveaus) und des Aufwandes nach gemäß § 315 des Bürgerlichen Gesetzbuches nachprüfbarem billigem Ermessen festgelegt und geändert. Für typische, regelmäßig vorkommende Bankleistungen im Privatkundengeschäft gelten die im Preisaushang, ergänzend im Preisverzeichnis ausgewiesenen Entgelte, und zwar die der jeweils geltenden Fassung. Für dort nicht aufgeführte Leistungen, die nach den Umständen nur gegen eine Vergütung zu erwarten sind, werden angemessene Entgelte gemäß Satz 1 berechnet. Der Kunde kann die Vorlage einer Abrechnung verlangen.

Werden Zinsen oder sonstige wesentliche Entgelte erhöht, kann der Kunde die davon betroffene Geschäftsbeziehung innerhalb eines Monats seit Bekanntgabe mit sofortiger Wirkung kündigen. Im Falle der Kündigung wird die Erhöhung nicht wirksam. Eine Kreditkündigung des Kunden gilt jedoch als nicht erfolgt, wenn er den geschuldeten Betrag nicht binnen zweier Wochen nach Wirksamwerden der Kündigung zurückzahlt.

(3) Kosten und Auslagen

Dem Kunden können alle im Zusammenhang mit der Geschäftsverbindung entstehenden Kosten und Auslagen in Rechnung gestellt werden, die die Sparkasse für erforderlich halten durfte und die über die allgemeinen Geschäftskosten hinausgehen (z.B. für Versicherungen, Steuern, Briefporto, Ferngespräche, Telegramme und Fernschreiben). Dies gilt auch für die Bestellung, Verwaltung und Verwertung oder Freigabe von Sicherheiten (z.B. Lagergelder, Kosten der Beaufsichtigung und Instandhaltung, Versicherungsprämien, Provisionen, Rechtsanwalts- und Prozeßkosten).

19. Überziehungszinsen

Für Inanspruchnahmen des Kontos, die nicht durch ein Guthaben oder einen eingeräumten Kreditrahmen gedeckt sind (geduldete Kontoüberziehungen), sind die im Preisaushang hierfür ausgewiesenen Überziehungszinsen zu zahlen. Dies gilt auch für Geschäftskunden.

Pflichten und Haftung von Sparkasse und Kunde

20. Haftung der Sparkasse

(1) Haftung für Verschulden

Die Sparkasse haftet für eigenes Verschulden sowie das Verschulden von Personen, derer sie sich zur Erfüllung ihrer Verpflichtungen gegenüber dem Kunden bedient, soweit nicht in den folgenden Absätzen, in Sonderbedingungen oder einzelvertraglich Haftungsbeschränkungen vereinbart sind. Haftet die Sparkasse und ist ein Schaden nicht ausschließlich von der Sparkasse verursacht oder verschuldet, so richtet sich die Verpflichtung zum Schadensersatz nach den Grundsätzen des Mitverschuldens, § 254 Bürgerliches Gesetzbuch.

(2) Haftung für Dritte

Die Sparkasse darf Aufträge bei Fehlen einer gegenteiligen Weisung ganz oder teilweise auf Dritte zur selbständigen Erledigung übertragen, soweit dies unter Berücksichtigung der Art des Auftrages und der Interessen von Sparkasse und Kunde erforderlich erscheint. In diesen Fällen beschränkt sich die Verpflichtung und Haftung der Sparkasse auf die Weiterleitung des Auftrags einschließlich sorgfältiger Auswahl und Unterweisung des Dritten.

(3) Haftung bei höherer Gewalt

Die Sparkasse haftet nicht für Schäden, die durch Störung ihres Betriebs (z.B. Bombendrohung, Banküberfall), insbesondere infolge von höherer Gewalt (z.B. von Kriegs- und Naturereignissen), sowie infolge von sonstigen von ihr nicht zu vertretenden Vorkommnissen (z.B. Streik, Aussperrung, Verkehrsstörung) verursacht sind oder die durch Verfügungen von hoher Hand des In- und Auslands eintreten.

(4) Haftungseinschränkung bei Vorlage von Urkunden

Hat die Sparkasse Urkunden (z.B. Dokumente), die sie im Auftrag des Kunden entgegennimmt oder ausliefert, auf Echtheit, Gültigkeit oder Vollständigkeit zu prüfen oder zu übersetzen, so haftet sie nur für grobes Verschulden, es sei denn, die Prüfungs- oder Übersetzungspflicht ist im Einzelfall eine vertragswesentliche Pflicht von besonderer Bedeutung.

21. Mitwirkungs- und Sorgfaltspflichten des Kunden

(1) Grundsatz

Die Sparkasse führt die Aufträge des Kunden mit der Sorgfalt eines ordentlichen Kaufmanns aus. Für den Kunden bestehen seinerseits besondere Mitwirkungs- und sonstige Sorgfaltspflichten, insbesondere folgende Pflichten:

a) Mitteilung wesentlicher Angaben und Änderungen
Der Sparkasse sind unverzüglich anzuzeigen alle für die Geschäftsverbindung wesentlichen Tatsachen, insbesondere Änderungen des Namens, der Anschrift, der Personenstandes, der Verfügungs- oder Verpflichtungsfähigkeit des Kunden (z.B. Eheschließung, Änderung des ehelichen Güterstandes) oder der für ihn zeichnungsberechtigten Personen (z.B. nachträglich eingetretene Geschäftsunfähigkeit eines Vertreters oder Bevollmächtigten) sowie Änderungen der der Sparkasse bekanntgegebenen Vertretungs- oder Verfügungsbefugnisse (z.B. Vollmachten, Prokura). Die Anzeigepflicht besteht auch dann, wenn die Tatsachen in öffentlichen Registern eingetragen und veröffentlicht werden. Die Namen der für den Kunden vertretungs- oder verfügungsbefugten Personen sind der Sparkasse mit eigenhändigen Unterschriftsproben auf den Vordrucken der Sparkasse bekanntzugeben.

b) Eindeutige Angaben bei Aufträgen und Weisungen

Aufträge und Weisungen jeder Art müssen den Inhalt des Geschäfts zweifelsfrei erkennen lassen. Abänderungen und Bestätigungen müssen als solche gekennzeichnet sein. Bei Zahlungs- und Überweisungsaufträgen hat der Kunde insbesondere auf richtige, vollständige, unmißverständliche und leserliche Angaben des Zahlungsempfängers und der Kontonummer sowie der Bankleitzahl zu achten.

c) Sorgfalt bei besonderer Auftrags-Übermittlung

Bei telefonischen, telegrafischen, drahtlosen oder auf entsprechenden anderen technischen Wegen erteilten Aufträgen oder Weisungen hat der Kunde dafür zu sorgen, daß sich keine Übermittlungsfehler, Mißverständnisse, Mißbräuche und Irrtümer ergeben.

d) Verwendung von Vordrucken

Für bestimmte Geschäfte, insbesondere im Scheck- und Lastschriftenverkehr, bei Barabhebungen, Überweisungen, sind die von der Sparkasse zugelassenen Vordrucke zu verwenden.

e) Ausdrücklicher Hinweis bei besonderer Weisung

Besondere Weisungen für die Ausführung von Aufträgen hat der Kunde der Sparkasse gesondert mitzuteilen, bei formularmäßig erteilten Aufträgen außerhalb des Formulars. Dies gilt insbesondere, wenn Zahlungen auf bestimmte Forderungen der Sparkasse verrechnet werden sollen.

f) Hinweis auf Fristen und Termine

Der Kunde hat entsprechend Buchst. e) besonders darauf hinzuweisen, wenn Aufträge innerhalb bestimmter Fristen oder zu bestimmten Terminen ausgeführt sein sollen oder wenn bei nicht ordnungsgemäßer, insbesondere nicht fristgemäßer Ausführung von Aufträgen außergewöhnliche Schäden drohen. Auf die Hinweispflicht bei knappen Scheckvorlegungsfristen nach Nr. 24 wird verwiesen.

g) Unverzügliche Reklamation

Einwendungen gegen Rechnungsabschlüsse, Kontoauszüge, Wertpapieraufstellungen oder sonstige Mitteilungen der Sparkasse sowie Einwendungen gegen die Ordnungsmäßigkeit von der Sparkasse gelieferter Wertpapiere oder sonstiger Werte müssen unverzüglich erhoben werden. Falls Rechnungsabschlüsse oder Depotaufstellungen dem Kunden nicht zugehen, muß er die Sparkasse unverzüglich benachrichtigen. Die Benachrichtigungspflicht besteht auch bei Ausbleiben anderer Anzeigen, Mitteilungen oder Sendungen, deren Eingang der Kunde erwarten oder mit deren Eingang er rechnen muß.

h) Kontrolle von Bestätigungen der Sparkasse

Soweit Bestätigungen der Sparkasse von Aufträgen oder Weisungen des Kunden abweichen, hat er dies unverzüglich zu beanstanden.

(2) Haftung bei Pflichtverletzung

Schäden und Nachteile aus einer schuldhaften Verletzung von Mitwirkungs- und sonstigen Sorgfaltspflichten gehen zu Lasten des Kunden. Bei schuldhafter Mitverursachung des Schadens durch die Sparkasse richtet sich die Haftung nach den Grundsätzen des Mitverschuldens, § 254 Bürgerliches Gesetzbuch.

AGB-Pfandrecht, Nachsicherung, Sicherheitenfreigabe

22. Pfandrecht, Sicherungsabtretung

(1) Umfang

Der Kunde räumt hiermit der Sparkasse ein Pfandrecht ein an Werten jeder Art, die im bankmäßigen Geschäftsverkehr durch den Kunden oder durch Dritte für seine Rechnung in ihren Besitz oder ihre sonstige Verfügungsmacht gelangen. Zu den erfaßten Werten zählen sämtliche Sachen und Rechte jeder Art (Beispiele: Waren, Devisen, Wertpapiere einschließlich Zins-, Renten- und Gewinnanteilscheine, Sammeldepotanteile, Bezugsrechte, Schecks, Wechsel, Konnossemente, Lager- und Ladescheine). Erfaßt werden auch Ansprüche des Kunden gegen die Sparkasse (z.B. aus Guthaben).

Forderungen des Kunden gegen Dritte sind an die Sparkasse abgetreten, wenn über die Forderungen ausgestellte Urkunden im bankmäßigen Geschäftsverkehr in die Verfügungsmacht der Sparkasse gelangen.

(2) Ausnahmen

Gelangen Gelder oder andere Werte mit der ausdrücklichen Zweckbestimmung für eine bestimmte Verwendung in die Verfügungsmacht der Sparkasse (z.B. Bareinzahlung zur Einlösung eines Schecks, Wechsels oder Ausführung einer bestimmten Überweisung), so erstreckt sich das

Pfandrecht der Sparkasse nicht auf diese Werte. Im Ausland verwahrte Wertpapiere unterliegen – vorbehaltlich anderweitiger Vereinbarung – nicht dem Pfandrecht. Dasselbe gilt für die von der Sparkasse selbst ausgegebenen Genußrechte/Genußscheine und für Ansprüche des Kunden aus nachrangigem Haftkapital (z.B. nachrangig haftende Inhaberschuldverschreibung).

(3) Gesicherte Ansprüche

Das Pfandrecht sichert alle bestehenden und künftigen, auch bedingten oder befristeten, auch gesetzlichen Ansprüche der Sparkasse gegen den Kunden, die sie im Zusammenhang mit der Geschäftsverbindung erwirbt. Das Pfandrecht sichert auch Ansprüche der Sparkasse gegen Dritte, für deren Verbindlichkeiten der Kunde persönlich haftet. Ansprüche gegen Kunden aus übernommenen Bürgschaften werden erst ab deren Fälligkeit gesichert.

(4) Geltendmachung des Pfandrechts

Die Sparkasse darf die dem AGB-Pfandrecht unterliegenden Werte nur bei einem berechtigten Sicherungsinteresse zurückhalten. Ein solches besteht insbesondere unter den Voraussetzungen des Nachsicherungsrechts gemäß Nr. 23.

(5) Verwertung

Die Sparkasse ist zur Verwertung dieser Werte berechtigt, wenn der Kunde seinen Verbindlichkeiten bei Fälligkeit und trotz Mahnung mit angemessener Nachfrist und einer Androhung der Verwendung entsprechend § 1234 I BGB nicht nachkommt. Unter mehreren Sicherheiten hat die Sparkasse die Wahl. Bei der Verwertung wird die Sparkasse auf die berechtigten Belange des Kunden tunlichst Rücksicht nehmen. Die Sparkasse hat das Recht, Verwertungserlöse, die nicht zur Befriedigung sämtlicher Forderungen ausreichen, nach ihrem billigen Ermessen zu verrechnen. Die Sparkasse wird dem Kunden erteilte Gutschriften über Verwertungserlöse so gestalten, daß sie als Rechnungen im Sinne des Umsatzsteuerrechts anzusehen sind.

23. Nachsicherung und Freigabe

(1) Nachsicherungsrecht

Die Sparkasse kann vom Kunden die Bestellung oder Verstärkung von Sicherheiten für seine Kreditverbindlichkeiten verlangen, wenn sich aufgrund nachträglich eingetretener oder bekannt gewordener Umstände, z.B. aufgrund einer Verschlechterung oder drohenden Verschlechterung der wirtschaftlichen Verhältnisse des Kunden, eines Mithaftenden oder Bürgen oder des Werts bestehender Sicherheiten, eine Veränderung der Risikolage ergibt.

(2) Freigabe-Verpflichtung

Die Sparkasse ist auf Verlangen zur Freigabe von Sicherheiten nach ihrer Wahl verpflichtet, soweit der realisierbare Wert oder der in Sicherungsverträgen im einzelnen konkretisierte Wert aller Sicherheiten den Gesamtbetrag aller Forderungen der Sparkasse nicht nur vorübergehend um mehr als 20% übersteigt.

Einzugspapiere

24. Inkasso von Einzugspapieren

(1) Inkasso-Vereinbarung

Schecks, Wechsel und Lastschriften werden von der Sparkasse nur zum Einzug (Inkasso) hereingenommen, soweit nichts anderes vereinbart ist.

(2) Rückbelastung

Hat die Sparkasse den Gegenwert von Einzugspapieren schon vor Eingang gutgeschrieben, so kann sie den Gegenwert bei Nichteinlösung der Papiere rückbelasten, und zwar auch nach einem zwischenzeitlichen Rechnungsabschluß. Das gleiche gilt, wenn
- ihr der Gegenwert nicht zugeht oder
- die freie Verfügung über den Gegenwert durch Gesetz oder behördliche Maßnahmen beschränkt ist oder

– die Papiere infolge unüberwindllicher Hindernisse nicht oder nicht rechtzeitig vorgelegt werden können oder
– der Einzug mit im Zeitpunkt der Hereinnahme nicht bekannten unverhältnismäßigen Schwierigkeiten verbunden ist oder
– in dem Land, in dem die Papiere einzulösen sind, ein Moratorium ergangen ist.

Unter den gleichen Voraussetzungen kann die Sparkasse Einzugspapiere auch schon vor Fälligkeit zurückgeben.

Die Rückbelastung ist auch zulässig, wenn die Papiere nicht zurückgegeben werden können. Ist dies von der Sparkasse zu vertreten, so trägt sie einen sich hieraus ergebenden Schaden des Kunden.

25. Vorlegungsfrist, Eilmittel

Wenn Schecks, die am Bankplatz der Sparkasse zahlbar sind, nicht spätestens am dritten Geschäftstag, Schecks auf auswärtige Bankplätze nicht spätestens am vierten Geschäftstag vor Ablauf der Vorlegungsfrist (Art. 29 ScheckGesetz) eingereicht werden bzw. bei Übersendung nicht innerhalb dieser Fristen vor Geschäftsabschluß bei der Sparkasse eingehen, so hat der Kunde auf den Ablauf der Vorlegungsfrist und die eventuelle Anwendung von Eilmitteln gesondert hinzuweisen.

26. Sicherungsrecht an Einzugspapieren

(1) Sicherungseigentum

Mit der Einreichung von Schecks und Wechseln zum Einzug überträgt der Kunde der Sparkasse das Sicherungseigentum an den Papieren für den Fall, daß das Einzugspapier nicht eingelöst wird und der Sparkasse aufgrund von Vorausverfügungen des Kunden im Hinblick auf das Einzugsgeschäft Ansprüche gegen den Kunden zustehen, und zwar bis zum Ausgleich dieser Ansprüche. Mit dem Erwerb des Sicherungseigentums gehen auch die zugrundeliegenden Forderungen auf die Sparkasse über.

(2) Sicherungsabtretung

Werden andere Papiere zum Einzug eingereicht (z.B. Lastschriften, kaufmännische Handelspapiere), so gehen die zugrundeliegenden Forderungen unter den Voraussetzungen des Absatz 1 auf die Sparkasse über.

Auflösung der Geschäftsbeziehung

27. Kündigungsrecht

(1) Ordentliche Kündigung

Sowohl der Kunde als auch die Sparkasse können die gesamte Geschäftsverbindung oder einzelne Geschäftsbeziehungen jederzeit ohne Einhaltung einer Kündigungsfrist kündigen, soweit keine abweichenden Vorschriften oder anderweitigen Vereinbarungen dem entgegenstehen. Kündigt die Sparkasse, so wird sie den berechtigten Belangen des Kunden angemessen Rechnung tragen, insbesondere nicht zur Unzeit kündigen.

(2) Kündigung aus wichtigem Grund

Ungeachtet anderweitiger Vereinbarungen können sowohl der Kunde als auch die Sparkasse die gesamte Geschäftsverbindung oder einzelne Geschäftsbeziehungen jederzeit fristlos kündigen, wenn ein wichtiger Grund vorliegt, aufgrund dessen dem Kündigenden die Fortsetzung der Geschäftsverbindung nicht zugemutet werden kann. Dabei sind die berechtigten Belange des anderen Vertragspartners zu berücksichtigen.

Für die Sparkasse ist ein solcher Kündigungsgrund insbesondere gegeben, wenn aufgrund der nachfolgend beispielhaft aufgeführten Umstände die Einhaltung der Zahlungsverpflichtungen des Kunden oder die Durchsetzbarkeit der Ansprüche der Sparkasse gefährdet wird:

a) wenn eine wesentliche Verschlechterung oder eine erhebliche Gefährdung der Vermögensverhältnisse des Kunden eintritt, insbesondere wenn der Kunde die Zahlungen einstellt oder erklärt, sie einstellen zu wollen, oder wenn von dem Kunden angenommene Wechsel zu Protest gehen;

b) wenn der Kunde seiner Verpflichtung zur Stellung oder zur Verstärkung von Sicherheiten (Nr. 23 Absatz 1) nach Aufforderung durch die Sparkasse nicht innerhalb angemessener Frist nachkommt;

c) wenn der Kunde unrichtige Angaben über seine Vermögensverhältnisse gemacht hat;

d) wenn gegen den Kunden eine Zwangsvollstreckung eingeleitet wird;

e) wenn sich die Vermögensverhältnisse eines Mitverpflichteten oder des persönlich haftenden Gesellschafters wesentlich verschlechtert haben oder erheblich gefährdet sind, sowie bei Tod oder Wechsel des persönlich haftenden Gesellschafters.

(3) Rechtsfolgen bei Kündigung

Mit der Auflösung der gesamten Geschäftsverbindung oder einzelner Geschäftsbeziehungen werden die auf den betroffenen Konten geschuldeten Beträge sofort fällig. Der Kunde ist außerdem verpflichtet, die Sparkasse insoweit von allen für ihn oder in seinem Auftrag übernommenen Verpflichtungen zu befreien.

Die Sparkasse ist berechtigt, die für den Kunden oder in seinem Auftrag übernommenen Verpflichtungen zu kündigen und sonstige Verpflichtungen, insbesondere solche in fremder Währung, mit Wirkung gegen den Kunden auszugleichen sowie hereingenommene Wechsel und Schecks sofort zurückzubelasten; die wechsel- oder scheckrechtlichen Ansprüche gegen den Kunden und jeden aus dem Papier Verpflichteten auf Zahlung des vollen Betrages der Wechsel und Schecks mit Nebenforderungen verbleiben der Sparkasse jedoch bis zur Abdeckung eines etwaigen Schuldsaldos.

Auch nach Kündigung der gesamten Geschäftsverbindung oder einzelner Geschäftsbeziehungen gelten für die Abwicklung und in dem Abwicklungsverhältnis entsprechenden Umfange die Allgemeinen Geschäftsbedingungen weiter.

3. Allgemeine Geschäftsbedingungen der Volksbanken und Raiffeisenbanken

(Fassung Januar 1993)

Die Bank ist der Sicherungseinrichtung des Bundesverbandes der Deutschen Volksbanken und Raiffeisenbanken e.V. angeschlossen.

Grundregeln für die Beziehung zwischen Kunde und Bank

1. Geltungsbereich und Änderungen dieser Geschäftsbedingungen und der Sonderbedingungen für einzelne Geschäftsbeziehungen

(1) Geltungsbereich

Die Allgemeinen Geschäftsbedingungen gelten für die gesamte Geschäftsverbindung zwischen dem Kunden und den inländischen Geschäftsstellen der Bank (im folgenden Bank genannt). Daneben gelten für einzelne Geschäftsbeziehungen (zum Beispiel für das Wertpapiergeschäft, für den ec-Service, für den Scheckverkehr, für den Sparverkehr) Sonderbedingungen, die Abweichungen oder Ergänzungen zu diesen Allgemeinen Geschäftsbedingungen enthalten; sie werden bei der Kontoeröffnung oder bei Erteilung eines Auftrages mit dem Kunden vereinbart. Unterhält der Kunde auch Geschäftsverbindungen zu ausländischen Geschäftsstellen, sichert das Pfandrecht der Bank (Nr. 14 dieser Geschäftsbedingungen) auch die Ansprüche dieser ausländischen Geschäftsstellen.

(2) Änderungen

Änderungen dieser Geschäftsbedingungen und der Sonderbedingungen werden dem Kunden durch schriftlichen Hinweis bekanntgegeben. Sie gelten als genehmigt, wenn der Kunde nicht schriftlich Widerspruch erhebt. Auf diese Folge wird ihn die Bank bei der Bekanntgabe besonders hinweisen. Der Kunde muß den Widerspruch innerhalb eines Monats nach Bekanntgabe der Änderungen an die Bank absenden.

2. Bankgeheimnis und Bankauskunft

(1) Bankgeheimnis

Die Bank ist zur Verschwiegenheit über alle kundenbezogenen Tatsachen und Wertungen verpflichtet, von denen sie Kenntnis erlangt (Bankgeheimnis). Informationen über den Kunden darf die Bank nur weitergeben, wenn gesetzliche Bestimmungen dies gebieten oder die Bank zur Erteilung einer Bankauskunft befugt ist.

(2) Bankauskunft

Eine Bankauskunft enthält allgemein gehaltene Feststellungen und Bemerkungen über die wirtschaftlichen Verhältnisse des Kunden, seine Kreditwürdigkeit und Zahlungsfähigkeit; betragsmäßige Angaben über Kontostände, Sparguthaben, Depot- oder sonstige der Bank anvertraute Vermögenswerte sowie Angaben über die Höhe von Kreditinanspruchnahmen werden nicht gemacht.

(3) Voraussetzungen für die Erteilung einer Bankauskunft

Die Bank ist befugt, über juristische Personen und im Handelsregister eingetragene Kaufleute Bankauskünfte zu erteilen, sofern sich die Anfrage auf ihre geschäftliche Tätigkeit bezieht. Die Bank erteilt jedoch keine Auskünfte, wenn ihr eine anderslautende Weisung des Kunden vorliegt. Bankauskünfte über andere Personen, insbesondere Privatkunden und Vereinigungen, erteilt die Bank nur dann, wenn diese generell oder im Einzelfall ausdrücklich zugestimmt haben. Eine Bankauskunft wird nur erteilt, wenn der Anfragende ein berechtigtes Interesse an der gewünschten Auskunft glaubhaft dargelegt hat und kein Grund zu der Annahme besteht, daß schutzwürdige Belange des Kunden der Auskunftserteilung entgegenstehen.

(4) Empfänger von Bankauskünften

Bankauskünfte erteilt die Bank nur eigenen Kunden sowie anderen Kreditinstituten für deren Zwecke oder die ihrer Kunden.

3. Haftung der Bank; Mitverschulden des Kunden

(1) Haftungsgrundsätze

Die Bank haftet bei der Erfüllung ihrer Verpflichtungen für jedes Verschulden ihrer Mitarbeiter und von Personen, die sie zur Erfüllung ihrer Verpflichtungen hinzuzieht. Soweit die Sonderbedingungen für einzelne Geschäftsbeziehungen oder sonstige Vereinbarungen etwas Abweichendes regeln, gehen diese Regelungen vor. Hat der Kunde durch ein schuldhaftes Verhalten (zum Beispiel durch Verletzung der in Nr. 11 dieser Geschäftsbedingungen aufgeführten Mitwirkungspflichten) zu der Entstehung eines Schadens beigetragen, bestimmt sich nach den Grundsätzen des Mitverschuldens (§ 254 des Bürgerlichen Gesetzbuches), in welchem Umfang Bank und Kunde den Schaden zu tragen haben.

(2) Weitergeleitete Aufträge

Wenn ein Auftrag seinem Inhalt nach typischerweise in der Form ausgeführt wird, daß die Bank einen Dritten mit der weiteren Erledigung betraut, erfüllt die Bank den Auftrag dadurch, daß sie ihn im eigenen Namen an den Dritten weiterleitet (weitergeleiteter Auftrag). Dies betrifft zum Beispiel die Einholung von Bankauskünften bei anderen Kreditinstituten oder die Verwahrung und Verwaltung von Wertpapieren im Ausland. In diesen Fällen beschränkt sich die Haftung der Bank auf die sorgfältige Auswahl und Unterweisung des Dritten.

(3) Störung des Betriebs

Die Bank haftet nicht für Schäden, die durch höhere Gewalt, Aufruhr, Kriegs- und Naturereignisse oder durch sonstige von ihr nicht zu vertretende Vorkommnisse (zum Beispiel Streik, Aussperrung, Verkehrsstörung, Verfügung von hoher Hand im In- oder Ausland) eintreten.

4. Grenzen der Aufrechnungsbefugnis des Kunden

Der Kunde kann gegen Forderungen der Bank nur aufrechnen, wenn seine Forderungen unbestritten oder rechtskräftig festgestellt sind.

5. Verfügungsberechtigung nach dem Tod des Kunden

Nach dem Tod des Kunden kann die Bank zur Klärung der Verfügungsberechtigung die Vorlegung eines Erbscheins, eines Testamentsvollstreckerzeugnisses oder weiterer hierfür notwendiger Unterlagen verlangen; fremdsprachige Urkunden sind auf Verlangen der Bank in deutscher Übersetzung vorzulegen. Die Bank kann auf die Vorlage eines Erbscheins oder eines Testamentsvollstreckerzeugnisses verzichten, wenn ihr eine Ausfertigung oder eine beglaubigte Abschrift der letztwilligen Verfügung (Testament, Erbvertrag) nebst zugehöriger Eröffnungsniederschrift vorgelegt wird. Die Bank darf denjenigen, der darin als Erbe oder Testamentsvollstrecker bezeichnet ist, als Berechtigten ansehen, ihn verfügen lassen und insbesondere mit befreiender Wirkung an ihn leisten. Dies gilt nicht, wenn der Bank bekannt ist, daß der dort Genannte (zum Beispiel nach Anfechtung oder wegen Nichtigkeit des Testaments) nicht verfügungsberechtigt ist, oder wenn ihr dies infolge Fahrlässigkeit nicht bekanntgeworden ist.

6. Maßgebliches Recht und Gerichtsstand bei kaufmännischen und öffentlich-rechtlichen Kunden

(1) Geltung deutschen Rechts

Für die Geschäftsverbindung zwischen dem Kunden und der Bank gilt deutsches Recht.

(2) Gerichtsstand für Inlandskunden

Ist der Kunde ein Kaufmann, der nicht zu den Minderkaufleuten gehört, und ist die streitige Geschäftsbeziehung dem Betriebe seines Handelsgewerbes zuzurechnen, so kann die Bank diesen Kunden an dem für die kontoführende Stelle zuständigen Gericht oder bei einem anderen zuständigen Gericht verklagen; dasselbe gilt für eine juristische Person des öffentlichen Rechts und für öffentlich-rechtliche Sondervermögen. Die Bank selbst kann von diesen Kunden nur an dem für die kontoführende Stelle zuständigen Gericht verklagt werden.

(3) Gerichtsstand für Auslandskunden

Die Gerichtsstandsvereinbarung gilt auch für Kunden, die im Ausland eine vergleichbare gewerbliche Tätigkeit ausüben, sowie für ausländische Institutionen, die mit inländischen juristischen Personen des öffentlichen Rechts oder mit einem inländischen öffentlich-rechtlichen Sondervermögen vergleichbar sind.

Kontoführung

7. Rechnungsabschlüsse bei Kontokorrentkonten (Konten in laufender Rechnung)

(1) Erteilung der Rechnungsabschlüsse

Die Bank erteilt bei einem Kontokorrentkonto, sofern nicht etwas anderes vereinbart ist, jeweils zum Ende eines Kalenderquartals einen Rechnungsabschluß; dabei werden die in diesem Zeitraum entstandenen beiderseitigen Ansprüche (einschließlich der Zinsen und Entgelte der Bank) verrechnet. Die Bank kann auf den Saldo, der sich aus der Verrechnung ergibt, nach Nr. 12 dieser Geschäftsbedingungen oder nach der mit dem Kunden anderweitig getroffenen Vereinbarung Zinsen berechnen.

(2) Frist für Einwendungen, Genehmigung durch Schweigen

Einwendungen wegen Unrichtigkeit oder Unvollständigkeit eines Rechnungsabschlusses hat der Kunde spätestens innerhalb eines Monats nach dessen Zugang zu erheben; macht er seine Einwendungen schriftlich geltend, genügt die Absendung innerhalb der Monatsfrist. Das Unterlassen rechtzeitiger Einwendungen gilt als Genehmigung. Auf diese Folge wird die Bank bei Erteilung des Rechnungsabschlusses besonders hinweisen. Der Kunde kann auch nach Fristablauf eine Berichtigung des Rechnungsabschlusses verlangen, muß dann aber beweisen, daß sein Konto zu Unrecht belastet oder eine ihm zustehende Gutschrift nicht erteilt wurde.

8. Storno- und Berichtigungsbuchungen der Bank

(1) Vor Rechnungsabschluß

Fehlerhafte Gutschriften auf Kontokorrentkonten (zum Beispiel wegen einer falschen Kontonummer) darf die Bank bis zum nächsten Rechnungsabschluß durch eine Belastungsbuchung rückgängig machen, soweit ihr ein Rückzahlungsanspruch gegen den Kunden zusteht; der Kunde kann in diesem Fall gegen die Belastungsbuchung nicht einwenden, daß er in Höhe der Gutschrift bereits verfügt hat (Stornobuchung).

(2) Nach Rechnungsabschluß

Stellt die Bank eine fehlerhafte Gutschrift erst nach einem Rechnungsabschluß fest und steht ihr ein Rückzahlungsanspruch gegen den Kunden zu, so wird sie in Höhe ihres Anspruchs sein Konto belasten (Berichtigungsbuchung). Erhebt der Kunde gegen die Berichtigungsbuchung Einwendungen, so wird die Bank den Betrag dem Konto wieder gutschreiben und ihren Rückzahlungsanspruch dann gesondert geltend machen.

(3) Information des Kunden; Zinsberechnung

Über Storno- und Berichtigungsbuchungen wird die Bank den Kunden unverzüglich (ohne schuldhaftes Zögern, § 121 des Bürgerlichen Gesetzbuches) unterrichten. Die Buchungen nimmt die Bank hinsichtlich der Zinsberechnung rückwirkend zu dem Tag vor, an dem die fehlerhafte Buchung durchgeführt wurde.

9. Einzugsaufträge

(1) Erteilung von Vorbehaltsgutschriften bei der Einreichung

Schreibt die Bank den Gegenwert von Schecks und Lastschriften schon vor ihrer Einlösung gut, geschieht dies unter dem Vorbehalt ihrer Einlösung, und zwar auch dann, wenn diese Papiere bei der Bank selbst zahlbar sind. Reicht der Kunde andere Papiere mit dem Auftrag ein, von einem Zahlungspflichtigen einen Forderungsbetrag zu beschaffen (zum

Beispiel Zinsscheine), und erteilt die Bank über den Betrag eine Gutschrift, so steht diese unter dem Vorbehalt, daß die Bank den Betrag
erhält. Der Vorbehalt gilt auch dann, wenn die Papiere bei der Bank
selbst zahlbar sind. Werden Schecks oder Lastschriften nicht eingelöst
oder erhält die Bank den Betrag aus dem Einzugsauftrag nicht, macht
die Bank die Vorbehaltsgutschrift rückgängig. Dies geschieht unabhängig davon, ob in der Zwischenzeit ein Rechnungsabschluß erteilt wurde.

(2) Einlösung von Lastschriften und vom Kunden ausgestellter Schecks

Lastschriften und Schecks sind eingelöst, wenn die Belastungsbuchung
nicht spätestens am zweiten Bankarbeitstag nach ihrer Vornahme rückgängig gemacht wird. Barschecks sind bereits mit Zahlung an den
Scheckvorleger eingelöst. Im Einzugsverfahren vorgelegte Schecks sind
eingelöst, wenn die Bank im Einzelfall eine Bezahltmeldung absendet.
Lastschriften und Schecks, die über die Abrechnungsstelle einer Landeszentralbank vorgelegt wurden, sind eingelöst, wenn sie nicht bis zu dem
von der Landeszentralbank festgesetzten Zeitpunkt an die Abrechnungsstelle zurückgegeben werden.

10. Risiken bei Fremdwährungskonten und Fremdwährungsgeschäften

(1) Auftragsausführung bei Fremdwährungskonten

Fremdwährungskonten des Kunden dienen dazu, Zahlungen an den
Kunden und Verfügungen des Kunden in fremder Währung bargeldlos
abzuwickeln. Verfügungen über Guthaben auf Fremdwährungskonten
(zum Beispiel durch Überweisungsaufträge zu Lasten des Fremdwährungsguthabens) werden unter Einschaltung von Banken im Heimatland
der Währung abgewickelt, wenn sie die Bank nicht vollständig innerhalb
des eigenen Hauses ausführt.

(2) Gutschriften bei Fremdwährungsgeschäften mit dem Kunden

Schließt die Bank mit dem Kunden ein Geschäft (zum Beispiel ein De-
visentermingeschäft) ab, aus dem sie die Verschaffung eines Betrages in
fremder Währung schuldet, wird sie ihre Fremdwährungsverbindlichkeit
durch Gutschrift auf dem Konto des Kunden in dieser Währung erfüllen, sofern nicht etwas anderes vereinbart ist.

(3) Vorübergehende Beschränkung der Leistung durch die Bank

Die Verpflichtung der Bank zur Ausführung einer Verfügung zu Lasten eines Fremdwährungsguthabens (Absatz 1) oder zur Erfüllung einer Fremdwährungsverbindlichkeit (Absatz 2) ist in dem Umfang und so lange ausgesetzt, wie die Bank in der Währung, auf die das Fremdwährungsguthaben oder die Verbindlichkeit lautet, wegen politisch bedingter Maßnahmen oder Ereignisse im Lande dieser Währung nicht oder nur eingeschränkt verfügen kann. In dem Umfang und solange diese Maßnahmen oder Ereignisse andauern, ist die Bank auch nicht zu einer Erfüllung an einem anderen Ort außerhalb des Landes der Währung, in einer anderen Währung (auch nicht in Deutscher Mark) oder durch Anschaffung von Bargeld verpflichtet. Die Verpflichtung der Bank zur Ausführung einer Verfügung zu Lasten eines Fremdwährungsguthabens ist dagegen nicht ausgesetzt, wenn sie die Bank vollständig im eigenen Haus ausführen kann. Das Recht des Kunden und der Bank, fällige gegenseitige Forderungen in derselben Währung miteinander zu verrechnen, bleibt von den vorstehenden Regelungen unberührt.

Pflichten des Kunden

11. Pflichten des Kunden

(1) Änderungen von Name, Anschrift oder einer der Bank
bekanntgegebenen Vertretungsmacht

Zur ordnungsgemäßen Abwicklung des Geschäftsverkehrs ist es erforderlich, daß der Kunde der Bank Änderungen seines Namens und seiner Anschrift sowie das Erlöschen oder die Änderung einer gegenüber der Bank erteilten Vertretungsmacht (insbesondere einer Vollmacht) unverzüglich (ohne schuldhaftes Zögern, § 121 des Bürgerlichen Gesetzbuches) mitteilt. Diese Mitteilungspflicht besteht auch dann, wenn die Vertretungsmacht in ein öffentliches Register (zum Beispiel in das Handelsregister) eingetragen ist und ihr Erlöschen oder ihre Änderung in dieses Register eingetragen wird.

(2) Klarheit von Aufträgen

Aufträge jeder Art müssen ihren Inhalt zweifelsfrei erkennen lassen. Nicht eindeutig formulierte Aufträge können Rückfragen zur Folge haben, die zu Verzögerungen führen können. Vor allem hat der Kunde bei Aufträgen zur Gutschrift auf einem Konto (zum Beispiel bei Überweisungsaufträgen) auf die Richtigkeit und Vollständigkeit des Namens des Zahlungsempfängers, der angegebenen Kontonummer und der angegebenen Bankleitzahl zu achten. Änderungen, Bestätigungen oder Wiederholungen von Aufträgen müssen als solche gekennzeichnet sein.

(3) Besonderer Hinweis bei Eilbedürftigkeit der
Ausführung eines Auftrages

Hält der Kunde bei der Ausführung eines Auftrages besondere Eile für nötig, zum Beispiel weil ein Überweisungsbetrag dem Empfänger zu einem bestimmen Termin gutgeschrieben sein muß, hat er dies der Bank gesondert mitzuteilen. Bei formularmäßig erteilten Aufträgen muß dies außerhalb des Formulars erfolgen.

(4) Prüfung und Einwendungen bei Mitteilungen der Bank

Der Kunde hat Kontoauszüge, Wertpapierabrechnungen, Depot- und Erträgnisaufstellungen, sonstige Abrechnungen, Anzeigen über die Ausführung von Aufträgen sowie Informationen über erwartete Zahlungen und Sendungen (Avise) auf ihre Richtigkeit und Vollständigkeit unverzüglich zu überprüfen und etwaige Einwendungen unverzüglich zu erheben.

(5) Benachrichtigung der Bank bei Ausbleiben von Mitteilungen

Falls Rechnungsabschlüsse und Depotaufstellungen dem Kunden nicht zugehen, muß er die Bank unverzüglich benachrichtigen. Die Benachrichtigungspflicht besteht auch beim Ausbleiben anderer Mitteilungen, deren Eingang der Kunde erwartet (Wertpapierabrechnungen, Kontoauszüge nach der Ausführung von Aufträgen oder über Zahlungen, die der Kunde erwartet).

Kosten der Bankdienstleistungen

12. Zinsen, Entgelte und Auslagen

(1) Zinsen und Entgelte im Privatkundengeschäft

Die Höhe der Zinsen und Entgelte für die im Privatkundengeschäft üblichen Kredite und Leistungen ergibt sich aus dem „Preisaushang – Regelsätze im standardisierten Privatkundengeschäft" und ergänzend aus dem „Preisverzeichnis". Wenn ein Kunde einen dort aufgeführten Kredit oder eine dort aufgeführte Leistung in Anspruch nimmt und dabei keine abweichende Vereinbarung getroffen wurde, gelten die zu diesem Zeitpunkt im Preisaushang oder Preisverzeichnis angegebenen Zinsen und Entgelte. Für die darin nicht aufgeführten Leistungen, die im Auftrag des Kunden oder in dessen mutmaßlichem Interesse erbracht werden und die, nach den Umständen zu urteilen, nur gegen eine Vergütung zu erwarten sind, kann die Bank die Höhe der Entgelte nach billigem Ermessen (§ 315 des Bürgerlichen Gesetzbuches) bestimmen.

(2) Zinsen und Entgelte außerhalb des Privatkundengeschäfts

Außerhalb des Privatkundengeschäfts bestimmt die Bank, wenn keine andere Vereinbarung getroffen ist, die Höhe von Zinsen und Entgelten nach billigem Ermessen (§ 315 des Bürgerlichen Gesetzbuches).

(3) Änderung von Zinsen und Entgelten

Die Änderung der Zinsen bei Krediten mit einem veränderlichen Zinssatz erfolgt aufgrund der jeweiligen Kreditvereinbarungen mit dem Kunden. Das Entgelt für Leistungen, die von Kunden im Rahmen der Geschäftsverbindung typischerweise dauerhaft in Anspruch genommen werden (zum Beispiel Konto- und Depotführung), kann die Bank nach billigem Ermessen (§ 315 des Bürgerlichen Gesetzbuches) ändern.

(4) Kündigungsrecht des Kunden bei Änderung von
Zinsen und Entgelten

Die Bank wird dem Kunden Änderungen von Zinsen und Entgelten nach Absatz 3 mitteilen. Bei einer Erhöhung kann der Kunde, sofern nichts anderes vereinbart ist, die davon betroffene Geschäftsbeziehung innerhalb eines Monats nach Bekanntgabe der Änderung mit sofortiger Wirkung kündigen. Kündigt der Kunde, so werden die erhöhten Zinsen und Entgelte für die gekündigte Geschäftsbeziehung nicht zugrundegelegt. Die Bank wird zur Abwicklung eine angemessene Frist einräumen.

(5) Auslagen

Der Kunde trägt alle Auslagen, die anfallen, wenn die Bank in seinem Auftrag oder seinem mutmaßlichem Interesse tätig wird (insbesondere für Ferngespräche, Porti) oder wenn Sicherheiten bestellt, verwaltet, freigegeben oder verwertet werden (insbesondere Notarkosten, Lagergelder, Kosten der Bewachung von Sicherungsgut).

(6) Besonderheiten bei Verbraucherkrediten

Bei Kreditverträgen, die nach §4 des Verbraucherkreditgesetzes der Schriftform bedürfen, richten sich die Zinsen und die Kosten (Entgelte, Auslagen) nach den Angaben in der Vertragsurkunde. Fehlt die Angabe eines Zinssatzes, gilt der gesetzliche Zinssatz; nicht angegebene Kosten werden nicht geschuldet (§6 Absatz 2 des Verbraucherkreditgesetzes). Bei Überziehungskrediten nach §5 des Verbraucherkreditgesetzes richtet sich der maßgebliche Zinssatz nach dem Preisaushang und den Informationen, die die Bank dem Kunden übermittelt.

Sicherheiten für die Ansprüche der Bank gegen den Kunden

13. Bestellung oder Verstärkung von Sicherheiten

(1) Anspruch der Bank auf Bestellung von Sicherheiten

Die Bank kann für alle Ansprüche aus der bankmäßigen Geschäftsverbindung die Bestellung bankmäßiger Sicherheiten verlangen, und zwar auch dann, wenn die Ansprüche bedingt sind (zum Beispiel Aufwendungsersatzanspruch wegen der Inanspruchnahme aus einer für den Kunden übernommenen Bürgschaft). Hat der Kunde gegenüber der Bank eine Haftung für Verbindlichkeiten eines anderen Kunden der Bank übernommen (zum Beispiel als Bürge), so besteht für die Bank ein Anspruch auf Bestellung oder Verstärkung von Sicherheiten im Hinblick auf die aus der Haftungsübernahme folgende Schuld jedoch erst ab ihrer Fälligkeit.

(2) Veränderungen des Risikos

Hat die Bank bei der Entstehung von Ansprüchen gegen den Kunden zunächst ganz oder teilweise davon abgesehen, die Bestellung oder Verstärkung von Sicherheiten zu verlangen, kann sie auch später noch eine Besicherung fordern. Voraussetzung hierfür ist jedoch, daß Umstände eintreten oder bekannt werden, die eine erhöhte Risikobewertung der Ansprüche gegen den Kunden rechtfertigen. Dies kann insbesondere der Fall sein, wenn
– sich die wirtschaftlichen Verhältnisse des Kunden nachteilig verändert haben oder sich zu verändern drohen oder
– sich die vorhandenen Sicherheiten wertmäßig verschlechtert haben oder zu verschlechtern drohen.
Der Besicherungsanspruch der Bank besteht nicht, wenn ausdrücklich vereinbart ist, daß der Kunde keine oder ausschließlich im einzelnen benannte Sicherheiten zu bestellen hat. Bei Krediten, die unter das Verbraucherkreditgesetz fallen, besteht ein Anspruch auf die Bestellung oder Verstärkung von Sicherheiten nur, soweit die Sicherheiten im Kreditvertrag angegeben sind; wenn der Nettokreditbetrag 100 000 DM übersteigt, besteht der Anspruch auf Bestellung oder Verstärkung auch dann, wenn der Kreditvertrag keine oder keine abschließenden Angaben über Sicherheiten enthält.

(3) Fristsetzung für die Bestellung oder Verstärkung von Sicherheiten

Für die Bestellung oder Verstärkung der Sicherheiten wird die Bank eine angemessene Frist einräumen. Beabsichtigt die Bank, von ihrem Recht zur fristlosen Kündigung nach Nr. 19 Absatz 3 dieser Geschäftsbedingungen Gebrauch zu machen, falls der Kunde seiner Verpflichtung zur Bestellung oder Verstärkung der Sicherheiten nicht fristgerecht nachkommt, wird sie ihn zuvor hierauf hinweisen.

14. Vereinbarung eines Pfandrechts zugunsten der Bank

(1) Einigung über das Pfandrecht

Der Kunde und die Bank sind sich darüber einig, daß die Bank ein Pfandrecht an den Wertpapieren und Sachen erwirbt, an denen eine inländische Geschäftsstelle im bankmäßigen Geschäftsverkehr Besitz erlangt hat oder noch erlangen wird. Die Bank erwirbt ein Pfandrecht auch an den Ansprüchen, die dem Kunden gegen die Bank aus der bankmäßigen Geschäftsverbindung zustehen oder künftig zustehen werden (zum Beispiel Kontoguthaben).

(2) Gesicherte Ansprüche

Das Pfandrecht dient der Sicherung aller bestehenden, künftigen und bedingten Ansprüche, die der Bank mit ihren sämtlichen in- und ausländischen Geschäftsstellen aus der bankmäßigen Geschäftsverbindung gegen den Kunden zustehen. Hat der Kunde gegenüber der Bank eine Haftung für Verbindlichkeiten eines anderen Kunden der Bank übernommen (zum Beispiel als Bürge), so sichert das Pfandrecht die aus der Haftungsübernahme folgende Schuld jedoch erst ab ihrer Fälligkeit.

(3) Ausnahmen vom Pfandrecht

Gelangen Gelder oder andere Werte mit der Maßgabe in die Verfügungsgewalt der Bank, daß sie nur für einen bestimmten Zweck verwendet werden dürfen (zum Beispiel Bareinzahlung zur Einlösung eines Wechsels), erstreckt sich das Pfandrecht der Bank nicht auf diese Werte. Dasselbe gilt für die von der Bank selbst ausgegebenen Genußrechte, für Ansprüche des Kunden gegen die Bank aus nachrangigen Verbindlichkeiten sowie für die Wertpapiere, die die Bank im Ausland für den Kunden verwahrt.

(4) Zins- und Gewinnanteilscheine

Unterliegen dem Pfandrecht der Bank Wertpapiere, ist der Kunde nicht berechtigt, die Herausgabe der zu diesen Papieren gehörenden Zins- und Gewinnanteilscheine zu verlangen.

15. Sicherungsrechte an Einzugspapieren und diskontierten Wechseln

(1) Sicherungsübereignung

Die Bank erwirbt an den ihr zum Einzug eingereichten Schecks und Wechseln im Zeitpunkt der Einreichung Sicherungseigentum. An diskontierten Wechseln erwirbt die Bank im Zeitpunkt des Wechselankaufs uneingeschränktes Eigentum; belastet sie diskontierte Wechsel dem Konto zurück, so verbleibt ihr das Sicherungseigentum an diesen Wechseln.

(2) Sicherungsabtretung

Mit dem Erwerb des Eigentums an Schecks und Wechseln gehen auch die zugrundeliegenden Forderungen auf die Bank über; ein Forderungsübergang findet ferner statt, wenn andere Papiere zum Einzug eingereicht werden (zum Beispiel Lastschriften, kaufmännische Handelspapiere).

(3) Zweckgebundene Einzugspapiere

Werden der Bank Einzugspapiere mit der Maßgabe eingereicht, daß ihr Gegenwert nur für einen bestimmten Zweck verwendet werden darf, erstrecken sich die Sicherungsübereignung und die Sicherungsabtretung nicht auf diese Papiere.

(4) Gesicherte Ansprüche der Bank

Das Sicherungseigentum und die Sicherungsabtretung dienen der Sicherung aller Ansprüche, die der Bank gegen den Kunden bei Einreichung von Einzugspapieren aus seinen Kontokorrentkonten zustehen oder die infolge der Rückbelastung nicht eingelöster Einzugspapiere oder diskontierter Wechsel entstehen. Auf Anforderung des Kunden nimmt die Bank eine Rückübertragung des Sicherungseigentums an den Papieren und der auf sie übergegangenen Forderungen an den Kunden vor, falls ihr im Zeitpunkt der Anforderung keine zu sichernden Ansprüche gegen den Kunden zustehen und sie ihn über den Gegenwert der Papiere vor deren endgültiger Bezahlung nicht verfügen läßt.

16. Begrenzung des Besicherungsanspruchs und Freigabeverpflichtung

(1) Deckungsgrenze

Die Bank kann ihren Anspruch auf Bestellung oder Verstärkung von Sicherheiten so lange geltend machen, bis der realisierbare Wert aller Sicherheiten dem Gesamtbetrag aller Ansprüche aus der bankmäßigen Geschäftsverbindung (Deckungsgrenze) entspricht.

(2) Freigabe

Falls der realisierbare Wert aller Sicherheiten die Deckungsgrenze nicht nur vorübergehend übersteigt, hat die Bank auf Verlangen des Kunden Sicherheiten nach ihrer Wahl freizugeben, und zwar in Höhe des die Deckungsgrenze übersteigenden Betrages; sie wird bei der Auswahl der freizugebenden Sicherheiten auf die berechtigten Belange des Kunden und eines dritten Sicherungsgebers, der für die Verbindlichkeiten des Kunden Sicherheiten bestellt hat, Rücksicht nehmen. In diesem Rahmen ist die Bank auch verpflichtet, Aufträge des Kunden über die dem Pfandrecht unterliegenden Werte auszuführen (zum Beispiel Verkauf von Wertpapieren, Auszahlung von Sparguthaben).

(3) Sondervereinbarungen

Ist für eine bestimmte Sicherheit ein anderer Bewertungsmaßstab als der realisierbare Wert, eine andere Deckungsgrenze oder eine andere Grenze für die Freigabe von Sicherheiten vereinbart, so sind diese maßgeblich.

17. Verwertung von Sicherheiten

(1) Wahlrecht der Bank

Im Falle der Verwertung hat die Bank unter mehreren Sicherheiten die Wahl. Sie wird bei der Verwertung und bei der Auswahl der zu verwertenden Sicherheiten auf die berechtigten Belange des Kunden und eines dritten Sicherungsgebers, der für die Verbindlichkeiten eines Kunden Sicherheiten bestellt hat, Rücksicht nehmen.

(2) Erlösgutschrift nach dem Umsatzsteuerrecht

Wenn der Verwertungsvorgang der Umsatzsteuer unterliegt, wird die Bank dem Kunden über den Erlös eine Gutschrift erteilen, die als Rechnung für die Lieferung der als Sicherheit dienenden Sache gilt und den Voraussetzungen des Umsatzsteuerrechts entspricht.

Kündigung

18. Kündigungsrechte des Kunden

(1) Jederzeitiges Kündigungsrecht

Der Kunde kann die gesamte Geschäftsverbindung oder einzelne Geschäftsbeziehungen (zum Beispiel den Scheckvertrag), für die weder eine Laufzeit noch eine abweichende Kündigungsregelung vereinbart ist, jederzeit ohne Einhaltung einer Kündigungsfrist kündigen.

(2) Kündigung aus wichtigem Grund

Ist für eine Geschäftsbeziehung eine Laufzeit oder eine abweichende Kündigungsregelung vereinbart, kann eine fristlose Kündigung nur dann ausgesprochen werden, wenn hierfür ein wichtiger Grund vorliegt, der es dem Kunden, auch unter angemessener Berücksichtigung der berechtigten Belange der Bank, unzumutbar werden läßt, die Geschäftsbeziehung fortzusetzen.

19. Kündigungsrechte der Bank

(1) Kündigung unter Einhaltung einer Kündigungsfrist

Die Bank kann die gesamte Geschäftsverbindung oder einzelne Geschäftsbeziehungen, für die weder eine Laufzeit noch eine abweichende Kündigungsregelung vereinbart ist, jederzeit unter Einhaltung einer angemessenen Kündigungsfrist kündigen (zum Beispiel den Scheckvertrag, der zur Nutzung der Scheckkarte und von Scheckvordrucken berechtigt). Bei der Bemessung der Kündigungsfrist wird die Bank auf die berechtigten Belange des Kunden Rücksicht nehmen. Für die Kündigung der Führung von laufenden Konten und Depots beträgt die Kündigungsfrist mindestens einen Monat.

(2) Kündigung unbefristeter Kredite

Kredite und Kreditzusagen, für die weder eine Laufzeit noch eine abweichende Kündigungsregelung vereinbart ist, kann die Bank jederzeit ohne Einhaltung einer Kündigungsfrist kündigen, die Bank wird bei der Ausübung dieses Kündigungsrechts auf die berechtigten Belange des Kunden Rücksicht nehmen.

(3) Kündigung aus wichigem Grund ohne Einhaltung einer Kündigungsfrist

Eine fristlose Kündigung der gesamten Geschäftsverbindung oder einzelner Geschäftsbeziehungen ist zulässig, wenn ein wichtiger Grund vorliegt, der der Bank, auch unter angemessener Berücksichtigung der berechtigten Belange des Kunden, deren Fortsetzung unzumutbar werden läßt. Ein solcher Grund liegt insbesondere vor, wenn der Kunde unrichtige Angaben über seine Vermögenslage gemacht hat, die für die Entscheidung der Bank über eine Kreditgewährung oder über andere mit Risiken für die Bank verbundenen Geschäfte (zum Beispiel Aushändigung der Scheckkarte) von erheblicher Bedeutung waren, oder wenn eine wesentliche Verschlechterung seiner Vermögenslage eintritt oder einzutreten droht und dadurch die Erfüllung von Verbindlichkeiten gegenüber der Bank gefährdet ist. Die Bank darf auch fristlos kündigen, wenn der Kunde seiner Verpflichtung zur Bestellung oder Verstärkung von Sicherheiten nach Nr. 13 Absatz 2 dieser Geschäftsbedingungen oder aufgrund einer sonstigen Vereinbarung nicht innerhalb der von der Bank gesetzten angemessenen Frist nachkommt.

(4) Kündigung von Verbraucherkrediten bei Verzug

Soweit das Verbraucherkreditgesetz Sonderregelungen für die Kündigung wegen Verzuges mit der Rückzahlung eines Verbraucherkredits vorsieht, kann die Bank nur nach Maßgabe dieser Regelungen kündigen.

(5) Abwicklung nach einer Kündigung

Im Falle einer Kündigung ohne Kündigungsfrist wird die Bank dem
Kunden für die Abwicklung (insbesondere für die Rückzahlung eines
Kredits) eine angemessene Frist einräumen, soweit nicht eine sofortige
Erledigung erforderlich ist (zum Beispiel bei der Kündigung des Scheck-
vertrages die Rückgabe der Scheckvordrucke).

4. Synopse AGB-Banken neu-alt

AGB-Banken (neu)	AGB-Banken (alt)
1 Abs. 1	Präambel, 28 Abs. 1
1 Abs. 2	28 Abs. 2
2 Abs. 1	nicht enthalten
2 Abs. 2	10 Abs. 2 Satz 1
2 Abs. 3	10 Abs. 1, Abs. 2 Satz 2, 2. HS
2 Abs. 4	10 Abs. 2 Satz 2, 1. HS
3 Abs. 1	25 Abs. 1
3 Abs. 2	9
3 Abs. 3	25 Abs. 2
4	2 Abs. 1
5	24 Abs. 1
6 Abs. 1	26 Abs. 1 Satz 2
6 Abs. 2	26 Abs. 2
6 Abs. 3	26 Abs. 1 Satz 1, Abs. 2
7 Abs. 1	14 Abs. 1
7 Abs. 2	15
8 Abs. 1	4 Abs. 1 Satz 3
8 Abs. 2	nicht enthalten
8 Abs. 3	nicht enthalten
9 Abs. 1	41 Abs. 1
9 Abs. 2	41 Abs. 2
10 Abs. 1	nicht enthalten
10 Abs. 2	4 Abs. 2
10 Abs. 3	3 Abs. 2
11 Abs. 1	1 Abs. 1
11 Abs. 2	6, 4 Abs. 3 Satz 2, 3
11 Abs. 3	7, 40 Abs. 1
11 Abs. 4	15 Satz 1, 2
11 Abs. 5	16
12 Abs. 1	14 Abs. 2 Sätze 1, 2, 22 Abs. 2
12 Abs. 2	14 Abs. 2 Satz 3; 22 Abs. 2

12 Abs. 3 und 4	nicht enthalten
12 Abs. 5	14 Abs. 5 und 22 Abs. 2
12 Abs. 6	nicht enthalten
13 Abs. 1	19 Abs. 1
13 Abs. 2	nicht enthalten
13 Abs. 3	nicht enthalten
14 Abs. 1	19 Abs. 2
14 Abs. 2	19 Abs. 2
14 Abs. 3	19 Abs. 3
14 Abs. 4	21 Abs. 1 Satz 2
15 Abs. 1 und 2	44
15 Abs. 3	nicht enthalten
15 Abs. 4	42 Abs. 5
16	19 Abs. 6
17 Abs. 1	20 Abs. 1 Satz 1 bis 3
17 Abs. 2	20 Abs. 1 Satz 4
18 Abs. 1	17 Satz 1
18 Abs. 2	17 Satz 2
19 Abs. 1 und 2	17 Satz 1
19 Abs. 3	17 Satz 2
19 Abs. 4	nicht enthalten
19 Abs. 5	nicht enthalten
20	27

5. Richtlinie 93/13/EWG des Rates vom 5.4.1993 über mißbräuchliche Klauseln in Verbraucherverträgen

Der Rat der Europäischen Gemeinschaften –

gestützt auf den Vertrag zur Gründung der Europäischen Wirtschaftgemeinschaft, insbesondere auf Artikel 100a, auf Vorschlag der Kommission[1], in Zusammenarbeit mit dem Europäischen Parlament[2], nach Stellungnahme des Wirtschafts- und Sozialausschusses[3], in Erwägung nachstehender Gründe:

Es müssen Maßnahmen zur schrittweisen Errichtung des Binnenmarktes bis zum 31.12.1992 getroffen werden. Der Binnenmarkt umfaßt einen Raum ohne Binnengrenzen, in dem der freie Verkehr von Waren, Personen, Dienstleistungen und Kapital gewährleistet ist.

Die Rechtsvorschriften der Mitgliedstaaten über Vertragsklauseln zwischen dem Verkäufer von Waren oder von Dienstleistungserbringung einerseits und dem Verbraucher andererseits weisen viele Unterschiede auf, wodurch die einzelnen Märkte für den Verkauf von Waren und Erbringung von Dienstleistungen an den Verbraucher uneinheitlich sind; dadurch wiederum können Wettbewerbsverzerrungen bei den Verkäufern und den Erbringern von Dienstleistungen, besonders bei der Vermarktung in anderen Mitgliedstaaten, eintreten.

Namentlich die Rechtsvorschriften der Mitgliedstaaten über mißbräuchliche Klauseln in Verträgen mit Verbrauchern weisen beträchtliche Unterschiede auf.

Die Mitgliedstaaten müssen dafür Sorge tragen, daß die mit den Verbrauchern abgeschlossenen Verträge keine mißbräuchlichen Klauseln enthalten.

Die Verbraucher kennen im allgemeinen nicht die Rechtsvorschriften, die in anderen Mitgliedstaaten für Verträge über den Kauf von Waren oder das Angebot von Dienstleistungen gelten. Diese Unkenntnis kann

---

1 ABIEG Nr. C 73 v. 24. 3. 1992, S. 7.
2 ABIEG Nr. C 326 v. 16. 12. 1991, S. 108, und ABIEG Nr. C 21 v. 25. 1. 1993
3 ABIEG Nr. C 159 v. 17. 6. 1991, S. 35.

sie davon abhalten, Waren und Dienstleistungen direkt in anderen Mitgliedstaaten zu ordern.

Um die Errichtung des Binnenmarktes zu erleichtern und den Bürger
in seiner Rolle als Verbraucher beim Kauf von Waren und Dienstleistungen mittels Verträgen zu schützen, für die die Rechtsvorschriften anderer Mitgliedstaaten gelten, ist es von Bedeutung, mißbräuchliche Klauseln aus diesen Verträgen zu entfernen.

Den Verkäufern von Waren und Dienstleistungsbringern wird dadurch ihre Verkaufstätigkeit sowohl im eigenen Land als auch im gesamten Binnenmarkt erleichtert. Damit wird der Wettbewerb gefördert und
den Bürgern der Gemeinschaft in ihrer Eigenschaft als Verbraucher eine
größere Auswahl zur Verfügung gestellt.

In den beiden Programmen der Gemeinschaft für eine Politik zum
Schutz und zur Unterrichtung der Verbraucher[4] wird die Bedeutung des
Verbraucherschutzes auf dem Gebiet mißbräuchlicher Vertragsklauseln
hervorgehoben. Dieser Schutz sollte durch Rechtsvorschriften gewährleistet werden, die gemeinschaftsweit harmonisiert sind oder unmittelbar
auf dieser Ebene erlassen werden.

Gemäß dem unter dem Abschnitt „Schutz der wirtschaftlichen Interessen der Verbraucher" festgelegten Prinzip sind entsprechend diesen
Programmen Käufer von Waren oder Dienstleistungen vor Machtmiß-
brauch des Verkäufers oder des Dienstleistungserbringers, insbesondere
vor vom Verkäufer einseitig festgelegten Standardverträgen und vor dem
mißbräuchlichen Ausschluß von Rechten in Verträgen zu schützen.

Durch die Aufstellung einheitlicher Rechtsvorschriften auf dem Gebiet mißbräuchlicher Klauseln kann der Verbraucher besser geschützt
werden. Diese Vorschriften sollten für alle Verträge zwischen Gewerbetreibenden und Verbrauchern gelten. Von dieser Richtlinie ausgenommen sind daher insbesondere Arbeitsverträge sowie Verträge auf dem
Gebiet des Erb-, Familien- und Gesellschaftsrechts.

Der Verbraucher muß bei mündlichen und bei schriftlichen Verträgen
– bei letzteren unabhängig davon, ob die Klauseln in einem oder in
mehreren Dokumenten enthalten sind – den gleichen Schutz genießen.

Beim derzeitigen Stand der einzelstaatlichen Rechtsvorschriften
kommt allerdings nur eine teilweise Harmonisierung in Betracht. So gilt
diese Richtlinie insbesondere nur für Vertragsklauseln, die nicht einzeln
ausgehandelt wurden. Den Mitgliedstaaten muß es freigestellt sein, dem

---

4 ABlEG Nr. C 92 v. 25. 4. 1975. S. 1. und ABlEG Nr. C 133 v. 3. 6. 1981. S. 1.

Verbraucher unter Beachtung des Vertrages einen besseren Schutz durch strengere einzelstaatliche Vorschriften als den in dieser Richtlinie enthaltenen Vorschriften zu gewähren.

Bei Rechtsvorschriften der Mitgliedstaaten, in denen direkt oder indirekt die Klauseln für Verbraucherverträge festgelegt werden, wird davon ausgegangen, daß sie keine mißbräuchlichen Klauseln enthalten. Daher sind Klauseln, die auf bindenden Rechtsvorschriften oder auf Grundsätzen oder Bestimungen internationaler Übereinkommen beruhen, bei denen die Mitgliedstaaten oder die Gemeinschaft Vertragsparteien sind, nicht dieser Richtlinie zu unterwerfen; der Begriff „bindende Rechtsvorschriften" in Art. 1 II umfaßt auch Regeln, die nach dem Gesetz zwischen den Vertragsparteien gelten, wenn nichts anderes vereinbart wurde.

Die Mitgliedstaaten müssen jedoch dafür sorgen, daß darin keine mißbräuchlichen Klauseln enthalten sind, zumal diese Richtlinie auch für die gewerbliche Tätigkeit im öffentlich-rechtlichen Rahmen gilt.

Die Kriterien für die Beurteilung der Mißbräuchlichkeit von Vertragsklauseln müssen generell festgelegt werden.

Die nach den generell festgelegten Kriterien erfolgende Beurteilung der Mißbräuchlichkeit von Klauseln, insbesondere bei beruflichen Tätigkeiten des öffentlich-rechtlichen Bereichs, die ausgehend von einer Solidargemeinschaft der Dienstleistungsnehmer kollektive Dienste erbringen, muß durch die Möglichkeit einer globalen Bewertung der Interessenlagen der Parteien ergänzt werden. Diese stellt das Gebot von Treu und Glauben dar. Bei der Beurteilung von Treu und Glauben ist besonders zu berücksichtigen, welches Kräfteverhältnis zwischen den Verhandlungspositionen der Parteien bestand, ob auf den Verbraucher in irgendeiner Weise eingewirkt wurde, seine Zustimmung zu der Klausel zu geben, und ob die Güter oder Dienstleistungen auf eine Sonderbestellung des Verbrauchers hin verkauft bzw. erbracht wurden. Dem Gebot von Treu und Glauben kann durch den Gewerbetreibenden Genüge getan werden, indem er sich gegenüber der anderen Partei, deren berechtigten Interessen er Rechnung tragen muß, loyal und billig verhält.

Die Liste der Klauseln im Anhang kann für die Zwecke dieser Richtlinie nur Beispiele geben; infolge dieses Minimalcharakters kann sie von den Mitgliedstaaten im Rahmen ihrer einzelstaatlichen Rechtsvorschriften, insbesondere hinsichtlich des Geltungsbereichs dieser Klauseln, ergänzt oder restriktiver formuliert werden.

Bei der Beurteilung der Mißbräuchlichkeit von Vertragsklauseln ist der Art der Güter bzw. Dienstleistungen Rechnung zu tragen.

Für die Zwecke dieser Richtlinie dürfen Klauseln, die den Hauptgegenstand eines Vertrages oder das Preis-/Leistungsverhältnis der Lieferung bzw. der Dienstleistung beschreiben, nicht als mißbräuchlich beurteilt werden. Jedoch können der Hauptgegenstand des Vertrages und das Preis-/Leistungsverhältnis bei der Beurteilung der Mißbräuchlichkeit anderer Klauseln berücksichtigt werden. Daraus folgt unter anderem, daß bei Versicherungsverträgen die Klauseln, in denen das versicherte Risiko und die Verpflichtung des Versicherers deutlich festgelegt oder abgegrenzt werden, nicht als mißbräuchlich beurteilt werden, sofern diese Einschränkungen bei der Berechnung der vom Verbraucher gezahlten Prämie Berücksichtigung finden.

Die Verträge müssen in klarer und verständlicher Sprache abgefaßt sein. Der Verbraucher muß tatsächlich die Möglichkeit haben, von allen Vertragsklauseln Kenntnis zu nehmen. Im Zweifelsfall ist die für den Verbraucher günstigste Auslegung anzuwenden.

Die Mitgliedstaaten müssen sicherstellen, daß in von einem Gewerbetreibenden mit Verbrauchern abgeschlossenen Verträgen keine mißbräuchlichen Klauseln verwendet werden. Wenn derartige Klauseln trotzdem verwendet werden, müssen sie für den Verbraucher unverbindlich sein; die verbleibenden Klauseln müssen jedoch weiterhin gelten und der Vertrag im übrigen auf der Grundlage dieser Klauseln für beide Teile verbindlich sein, sofern ein solches Fortbestehen ohne die mißbräuchlichen Klauseln möglich ist.

In bestimmten Fällen besteht die Gefahr, daß dem Verbraucher der in dieser Richtlinie aufgestellte Schutz entzogen wird, indem das Recht eines Drittlandes zum anwendbaren Recht erklärt wird. Es sollten daher in dieser Richtlinie Bestimmungen vorgesehen werden, die dies ausschließen.

Personen und Organisationen, die nach dem Recht eines Mitgliedstaats ein berechtigtes Interesse geltend machen können, den Verbraucher zu schützen, müssen Verfahren, die Vertragsklauseln im Hinblick auf eine allgemeine Verwendung in Verbraucherverträgen, insbesondere mißbräuchliche Klauseln, zum Gegenstand haben, bei Gerichten oder Verwaltungsbehörden, die für die Entscheidung über Klagen bzw. Beschwerden oder die Eröffnung von Gerichtsverfahren zuständig sind, einleiten können. Diese Möglichkeit bedeutet jedoch keine Vorabkontrolle der in einem beliebigen Wirtschaftssektor verwendeten allgemeinen Bedingungen.

Die Gerichte oder Verwaltungsbehörden der Mitgliedstaaten müssen über angemessene und wirksame Mittel verfügen, damit der Verwendung mißbräuchlicher Klauseln in Verbraucherverträgen ein Ende gesetzt wird –

hat folgende Richtlinie erlassen:

Art. 1. (1) Zweck dieser Richtlinie ist die Angleichung der Rechts-
und Verwaltungsvorschriften der Mitgliedstaaten über mißbräuchliche
Klauseln in Verträgen zwischen Gewerbetreibenden und Verbrauchern.

(2) Vertragsklauseln, die auf bindenden Rechtsvorschriften oder auf
Bestimmungen oder Grundsätzen internationaler Übereinkommen beruhen, bei denen die Mitgliedstaaten oder die Gemeinschaft – insbesondere im Verkehrsbereich – Vertragsparteien sind, unterliegen nicht den
Bestimmungen dieser Richtlinie.

Art. 2. Im Sinne dieser Richtlinie bedeuten:

a) mißbräuchliche Klauseln: Vertragsklauseln, wie sie in Art. 3 definiert sind;

b) Verbraucher: eine natürliche Person, die bei Verträgen, die unter
diese Richtlinie fallen, zu einem Zweck handelt, der nicht ihrer gewerblichen oder beruflichen Tätigkeit zugerechnet werden kann;

c) Gewerbetreibender: eine natürliche oder juristische Person, die bei
Verträgen, die unter diese Richtlinie fallen, im Rahmen ihrer gewerblichen oder beruflichen Tätigkeit handelt, auch wenn diese dem öffentlich-rechtlichen Bereich zuzurechnen ist.

Art. 3. (1) Eine Vertragsklausel, die nicht im einzelnen ausgehandelt
wurde, ist als mißbräuchlich anzusehen, wenn sie entgegen dem Gebot
von Treu und Glauben zum Nachteil des Verbrauchers ein erhebliches
und ungerechtfertigtes Mißverhältnis der vertraglichen Rechte und
Pflichten der Vertragspartner verursacht.

(2) Eine Vertragsklausel ist immer dann als nicht im einzelnen ausgehandelt zu betrachten, wenn sie im voraus abgefaßt wurde und der Verbraucher deshalb, insbesondere im Rahmen eines vorformulierten Stand-
ardvertrags, keinen Einfluß auf ihren Inhalt nehmen konnte.

Die Tatsache, daß bestimmte Elemente einer Vertragsklausel oder eine
einzelne Klausel im einzelnen ausgehandelt worden sind, schließt die
Anwendung dieses Artikels auf den übrigen Vertrag nicht aus, sofern es
sich nach der Gesamtwertung dennoch um einen vorformulierten Stand-
ardvertrag handelt.

Behauptet ein Gewerbetreibender, daß eine Standardvertragsklausel
im einzelnen ausgehandelt wurde, so obliegt ihm die Beweislast.

(3) Der Anhang enthält eine als Hinweis dienende und nicht erschöpfende Liste der Klauseln, die für mißbräuchlich erklärt werden
können.

Art. 4. (1) Die Mißbräuchlichkeit einer Vertragsklausel wird unbeschadet des Art. 7 unter Berücksichtigung der Art der Güter oder Dienstlei-

stungen, die Gegenstand des Vertrages sind, aller den Vertragsabschluß begleitenden Umstände sowie aller anderen Klauseln desselben Vertrages oder eines anderen Vertrages, von dem die Klausel abhängt, zum Zeitpunkt des Vertragsabschlusses beurteilt.

(2) Die Beurteilung der Mißbräuchlichkeit der Klauseln betrifft weder den Hauptgegenstand des Vertrages noch die Angemessenheit zwischen dem Preis bzw. dem Entgelt und den Dienstleistungen bzw. den Gütern, die die Gegenleistung darstellen, sofern diese Klauseln klar und verständlich abgefaßt werden.

Art. 5. Sind alle dem Verbraucher in Verträgen unterbreiteten Klauseln oder einige dieser Klauseln schriftlich niedergelegt, so müssen sie stets klar und verständlich abgefaßt sein. Bei Zweifeln über die Bedeutung einer Klausel gilt die für den Verbraucher günstige Auslegung. Diese Auslegungsregel gilt nicht im Rahmen der in Art. 7 II vorgesehenen Verfahren.

Art. 6. (1) Die Mitgliedstaaten sehen vor, daß mißbräuchliche Klauseln in Verträgen, die ein Gewerbetreibender mit einem Verbraucher geschlossen hat, für den Verbraucher unverbindlich sind, und legen die Bedingungen hierfür in ihren innerstaatlichen Rechtsvorschriften fest; sie sehen ferner vor, daß der Vertrag für beide Parteien auf derselben Grundlage bindend bleibt, wenn er ohne die mißbräuchlichen Klauseln bestehen kann.

(2) Die Mitgliedstaaten treffen die erforderlichen Maßnahmen, damit der Verbraucher den durch diese Richtlinie gewährten Schutz nicht verliert, wenn das Recht eines Drittlandes als das auf den Vertrag anzuwendende Recht gewählt wurde und der Vertrag einen engen Zusammenhang mit dem Gebiet der Mitgliedstaaten aufweist.

Art. 7. (1) Die Mitgliedstaaten sorgen dafür, daß im Interesse der Verbraucher und der gewerbetreibenden Wettbewerber angemessene und wirksame Mittel vorhanden sind, damit der Verwendung mißbräuchlicher Klauseln durch einen Gewerbetreibenden in den Verträgen, die er mit Verbrauchern schließt, ein Ende gesetzt wird.

(2) Die in Abs. 1 genannten Mittel müssen auch Rechtsvorschriften einschließen, wonach Personen oder Organisationen, die nach dem innerstaatlichen Recht ein berechtigtes Interesse am Schutz der Verbraucher haben, im Einklang mit den einzelstaatlichen Rechtsvorschriften die Gerichte oder die zuständigen Verwaltungsbehörden anrufen können, damit diese darüber entscheiden, ob Vertragsklauseln, die im Hinblick auf eine allgemeine Verwendung abgefaßt wurden, mißbräuchlich sind, und angemessene und wirksame Mittel anwenden, um der Verwendung solcher Klauseln ein Ende zu setzen.

(3) Die in Abs. 2 genannten Rechtsmittel können sich unter Beachtung der einzelstaatlichen Rechtsvorschriften getrennt oder gemeinsam gegen mehrere Gewerbetreibende desselben Wirtschaftssektors oder ihre Verbände richten, die gleiche allgemeine Vertragsklauseln oder ähnliche Klauseln verwenden oder deren Verwendung empfehlen.

Art. 8. Die Mitgliedstaaten können auf dem durch diese Richtlinie geregelten Gebiet mit dem Vertrag vereinbarte strengere Bestimmungen erlassen, um ein höheres Schutzniveau für die Verbraucher zu gewährleisten.

Art. 9. Die Kommission legt dem Europäischen Parlament und dem Rat spätestens fünf Jahre nach dem in Art. 10I genannten Zeitpunkt einen Bericht über die Anwendung dieser Richtlinie vor.

Art. 10. (1) Die Mitgliedstaaten erlassen die erforderlichen Rechts- und Verwaltungsvorschriften, um dieser Richtlinie spätestens am 31.12.1994 nachzukommen. Sie setzen die Kommission unverzüglich davon in Kenntnis.

Diese Vorschriften gelten für alle Verträge, die nach dem 31.12.1994 abgeschlossen werden.

(2) Wenn die Mitgliedstaaten diese Vorschriften erlassen, nehmen sie in den Vorschriften selbst oder durch einen Hinweis bei der amtlichen Veröffentlichung auf diese Richtlinie Bezug. Die Mitgliedstaaten regeln die Einzelheiten der Bezugnahme.

(3) Die Mitgliedstaaten teilen der Kommission den Wortlaut der wichtigsten innerstaatlichen Rechtsvorschriften mit, die sie auf dem unter diese Richtlinie fallenden Gebiet erlassen.

Art. 11. Diese Richtlinie ist an die Mitgliedstaaten gerichtet.

Anhang. Klauseln gem. Art. 3 III

1. Klauseln, die darauf abzielen oder zur Folge haben,

a) daß die gesetzliche Haftung des Gewerbetreibenden ausgeschlossen oder eingeschränkt wird, wenn der Verbraucher aufgrund einer Handlung oder Unterlassung des Gewebetreibenden sein Leben verliert oder einen Körperschaden erleidet;

b) daß die Ansprüche des Verbrauchers gegenüber dem Gewerbetreibenden oder einer anderen Partei, einschließlich der Möglichkeit, eine Verbindlichkeit gegenüber dem Gewerbetreibenden durch eine etwaige Forderung gegen ihn auszugleichen, ausgeschlossen oder ungebührlich eingeschränkt werden, wenn der Gewerbetreibende eine der vertraglichen Verpflichtungen ganz oder teilweise nicht erfüllt oder mangelhaft erfüllt;

c) daß der Verbraucher eine verbindliche Verpflichtung eingeht, während der Gewerbetreibende die Erbringung der Leistungen an eine Bedingung knüpft, deren Eintritt nur von ihm abhängt;

d) daß es dem Gewerbetreibenden gestattet wird, vom Verbraucher gezahlte Beträge einzubehalten, wenn dieser darauf verzichtet, den Vertrag abzuschließen oder zu erfüllen, ohne daß für den Verbraucher ein Anspruch auf eine Entschädigung in entsprechender Höhe seitens des Gewerbetreibenden vorgesehen wird, wenn dieser selbst es unterläßt;

e) daß dem Verbraucher, der seinen Verpflichtungen nicht nachkommt, ein unverhältnismäßig hoher Entschädigungsbetrag auferlegt wird;

f) daß es dem Gewerbetreibenden gestattet wird, nach freiem Ermessen den Vertrag zu kündigen, wenn das gleiche Recht nicht auch dem Verbraucher eingeräumt wird, und es dem Gewerbetreibenden für den Fall, daß er selbst den Vertrag kündigt, gestattet wird, die Beträge einzubehalten, die für von ihm noch nicht erbrachte Leistungen gezahlt wurden;

g) daß es dem Gewerbetreibenden – außer bei Vorliegen schwerwiegender Gründe – gestattet ist, einen unbefristeten Vertrag ohne angemessene Frist zu kündigen;

h) daß ein befristeter Vertrag automatisch verlängert wird, wenn der Verbraucher sich nicht gegenteilig geäußert hat und als Termin für diese Äußerung des Willens des Verbrauchers, den Vertrag nicht zu verlängern, ein vom Ablaufzeitpunkt des Vertrages ungebührlich weit entferntes Datum festgelegt wurde;

i) daß die Zustimmung des Verbrauchers zu Klauseln unwiderlegbar festgestellt wird, von denen er vor Vertragsabschluß nicht tatsächlich Kenntnis nehmen konnte;

j) daß der Gewerbetreibende die Vertragsklauseln einseitig ohne triftigen und im Vertrag aufgeführten Grund ändern kann;

k) daß der Gewerbetreibende die Merkmale des zu liefernden Erzeugnisses oder der zu erbringenden Dienstleistung einseitig ohne triftigen Grund ändern kann;

l) daß der Verkäufer einer Ware oder der Erbringer einer Dienstleistung den Preis zum Zeitpunkt der Lieferung festsetzen oder erhöhen kann, ohne daß der Verbraucher in beiden Fällen ein entsprechendes Recht hat, vom Vertrag zurückzutreten, wenn der Endpreis im Verhältnis zu dem Preis, der bei Vertragsabschluß vereinbart wurde, zu hoch ist;

m) daß dem Gewerbetreibenden das Recht eingeräumt ist zu bestimmen, ob die gelieferte Ware oder erbrachte Dienstleistung den Vertragsbestimmungen entspricht, oder ihm das ausschließliche Recht zugestanden wird, die Auslegung einer Vertragsklausel vorzunehmen;

n) daß die Verpflichtung des Gewerbetreibenden zur Einhaltung der von seinen Vertretern eingegangenen Verpflichtungen eingeschränkt wird oder diese Verpflichtung von der Einhaltung einer besonderen Formvorschrift abhängig gemacht wird;

o) daß der Verbraucher allen seinen Verpflichtungen nachkommen muß, obowhl der Gewerbetreibende seine Verpflichtungen nicht erfüllt;

p) daß die Möglichkeit vorgesehen wird, daß der Vertrag ohne Zustimmung des Verbrauchers vom Gewerbetreibenden abgetreten wird, wenn dies möglicherweise eine Verringerung der Sicherheiten für den Verbraucher bewirkt;

q) daß dem Verbraucher die Möglichkeit, Rechtsbehelfe bei Gericht einzulegen oder sonstige Beschwerdemittel zu ergreifen, genommen oder erschwert wird, und zwar insbesondere dadurch, daß er ausschließlich auf ein nicht unter die rechtlichen Bestimmungen fallendes Schiedsgerichtsverfahren verwiesen wird, die ihm zur Verfügung stehenden Beweismittel ungebührlich eingeschränkt werden oder ihm die Beweislast auferlegt wird, die nach dem geltenden Recht einer anderen Vertragspartei obläge.

2. Tragweite der Buchstaben g, j und l

a) Buchstabe g steht Klauseln nicht entgegen, durch die sich der Erbringer von Finanzdienstleistungen das Recht vorbehält, einen unbefristeten Vertrag einseitig und – bei Vorliegen eines triftigen Grundes – fristlos zu kündigen, sofern der Gewerbetreibende die Pflicht hat, die andere Vertragspartei oder die anderen Vertragsparteien alsbald davon zu unterrichten.

b) Buchstabe j steht Klauseln nicht entgegen, durch die sich der Erbringer von Finanzdienstleistungen das Recht vorbehält, den von dem Verbraucher oder an den Verbraucher zu zahlenden Zinssatz oder die Höhe anderer Kosten für Finanzdienstleistungen in begründeten Fällen ohne Vorankündigung zu ändern, sofern der Gewerbetreibende die Pflicht hat, die andere Vertragspartei oder die anderen Vertragsparteien unverzüglich davon zu unterrichten, und es dieser oder diesen freisteht, den Vertrag alsbald zu kündigen.

Buchstabe j steht ferner Klauseln nicht entgegen, durch die sich der Gewerbetreibende das Recht vorbehält, einseitig die Bedingungen eines unbefristeten Vertrages zu ändern, sofern es ihm obliegt, den Verbraucher hiervon rechtzeitig in Kenntnis zu setzen, und es diesem freisteht, den Vertrag zu kündigen.

c) Die Buchstaben g, j und l finden keine Anwendung auf
- Geschäfte mit Wertpapieren, Finanzpapieren und anderen Erzeugnissen oder Dienstleistungen, bei denen der Preis von den Veränderungen einer Notierung oder eines Börsenindex oder von Kursschwankungen auf dem Kapitalmarkt abhängt, auf die der Gewerbetreibende keinen Einfluß hat;
- Verträge zum Kauf oder Verkauf von Fremdwährungen, Reiseschecks oder internationalen Postanweisungen in Fremdwährung.

d) Buchstabe l steht Preisindexierungsklauseln nicht entgegen, wenn diese rechtmäßig sind und der Modus der Preisänderung darin ausdrücklich beschrieben wird.

6. Richtlinie des Rates vom 22. Dezember 1986 zur Angleichung der Rechts- und Verwaltungsvorschriften der Mitgliedstaaten über den Verbraucherkredit

(87/102/EWG)

(Amtsblatt der Europäischen Gemeinschaften Nr. L 42
vom 12.2.1987 S.48)

Der Rat der Europäischen Gemeinschaften –

gestützt auf den Vertrag zur Gründung der Europäischen Wirtschaftsgemeinschaft, insbesondere auf Artikel 100,

auf Vorschlag der Kommission,[1]
nach Stellungnahme des Europäischen Parlaments,[2]
nach Stellungnahme des Wirtschafts- und Sozialausschusses,[3]
in Erwägung nachstehender Gründe:

Die Rechtsvorschriften im Bereich des Verbraucherkredites sind in den
Mitgliedstaaten sehr verschieden.

Die unterschiedlichen Rechtsvorschriften können zu Wettbewerbsverzerrungen zwischen den Kreditgebern auf dem gemeinsamen Markt
führen.

Die unterschiedlichen Rechtsvorschriften begrenzen die Möglichkeiten für den Verbraucher, in einem anderen Mitgliedstaat Kredit aufzunehmen. Sie berühren das Volumen und die Art der in Anspruch genommenen Kredite sowie den Erwerb von Gütern und Leistungen.

Die unterschiedichen Rechtsvorschriften beeinflussen infolgedessen
den freien Verkehr von Waren und Dienstleistungen, die der Verbraucher sich auf Kredit beschaffen kann und beeinträchtigen somit unmittelbar das Funktionieren des gemeinsamen Marktes.

---

1 ABl. Nr. C80 vom 27. 3. 1979, S. 4, und ABl. Nr. C183 vom 10. 7. 1984, S. 4.
2 ABl. Nr. C242 vom 12. 9. 1983, S. 10.
3 ABl. Nr. C113 vom 7. 5. 1980, S. 22.

In Anbetracht des zunehmenden Verbraucherkreditvolumens in der
Gemeinschaft würde die Errichtung eines gemeinsamen Verbraucherkre-
ditmarktes Verbrauchern, Kreditgebern, Herstellern, Groß- und Einzelhändlern sowie Dienstleistungserbringern gleichermaßen zugute kommen.

Die Programme der Europäischen Wirtschaftsgemeinschaft für eine
Politik zum Schutz und zur Unterrichtung der Verbraucher[4] sehen unter
anderem vor, daß der Verbraucher vor mißbräuchlichen Kreditbedingungen zu schützen ist und daß vorrangig eine Harmonisierung der
allgemeinen Bedingungen für den Verbraucherkredit vorzunehmen ist.

Aus unterschiedlichen Rechtsvorschriften und Praktiken erwächst in
den Mitgliedstaaten ungleicher Verbraucherschutz auf dem Gebiet des
Verbraucherkredits.

In den letzten Jahren hat sich bei den Arten der Kredite, die den
Verbrauchern zugänglich sind und von ihnen tatsächlich in Anspruch
genommen werden, vieles geändert; neue Formen haben sich herausgebildet und entwickeln sich weiter.

Der Verbraucher sollte über Kreditbedingungen und -kosten sowie
über seine Verpflichtungen angemessen unterrichtet werden. Hierbei sollte ihm unter anderem der Jahreszins für den Kredit oder, wenn dies nicht
möglich ist, der für den Kredit zurückzuzahlende Gesamtbetrag mitgeteilt werden. Bis zu einem Beschluß über eine Methode oder Methoden
der Gemeinschaft für die Berechnung des Jahreszinses müßten die Mitgliedstaaten bestehende Methoden oder Verfahren zur Berechnung dieses
Zinssatzes weiter anwenden können, oder sie müßten – falls dies nicht
möglich ist – Bestimmungen über die Angabe der Gesamtkosten des
Kredits für den Verbraucher festlegen.

Die vertraglichen Bedingungen können für den Verbraucher nachteilig sein. Ein besserer Schutz des Verbrauchers kann dadurch erreicht
werden, daß bestimmte Vorschriften erlassen werden, die für alle Formen des Kredits gelten.

Angesichts der Merkmale bestimmter Kreditverträge oder bestimmter
Geschäftsvorgänge sollten diese teilweise oder gänzlich vom Anwendungsbereich dieser Richtlinie ausgeschlossen werden.

Die Mitgliedstaaten sollten im Benehmen mit der Kommission bestimmte nichtkommerzielle und unter besonderen Bedingungen gewähr-
te Kredite von dieser Richtlinie ausschließen können.

---

4 ABl. Nr. C 92 vom 25. 4. 1975, S. 1, und ABl. Nr. C 133 vom 3. 6. 1981, S. 1.

Die Verfahren, die in einigen Mitgliedstaaten im Zusammenhang mit einem notariell oder gerichtlich beurkundeten Akt angewandt werden, machen die Anwendung einiger Bestimmungen dieser Richtlinie im Falle solcher Akte überflüssig. Die Mitgliedstaaten sollten daher derartige Akte von diesen Bestimmungen ausschließen können.

Kreditverträge über sehr hohe Beträge weichen oft von den üblichen Verbraucherkreditgeschäften ab. Die Anwendung der Bestimmungen dieser Richtlinie auf Verträge über sehr kleine Beträge könnte sowohl für die Verbraucher als auch für die Kreditgeber unnötigen verwaltungsmäßigen Aufwand verursachen. Daher sollten Verträge ab oder unter einer bestimmten finanziellen Grenze von der Richtlinie ausgeschlossen werden.

Angaben über die Kosten in der Werbung und in den Geschäftsräumen des Kreditgebers oder Kreditvermittlers können dem Verbraucher den Vergleich zwischen verschiedenen Angeboten erleichtern.

Der Schutz des Verbrauchers wird ferner erhöht, wenn Kreditverträge schriftich abgefaßt werden und bestimmte Mindestangaben über die Vertragsbestimmungen enthalten.

Im Falle von Krediten für den Erwerb von Waren sollten die Mitgliedstaaten die Bedingungen festlegen, zu denen Waren zurückgenommen werden können, insbesondere für Fälle, in denen der Verbraucher seine Einwilligung nicht erteilt hat. Dabei sollte die Abrechnung zwischen den Parteien in einer Weise erfolgen, daß die Rücknahme nicht zu einer unberechtigten Bereicherung führt.

Dem Verbraucher sollte gestattet werden, seine Verbindlichkeiten vorzeitig zu erfüllen. In diesem Falle sollte ihm eine angemessene Ermäßigung der Gesamtkosten des Kredits eingeräumt werden.

Bei Abtretung der Rechte des Kreditgebers aus einem Kreditvertrag darf die Rechtsstellung des Verbrauchers nicht verschlechtert werden.

Die Mitgliedstaaten, die dem Verbraucher gestatten, im Zusammenhang mit Kreditverträgen Wechsel, Eigenwechsel oder Schecks zu verwenden, sollten dafür Sorge tragen, daß der Verbraucher hierbei angemessenen Schutz genießt.

Hat der Verbraucher Waren oder Dienstleistungen im Rahmen eines Kreditvertrages erworben, so sollte er zumindest in den nachstehend genannten Fällen Rechte gegenüber dem Kreditgeber geltend machen können, die zusätzlich zu den ihm nach dem Vertrag zustehenden üblichen Rechte gegenüber dem Lieferanten der Waren oder dem Erbringer der Dienstleistungen bestehen; dies gilt in den Fällen, in denen zwischen diesen Personen eine vorherige Abmachung besteht, wonach Kredite an Kunden dieses Lieferanten zum Zwecke des Erwerbs von Waren oder

der Inanspruchnahme von Dienstleistungen des betreffenden Lieferanten ausschließlich von dem betreffenden Kreditgeber bereitgestellt werden.

Als ECU gilt die Rechnungseinheit, die durch die Verordnung (EWG) Nr. 3180/78,[1] zuletzt geändert durch die Verordnung (EWG) Nr. 2626/84[2] festgelegt worden ist. Den Mitgliedstaaten sollte es im begrenzten Umfang freistehen, die Beträge, die sich bei der Umrechnung der in dieser Richtlinie angegebenen und in ECU ausgedrückten Beträge in Landeswährung ergeben, auf- oder abzurunden. Die Beträge nach der vorliegenden Richtlinie sollten unter Berücksichtigung der wirtschaftlichen und monetären Entwicklung regelmäßig überprüft und gegebenenfalls angepaßt werden.

Die Mitgliedstaaten sollten geeignete Maßnahmen im Hinblick auf die Zulassung von Kreditgebern oder Kreditvermittlern oder die Kontrolle und Überwachung ihrer Tätigkeit ergreifen und es den Verbrauchern ermöglichen, Klage gegen Kreditverträge und Kreditbedingungen zu erheben.

Kreditverträge sollten nicht zum Nachteil des Verbrauchers von den zur Anwendung dieser Richtlinie erlassenen oder dieser Richtlinie entsprechenden Vorschriften abweichen.

Diese Vorschriften sollten nicht durch eine besondere Gestaltung der Verträge umgangen werden.

Mit dieser Richtlinie werden zwar die Rechts- und Verwaltungsvorschriften der Mitgliedstaaten über den Verbraucherkredit in gewissem Umfang angeglichen und es wird ein gewisses Maß an Verbraucherschutz erzielt, doch sollte es den Mitgliedstaaten überlassen bleiben, unter Beachtung ihrer Verpflichtungen aus dem Vertrag zwingendere Maßnahmen zum Schutz der Verbraucher zu erlassen.

Spätestens am 1. Januar 1995 sollte die Kommission dem Rat einen Bericht über die Anwendung der Richtlinie vorlegen –

hat folgende Richtlinie erlassen:

Artikel 1

(1) Diese Richtlinie findet auf Kreditverträge Anwendung.

(2) Im Sinne dieser Richtlinie bedeutet:

---

1 ABl. Nr. L 379 vom 30. 12. 1978, S. 1.
2 ABl. Nr. L 247 vom 16. 9. 1984, S. 1.

a) „Verbraucher": eine natürliche Person, die bei den von dieser Richtlinie erfaßten Geschäften zu einem Zweck handelt, der nicht ihrer beruflichen oder gewerblichen Tätigkeit zugerechnet werden kann;

b) „Kreditgeber": eine natürlich oder juristische Person, die in Ausübung ihrer gewerblichen oder beruflichen Tätigkeit einen Kredit gewährt, oder eine Gruppe solcher Personen;

c) "Kreditvertrag": einen Vertrag, bei dem ein Kreditgeber einem Verbraucher einen Kredit in Form eines Zahlungsaufschubs, eines Darlehens oder einer sonstigen ähnlichen Finanzierungshilfe gewährt oder zu gewähren verspricht.
Verträge über die kontinuierliche Erbringung von Dienstleistungen oder Leistungen von Versorgungsbetrieben, bei denen der Verbraucher berechtigt ist, für die Dauer der Erbringung Teilzahlungen zu leisten, gelten nicht als Kreditverträge im Sinne dieser Richtlinie;

d) „Gesamtkosten des Kredits für den Verbraucher": sämtliche Kosten des Kredits, einschließlich der Zinsen und sonstigen mit dem Kreditvertrag unmittelbar verbundenen Kosten, die nach den in den Mitgliedstaaten angewandten oder ihnen noch festzulegenden Vorschriften oder Verfahren bestimmt werden;

e) „effektiver Jahreszins": die Gesamtkosten des Kredits für den Verbraucher, die als jährlicher Vomhundertsatz des gewährten Kredits ausgedrückt sind und nach den in den Mitgliedstaaten angewandten Methoden ermittelt werden.

Artikel 2

(1) Diese Richtlinie findet keine Anwendung:

a) auf Kreditverträge oder Kreditversprechen, die
   – hauptsächlich zum Erwerb oder zur Beibehaltung von Eigentumsrechten an einem Grundstück oder einem vorhandenen oder noch zu errichtenden Gebäude,
   – zur Renovierung oder Verbesserung eines Gebäudes
   bestimmt sind;

b) auf Mietverträge, es sei denn, diese sehen vor, daß das Eigentum letzten Endes auf den Mieter übergeht;

c) auf Kredite, die zins- und gebührenfrei gewährt oder zur Verfügung gestellt werden;

d) Kreditverträge, nach denen keine Zinsen in Rechnung gestellt werden, sofern der Verbraucher sich bereit erklärt, den Kredit auf einmal zurückzuzahlen;

e) auf Verträge, aufgrund deren Kredite durch ein Kredit- oder Geld-institut in Form von Überziehungskrediten auf laufenden Konten gewährt werden, mit Ausnahme der Kreditkartenkonten.
Jedoch ist auf solche Kredite Artikel 6 anwendbar;

f) auf Kreditverträge über weniger als 200 ECU oder mehr als 20 000 ECU;

g) Kreditverträge, aufgrund deren der Verbraucher den Kredit
   – entweder innerhalb eines Zeitraumes von höchstens drei Monaten
   – oder innerhalb eines Zeitraums von höchstens zwölf Monaten in nicht mehr als vier Raten zurückzuzahlen hat.

(2) Die Mitgliedstaaten können im Benehmen mit der Kommission Kre-ditarten vom Anwendungsbereich der Richtlinie ausschließen, die fol-gende Bedingungen erfüllen:

– sie sind zu Zinssätzen bewilligt worden, die unter den marktüblichen Sätzen liegen

und

– sie werden im allgemeinen nicht öffentlich angeboten.

(3) Die Bestimmungen des Artikels 4 und der Artikel 6 bis 12 sind nicht anwendbar auf Kreditverträge oder Kreditversprechen, die durch Grundpfandrechte gesichert sind, soweit dies nicht schon nach Absatz 1 Buchstabe a) des vorliegenden Artikels von der Richtlinie ausgeschlos-sen ist.

(4) Die Mitgliedstaaten können notariell oder gerichtlich beurkundete Kreditverträge von den Bestimmungen der Artikel 6 bis 12 ausschließen.

Artikel 3

Unbeschadet der Richtlinie 84/450/EWG des Rates vom 10. September 1984 zur Angleichung der Rechts- und Verwaltungsvorschriften der Mitgliedstaaten über irreführende Werbung[1] sowie der allgemeinen Vor-schriften und Grundsätze über unlautere Werbung muß in jeder Wer-bung oder in jedem in Geschäftsräumen ausgehängten Angebot, durch die oder das jemand seine Bereitschaft zur Gewährung eines Kredits oder zur Vermittlung von Kreditverträgen ankündigt oder die oder das eine Angabe über den Zinssatz oder andere Zahlen betreffend die Kre-ditkosten enthält, auch – und zwar notfalls anhand von repräsentativen Beispielen – der effektive Jahreszins angegeben werden.

---

1 ABl. Nr. L 250 vom 19. 9. 1984, S. 17.

Artikel 4

(1) Kreditverträge bedürfen der Schriftform. Der Verbraucher erhält eine Ausfertigung des schriftlichen Vertrages.

(2) In der Vertragsurkunde ist folgendes anzugeben:

a) der effektive Jahreszins;

b) die Bedingungen, unter denen der effektive Jahreszins geändert werden kann.

Falls die Angabe des effektiven Jahreszinses nicht möglich ist, sind dem Verbraucher in der Vertragsurkunde angemessene Informationen zu geben. Diese Angaben müssen mindestens die in Artikel 6 Absatz 1 zweiter Gedankenstrich vorgesehenen Informationen umfassen.

(3) Die Vertragsurkunde soll auch die übrigen wesentlichen Vertragsbestimmungen enthalten.

Im Anhang findet sich als Beispiel eine Liste solcher Angaben, deren Aufnahme in den schriftlichen Vertrag von den Mitgliedstaaten als wesentlich vorgeschrieben werden kann.

Artikel 5

In Abweichung von den Artikeln 3 und 4 Absatz 2 müssen bis zu einem Beschluß über die Einführung einer Methode oder von Methoden der Gemeinschaft für die Berechnung des effektiven Jahreszinses in den Mitgliedstaaten, in denen bei Bekanntgabe der vorliegenden Richtlinie die Angabe des effektiven Jahreszinses nicht erforderlich ist, oder in denen es keine feststehende Methode für dessen Berechnung gibt, zumindest die Gesamtkosten des Kredits für den Verbraucher angegeben werden.

Artikel 6

(1) Unbeschadet der Ausnahmeregelung gemäß Artikel 2 Absatz 1 Buchstabe e) ist der Verbraucher im Falle eines Vertrages zwischen ihm und einem Kredit- oder Finanzinstitut über die Gewährung eines Kredits in Form eines Überziehungskredits auf einem laufenden Konto, außer einem Kreditkartenkonto, vor Vertragsabschluß oder zum Zeitpunkt des Vertragsabschlusses zu informieren:

– über die etwaige Höchstgrenze des Kreditbetrages;

– über den Jahreszins und die bei Abschluß des Vertrages in Rechnung
  gestellten Kosten sowie darüber, unter welchen Voraussetzungen diese geändert werden können;
– über die Modalitäten einer Beendigung des Vertragsverhältnisses.
Diese Informationen sind schriftlich zu bestätigen.
(2) Ferner ist der Verbraucher während der Laufzeit des Vertrages über
jede Änderung des Jahreszinses und der in Rechnung gestellten Kosten
im Augenblick ihres Eintritts zu unterrichten. Diese Unterrichtung kann
in Form eines Kontoauszuges oder in einer anderen für die Mitgliedstaaten annehmbaren Form erfolgen.
(3) In Mitgliedstaaten, in denen stillschweigend akzeptierte Kontoüberziehungen zulässig sind, trägt der betreffende Mitgliedstaat dafür Sorge,
daß der Verbraucher vom Jahreszins und den in Rechnung gestellten
Kosten sowie allen diesbezüglichen Änderungen unterrichtet wird,
wenn ein Konto länger als drei Monate überzogen wird.

Artikel 7

Die Mitgliedstaaten legen für den Fall des Kredits zum Erwerb einer
Ware die Bedingungen fest, unter denen die Ware zurückgenommen
werden kann, insbesondere für Fälle, in denen der Verbraucher seine
Einwilligung nicht erteilt hat. Sie tragen ferner dafür Sorge, daß in den
Fällen, in denen der Kreditgeber die Ware wieder an sich nimmt, die
Abrechnung zwischen den Parteien in der Weise erfolgt, daß die Rück-
nahme nicht zu einer unberechtigten Bereicherung führt.

Artikel 8

Der Verbraucher ist berechtigt, seine Verbindlichkeiten aus einem Kreditvertrag vorzeitig zu erfüllen. In diesem Fall kann der Verbraucher
gemäß den von den Mitgliedstaaten festgelegten Regelungen eine angemessene Ermäßigung der Gesamtkosten des Kredits verlangen.

Artikel 9

Werden die Ansprüche des Kreditgebers aus einem Kreditvertrag an einen Dritten abgetreten, so kann der Verbraucher diesen Dritten gegenüber Einreden geltend machen, soweit sie ihm gegen den ursprünglichen

Kreditgeber zustanden, und zwar einschließlich der Aufrechnungseinrede, soweit dies in dem betreffenden Mitgliedstaat zulässig ist.

Artikel 10

Die Mitgliedstaaten, die im Zusammenhang mit Kreditverträgen dem Verbraucher gestatten,

a) Zahlungen in Form von Wechseln, einschließlich Eigenwechseln zu leisten,

b) Sicherheit in Form von Wechseln, einschließlich Eigenwechseln und Schecks zu bieten,

tragen dafür Sorge, daß der Verbraucher bei Verwendung dieser Papiere zu den genannten Zwecken angemessenen Schutz genießt.

Artikel 11

(1) Die Mitgliedstaaten tragen dafür Sorge, daß das Bestehen eines Kreditvertrages in keiner Weise die Rechte des Verbrauchers gegenüber dem Lieferanten von Waren bzw. Erbringer von Dienstleistungen beeinträchtigt, falls die betreffenden Waren bzw. Dienstleistungen, die mit Hilfe dieses Kreditvertrages erworben werden, nicht geliefert bzw. erbracht werden oder in anderer Weise nicht vertragsmäßig sind.

(2) Wenn

a) für den Bezug von Waren oder Dienstleistungen ein Kredit mit einer anderen Person als dem Lieferanten vereinbart worden ist und

b) zwischen dem Kreditgeber und dem Lieferanten der Waren oder Dienstleistungen eine vorherige Abmachung besteht, wonach Kredite an Kunden dieses Lieferanten zum Zwecke des Erwerbs von Waren oder der Inanspruchnahme von Dienstleistungen des betreffenden Lieferanten ausschließlich von dem betreffenden Kreditgeber bereitgestellt werden und

c) der unter Buchstabe a) genannte Verbraucher seinen Kredit im Rahmen dieser vorherigen Abmachung erhält und

d) die unter den Kreditvertrag fallenden Waren oder Dienstleistungen nicht oder nur teilweise geliefert werden oder dem Liefervertrag nicht entsprechen und

e) der Verbraucher seine Rechte gegen den Lieferanten erfolglos geltend gemacht hat, ist der Verbraucher berechtigt, Rechte gegen den Kreditgeber geltend zu machen. Die Mitgliedstaaten bestimmen, wie weit und unter welchen Bedingungen diese Rechte geltend gemacht werden können.

(3) Absatz 2 gilt nicht, wenn der Betrag des betreffenden Einzelgeschäfts unter einem Gegenwert von 200 ECU liegt.

Artikel 12

(1) Die Mitgliedstaaten

a) stellen sicher, daß Personen, die Kredite anbieten oder bereit sind, Kreditverträge zu vermitteln, hierfür entweder speziell in dieser Eigenschaft oder aber als Lieferanten von Waren bzw. Erbringer von Dienstleistungen einer behördlichen Erlaubnis bedürfen; oder

b) stellen sicher, daß Personen, die Kredite gewähren oder die Gewährung von Krediten vermitteln, hinsichtlich dieser Tätigkeit von einer Einrichtung oder Behörde kontrolliert oder überwacht werden; oder

c) fördern die Schaffung geeigneter Einrichtungen, die Beschwerden über Kreditverträge und Kreditbedingungen entgegennehmen und den Verbrauchern einschlägige Informationen oder Ratschläge erteilen.

(2) Die Mitgliedstaaten können vorsehen, daß die in Absatz 1 Buchstabe a) genannte Erlaubnis entbehrlich ist, wenn Personen, die Kreditverträge abzuschließen oder zu vermitteln bereit sind, der Begriffsbestimmung von Artikel 1 der Ersten Richtlinie des Rates vom 12. Dezember 1977 zur Koordinierung der Rechts- und Verwaltungsvorschriften über die Aufnahme und Ausübung der Tätigkeit der Kreditinstitute[1] entsprechen und eine Erlaubnis gemäß den Bestimmungen dieser Richtlinie innehaben.

Besitzen Personen, die Kredite gewähren oder vermitteln, sowohl die spezielle Erlaubnis gemäß Absatz 1 Buchstabe a) als auch die Erlaubnis gemäß der genannten Richtlinie, und wird letztere Erlaubnis später entzogen, so wird die Behörde, die für die Erteilung der speziellen Erlaubnis zur Gewährung von Krediten gemäß Absatz 1 Buchstabe a) zuständig ist, unterrichtet, und sie entscheidet, ob die betreffenden Personen weiterhin Kredite gewähren oder vermitteln dürfen oder ob die gemäß Absatz 1 Buchstabe a) erteilte spezielle Erlaubnis entzogen wird.

---

1 ABl. Nr. L 322 vom 17. 12. 1977, S. 30.

Artikel 13

(1) Als ECU im Sinne dieser Richtlinie gilt die Rechnungseinheit, die durch die Verordnung (EWG) Nr. 3180/78, in der Fassung der Verordnung (EWG) Nr. 2626/84, festgelegt worden ist. Der Gegenwert in nationaler Währung ist bei der ersten Festsetzung derjenige, welcher am Tag der Annahme dieser Richtlinie gilt.

Die Mitgliedstaaten können die sich bei der Umrechnung der ECU-Beträge ergebenden Beträge in Landeswährung abrunden, wobei die Abrundung 10 ECU nicht übersteigen darf.

(2) Der Rat überprüft auf Vorschlag der Kommission alle fünf Jahre und erstmals im Jahre 1995 die in dieser Richtlinie genannten Beträge unter Berücksichtigung der wirtschaftlichen und monetären Entwicklung in der Gemeinschaft und ändert diese Beträge gegebenenfalls.

Artikel 14

(1) Die Mitgliedstaaten stellen sicher, daß Kreditverträge von den zur Anwendung dieser Richtlinie ergangenen oder dieser Richtlinie entsprechenden innerstaatlichen Vorschriften nicht zum Nachteil des Verbrauchers abweichen.

(2) Die Mitgliedstaaten stellen ferner sicher, daß die Vorschriften, die sie gemäß dieser Richtlinie verabschieden, nicht durch eine besondere Gestaltung der Verträge, insbesondere eine Aufteilung des Kreditbetrages auf mehrere Verträge, umgangen werden.

Artikel 15

Diese Richtlinie hindert die Mitgliedstaaten nicht, in Übereinstimmung mit ihren Verpflichtungen aus dem Vertrag weitergehende Vorschriften zum Schutz der Verbraucher aufrechtzuerhalten oder zu erlassen.

Artikel 16

(1) Die Mitgliedstaaten treffen die erforderlichen Maßnahmen, um dieser Richtlinie spätestens am 1. Januar 1990 nachzukommen. Sie setzen die Kommission unverzüglich davon in Kenntnis.

(2) Die Mitgliedstaaten teilen der Kommission den Wortlaut der wichtigsten innerstaatlichen Rechtsvorschriften mit, die sie auf dem unter diese Richtlinie fallenden Gebiet erlassen.

Artikel 17

Die Kommission legt dem Rat vor dem 1. Januar 1995 einen Bericht über die Anwendung der Richtlinie vor.

Artikel 18

Diese Richtlinie ist an die Mitgliedstaaten gerichtet.

Anhang

Liste der Angaben nach Artikel 4 Absatz 3

1. Kreditverträge, die die Finanzierung des Erwerbs von bestimmten Waren oder Dienstleistungen betreffen:

i) Beschreibung der Waren oder Dienstleistungen, die Gegenstand des Vertrages sind;

ii) Barzahlungspreis und Preis, der im Rahmen des Kreditvertrages zu zahlen ist;

iii) Betrag einer etwaigen Anzahlung, Anzahl und Betrag der Teilzahlungen und Termine, zu denen sie fällig werden, oder Verfahren, nach dem sie jeweils festgestellt werden können, falls sie zum Zeitpunkt des Vertragsabschlusses noch nicht bekannt sind;

iv) Hinweis darauf, daß der Verbraucher gemäß Artikel 8 bei vorzeitiger Rückzahlung Anspruch auf eine Ermäßigung hat;

v) Hinweis darauf, wer der Eigentümer der Waren ist (sofern das Eigentumsrecht nicht unmittelbar auf den Verbraucher übertragen wird) und unter welchen Voraussetzungen der Verbraucher Eigentümer der Waren wird;

vi) Einzelheiten über etwaige Sicherheiten;

vii) etwaige Bedenkzeit;

viii) Hinweis auf etwaige erforderliche Versicherung(en) und, wenn die
Wahl des Versicherers nicht dem Verbraucher überlassen bleibt,
Hinweis auf die Versicherungskosten.

2. *Kreditverträge, die mittels Kreditkarten abgewickelt werden:*

i)   etwaige Höchstgrenze des Kredits;
ii)   Rückzahlungsbedingungen oder Möglichkeit zur Feststellung die-
       ser Bedingungen;
iii)   etwaige Bedenken.

3. *Kontokorrent-Kreditverträge, die nicht von anderen Bestimmungen der Richtlinie erfaßt werden:*

i)   etwaige Höchstgrenze des Kredits oder Verfahren zu ihrer Festle-
       gung;
ii)   Benutzungs- und Rückzahlungsbedingungen;
iii)   etwaige Bedenken.

4. *Andere unter die Richtlinie fallende Kreditverträge:*

i)   etwaige Höchstgrenze des Kredits;
ii)   Hinweis auf etwaige Sicherheiten;
iii)   Rückzahlungsbedingungen;
iv)   etwaige Bedenkzeit;
v)   Hinweis darauf, daß der Verbraucher gemäß Artikel 8 bei vorzeiti-
       ger Rückzahlung Anspruch auf eine Ermäßigung hat.

7. Richtlinie des Rates vom 20. Dezember 1985 betreffend den Verbraucherschutz im Falle von außerhalb von Geschäftsräumen geschlossenen Verträgen

(85/577/EWG)

Der Rat der Europäischen Gemeinschaften –

gestützt auf den Vertrag zur Gründung der Europäischen Wirtschaftsgemeinschaft, insbesondere auf Artikel 100,

auf Vorschlag der Kommission,
nach Stellungnahme des Europäischen Parlaments,
nach Stellungnahme des Wirtschafts- und Sozialausschusses,
in Erwägung nachstehender Gründe:

Der Abschluß von Verträgen oder einseitigen Verpflichtungserklärungen zwischen einem Gewerbetreibenden und einem Verbraucher außerhalb der Geschäftsräume des Gewerbetreibenden bildet eine Form der Handelspraxis, die in den Mitgliedstaaten häufig vorkommt. Solche Verträge und Verpflichtungserklärungen sind durch unterschiedliche Rechtsvorschriften der Mitgliedstaaten geregelt.

Die Unterschiede zwischen diesen Rechtsvorschriften können sich unmittelbar auf das Funktionieren des Gemeinsamen Marktes auswirken. Daher ist es nötig, die einschlägigen Bestimmungen anzugleichen.

Die Nummern 24 und 25 des Ersten Programms der Europäischen Wirtschaftsgemeinschaft für eine Politik zum Schutz und zur Unterrichtung der Verbraucher sehen unter anderem vor, daß geeignete Maßnahmen zum Schutz der Verbraucher vor mißbräuchlichen Handelspraktiken bei Haustürgeschäften getroffen werden. Das zweite Programm der Europäischen Wirtschaftsgemeinschaft für eine Politik zum Schutz und zur Unterrichtung der Verbraucher hat die Fortführung der Aktionen und Prioritäten des ersten Programms bestätigt.

Verträge, die außerhalb der Geschäftsräume eines Gewerbetreibenden abgeschlossen werden, sind dadurch gekennzeichnet, daß die Initiative zu den Vertragsverhandlungen in der Regel vom Gewerbetreibenden ausgeht und der Verbraucher auf die Vertragsverhandlungen nicht vorbereitet ist. Letzterer hat häufig keine Möglichkeit, Qualität und Preis des Angebots mit anderen Angeboten zu vergleichen. Dieses Überraschungsmoment gibt es nicht nur bei Haustürgeschäften, sondern auch bei anderen Verträgen, die auf Initiative des Gewerbetreibenden außerhalb seiner Geschäftsräume abgeschlossen werden.

Um dem Verbraucher die Möglichkeit zu geben, die Verpflichtungen aus dem Vertrag noch einmal zu überdenken, sollte ihm das Recht eingeräumt werden, innerhalb von mindestens sieben Tagen vom Vertrag zurückzutreten.

Außerdem ist es geboten, geeignete Maßnahmen zu treffen, um sicherzustellen, daß der Verbraucher schriftlich von seiner Überlegungsfrist unterrichtet ist.

Die Freiheit der Mitgliedstaaten, das Verbot des Abschlusses von Verträgen außerhalb von Geschäftsräumen teilweise oder vollständig beizubehalten oder einzuführen, sofern sie der Auffassung sind, daß dies im Interesse der Verbraucher liegt, sollte nicht beeinträchtigt werden –

hat folgende Richtlinie erlassen:

Art. 1

(1) Diese Richtlinie gilt für Verträge, die zwischen einem Gewerbetreibenden, der Waren liefert oder Dienstleistungen erbringt, und einem Verbraucher geschlossen werden:
– während eines vom Gewerbetreibenden außerhalb von dessen Geschäftsräumen organisierten Ausflugs, oder
– anläßlich eines Besuchs des Gewerbetreibenden
   i) beim Verbraucher in seiner oder in der Wohnung eines anderen Verbrauchers,
   ii) beim Verbraucher an seinem Arbeitsplatz,
sofern der Besuch nicht auf ausdrücklichen Wunsch des Verbrauchers erfolgt.

(2) Diese Richtlinie gilt auch für Verträge über andere Warenlieferungen oder Dienstleistungen als diejenigen, für die der Verbraucher den Gewerbetreibenden um einen Besuch gebeten hat, sofern der Verbraucher zum Zeitpunkt seiner Bitte nicht gewußt hat oder aus vertretbaren Gründen nicht wissen konnte, daß die Lieferung bzw. Erbringung dieser anderen Ware oder Dienstleistung zu den gewerblichen oder beruflichen Tätigkeiten des Gewerbetreibenden gehört.

(3) Diese Richtlinie gilt auch für Verträge, bei denen der Verbraucher unter ähnlichen wie in Absatz 1 oder Absatz 2 genannten Bedingungen

ein Angebot gemacht hat, obwohl der Verbraucher durch sein Angebot vor dessen Annahme durch den Gewerbetreibenden nicht gebunden war.
(4) Diese Richtlinie gilt auch für vertragliche Angebote, die ein Verbraucher unter ähnlichen wie in Absatz 1 oder Absatz 2 genannten Bedingungen macht, sofern der Verbraucher durch sein Angebot gebunden ist.

Art. 2

Im Sinne dieser Richtlinie bedeutet
– „Verbraucher" eine natürliche Person, die bei den von dieser Richtlinie erfaßten Geschäften zu einem Zweck handelt, der nicht ihrer beruflichen oder gewerblichen Tätigkeit zugerechnet werden kann.
– „Gewerbetreibende" eine natürliche oder juristische Person, die beim Abschluß des betreffenden Geschäfts im Rahmen ihrer gewerblichen oder beruflichen Tätigkeit handelt sowie eine Person, die im Namen und für Rechnung eines Gewerbetreibenden handelt.

Art. 3

(1) Die Mitgliedstaaten können entscheiden, daß diese Richtlinie nur auf Verträge angewandt wird, bei denen der vom Verbraucher zu zahlende Gegenwert über eine bestimmte Höhe hinausgeht. Dieser Betrag darf 60 ECU nicht übersteigen.
Der Rat überprüft auf Vorschlag der Kommission diesen Betrag alle zwei Jahre, zum erstenmal spätestens vier Jahre nach Bekanntgabe dieser Richtlinie, und ändert ihn gegebenenfalls, wobei er die wirtschaftliche und monetäre Entwicklung in der Gemeinschaft berücksichtigt.
(2) Diese Richtlinie gilt nicht für
a) Verträge über den Bau, den Verkauf und die Miete von Immobilien sowie Verträge über andere Rechte an Immobilien;
   Verträge über die Lieferung von Waren und über ihre Einfügung in vorhandene Immobilien oder Verträge über die Reparatur bestehender Immobilien werden von dieser Richtlinie erfaßt.
b) Verträge über die Lieferung von Lebensmitteln oder Getränken oder sonstigen Haushaltsgegenständen des täglichen Bedarfs, die von ambulanten Einzelhändlern in kurzen Zeitabständen und regelmäßig geliefert werden;
c) Verträge über die Lieferung von Waren und die Erbringung von Dienstleistungen, vorausgesetzt, daß die drei folgenden Bedingungen erfüllt sind:

i)   Der Vertrag wird anhand eines Katalogs eines Gewerbetreibenden geschlossen, den der Verbraucher in Abwesenheit des Vertreters des Gewerbetreibenden eingehend zur Kenntnis nehmen konnte;

ii) es wird vorgesehen, daß zwischen dem Vertreter des Gewerbetreibenden und dem Verbraucher im Zusammenhang mit diesem oder einem anderen, später abzuschließenden Geschäft eine ständige Verbindung aufrechterhalten wird;

iii) der Katalog und der Vertrag weisen den Verbraucher deutlich auf das Recht hin, dem Lieferer die Waren mindestens binnen sieben Tagen nach Erhalt zurückzusenden oder innerhalb dieser Frist vom Vertrag zurückzutreten, ohne daß ihm dadurch außer der Verpflichtung, die Waren angemessen zu behandeln, irgendwelche Verpflichtungen entstehen;

d) Versicherungsverträge;

e) Verträge über Wertpapiere.

(3) Die Mitgliedstaaten haben abweichend von Artikel 1 Absatz 2 die Möglichkeit, diese Richtlinie nicht auf Verträge über Warenlieferungen oder Dienstleistungen anzuwenden, die unmittelbar mit der Ware oder der Dienstleistung in Verbindung stehen, für die der Verbraucher den Gewerbetreibenden um einen Besuch gebeten hat.

Art. 4

Der Gewerbetreibende hat den Verbraucher bei Geschäften im Sinne des Artikels 1 schriftlich über sein Widerrufsrecht innerhalb der in Artikel 5 festgelegten Fristen zu belehren und dabei den Namen und die Anschrift einer Person anzugeben, der gegenüber das Widerrufsrecht ausgeübt werden kann.

Diese Belehrung ist zu datieren und hat Angaben zu enthalten, die eine Identifizierung des Vertrages ermöglichen. Sie ist dem Verbraucher auszuhändigen

a) im Fall von Artikel 1 Absatz 1 zum Zeitpunkt des Vertragsabschlusses;

b) im Fall von Artikel 1 Absatz 2 spätestens zum Zeitpunkt des Vertragsabschlusses;

c) im Fall von Artikel 1 Absatz 3 und Artikel 1 Absatz 4 zum Zeitpunkt der Abgabe des Angebots durch den Verbraucher.

Die Mitgliedstaaten sorgen dafür, daß ihre innerstaatlichen Rechtsvorschriften geeignete Maßnahmen zum Schutz des Verbrauchers vorsehen, wenn die in diesem Artikel vorgesehene Belehrung nicht erfolgt.

Art. 5

(1) Der Verbraucher besitzt das Recht, von der eingegangenen Verpflichtung zurückzutreten, indem er dies innerhalb von mindestens sieben Tagen nach dem Zeitpunkt, zu dem ihm die in Artikel 4 genannte Belehrung erteilt wurde, entsprechend dem Verfahren und unter Beachtung der Bedingungen, die im einzelstaatlichen Recht festgelegt sind, anzeigt. Die Frist gilt als gewahrt, wenn die Anzeige vor Fristablauf abgesandt wird.
(2) Die Anzeige bewirkt, daß der Verbraucher aus allen aus dem widerrufenen Vertrag erwachsenden Verpflichtungen entlassen ist.

Art. 6

Der Verbraucher kann auf die ihm aufgrund dieser Richtlinie eingeräumten Rechte nicht verzichten.

Art. 7

Übt der Verbraucher sein Rücktrittsrecht aus, so regeln sich die Rechtsfolgen des Widerrufs nach einzelstaatlichem Recht, insbesondere bezüglich der Rückerstattung von Zahlungen für Waren oder Dienstleistungen und der Rückgabe empfangener Waren.

Art. 8

Die vorliegende Richtlinie hindert die Mitgliedstaaten nicht daran, noch günstigere Verbraucherschutzbestimmungen auf dem Gebiet dieser Richtlinie zu erlassen oder beizubehalten.

Art. 9

(1) Die Mitgliedstaaten treffen die erforderlichen Maßnahmen, um dieser Richtlinie innerhalb von vierundzwanzig Monaten nach ihrer Bekanntgabe nachzukommen. Sie setzen die Kommission unverzüglich hiervon in Kenntnis.

(2) Die Mitgliedstaaten teilen der Kommission den Wortlaut der wichtigsten innerstaatlichen Rechtsvorschriften mit, die sie auf dem unter diese Richtlinie fallenden Gebiet erlassen.

Art. 10

Diese Richtlinie ist an die Mitgliedstaaten gerichtet.

8. Empfehlung der Kommission vom 14. Februar 1990 zur Transparenz der Bankkonditionen bei grenzüberschreitenden Finanztransaktionen

(90/109/EWG)

Die Kommissionen der Europäischen Gemeinschaften –

gestützt auf den Vertrag zur Gründung der Europäischen Wirtschaftsgemeinschaft, insbesondere auf Artikel 155,
in Erwägung nachstehender Gründe:
Der Wegfall der Handelsschranken in der Gemeinschaft und die bei der Kooperation im Währungs- und Bankenbereich erzielten Fortschritte, die durch die im Rahmen der Einheitlichen Akte erlassenen Richtlinien gefördert werden, dürften einen verstärkten Erwerb von Waren, eine häufigere Inanspruchnahme von Dienstleistungen in anderen Mitgliedstaaten und eine erhöhte Mobilität der Bürger, vor allem der Erwerbstätigen, Urlauber und Rentner, zur Folge haben.
Dank dieser Freizügigkeit der Bürger und des freien Warenverkehrs werden sowohl die Zahl der grenzüberschreitenden Finanztransaktionen als auch die der Personen, die derartige Transaktionen vornehmen, zunehmen.
Die derzeitige Regelung der internationalen Banküberweisungen ist sehr viel umständlicher als bei innerstaatlichen Überweisungen, da ein oder mehrere Institute zwischengeschaltet sind, verschiedene Verrechnungssysteme in Ländern mit unterschiedlicher Währung verwendet werden müssen und ein Devisenumtausch notwendig ist.
Dieses komplexe Verfahren erfordert ein qualifizierteres Personal und häufigere Kontrollen als das Verfahren bei inländischen Überweisungen. Grenzüberschreitende Finanztransaktionen sind damit kostenintensiver und zeitraubender. Deshalb ist es notwendig, daß die Kunden, die diese Leistungen in Anspruch nehmen wollen, hierüber zuvor genau unterrichtet werden.
Verhaltensregeln, die auf gemeinsamen Grundsätzen der Transparenz beruhen und die die zu erteilenden Informationen und die Angaben über die Abrechnung für den Geldtransfer betreffen, sind geeignet, die grenzüberschreitende Finanztransaktionen durchführenden Einrichtun-

gen zu veranlassen, ihre Kosten genauer zu veranschlagen und ihre Transfermethoden so weit wie möglich zu rationalisieren.

Da die Frage, in welcher Form die Unterrichtung der Kundschaft erfolgen soll, von der Geschäftspolitik des jeweiligen Geldinstituts abhängt, ist es nicht wünschenswert, diesbezüglich einheitliche und zwingende Regeln aufzustellen.

Das Vorhandensein von Zeitmaßstäben für die Auftragsausführung ist eine wesentliche Hilfe bei der Beurteilung der für die grenzüberschreitenden Transaktionen geforderten Preise; es stärkt außerdem das Vertrauen derjenigen, die Überweisungen veranlassen oder empfangen.

Es empfiehlt sich, besonders staatliche Stellen für die Bearbeitung von Beschwerden im Zusammenhang mit grenzüberschreitenden Geldgeschäften einzurichten; solche Beschwerden sind angesichts der Beteiligung von Instituten verschiedener Mitgliedstaaten besonders sorgfältig zu prüfen.

Obwohl in mehreren Mitgliedstaaten zwingende Vorschriften für die Transparenz der Bankkonditionen bestehen, scheint es nicht zweckmäßig, diese Mitgliedstaaten aufzufordern, ihre Vorschriften zu ändern, um darin nur für den grenzüberschreitenden Geldverkehr geltende Vorschriften aufzunehmen; das gilt auch für die Staaten, die über Transparenzbestimmungen für den gesamten Dienstleistungssektor und nicht nur für Bankdienstleistungen verfügen.

Hinzu kommmt, daß einige Mitgliedstaaten ihre bewährten Kooperationsverfahren zur Verbesserung der Beziehungen zwischen den Finanzinstituten und ihren Kunden beibehalten möchten.

Eine Empfehlung, die es den zuständigen Behörden erlaubt, eine Zusammenarbeit der betroffenen Geldinstitue auf freiwilliger Basis herbeizuführen, erscheint als ein geeignetes Instrument, um zu erreichen, daß sich das Verhalten ändert und neue Wege gesucht werden, die Kosten der grenzüberschreitenden Transferzahlungen unter marktwirtschaftlichen Bedingungen zu senken –

empfiehlt:

1. darüber zu wachen, daß die Geldinstitute, die grenzüberschreitende Transaktionen im Sinne dieser Empfehlung vornehmen, die im Anhang aufgeführten Grundsätze anwenden;
2. der Kommission bis zum 30. September 1990 Name und Anschrift der unter Punkt 2 des Sechsten Grundsatzes im Anhang erwähnten Stellen mitzuteilen.

Brüssel, den 14. Februar 1990

Für die Kommission
Leon Brittan
Vizepräsident

Anhang

Grundsätze für die Transparenz der Bankkonditionen bei grenzüberschreitenden Finanztransaktionen

Allgemeines

Die Grundsätze dieser Empfehlung sollen für mehr Transparenz der Informationen und Fakturierungsregeln sorgen, nach denen sich die von dieser Empfehlung betroffenen Geldinstitute bei den nachstehend definierten grenzüberschreitenden Finanzoperationen richten.

Diese Grundsätze gelten für alle Kundenkategorien der betreffenden Institute, ohne jedoch der Möglichkeit vorzugreifen, bestimmten Kunden zum Beispiel aufgrund des Umfangs ihrer jeweiligen Transaktion oder Transaktionen günstigere Konditionen einzuräumen.

Als betroffene Geldinstitute, nachstehend „*Institute*" genannt, gelten juristische Personen, insbesondere Kreditinstitute und Postämter, zu deren Leistungsangebot grenzüberschreitende Überweisungen oder die Mitwirkung bei diesen gehören. Für die Zwecke dieser Empfehlung gelten Zweigniederlassungen von Instituten ebenfalls als „Institute".

Als *grenzüberschreitende Transaktionen* gelten Überweisungen wie nachstehend definiert, wenn die Institute von Auftraggeber und Begünstigtem in verschiedenen Mitgliedstaaten liegen.

Überweisung bezeichnet den gesamten Vorgang des Transfers eines auf Ecu oder die Landeswährung eines Mitgliedstaates lautenden Betrags von einem Auftraggeber an einen Begünstigten, gleich ob er Inhaber eines Kontos bei einem Institut in einem anderen Mitgliedstaat ist oder nicht.

Transferauftrag bezeichnet eine schriftliche, mündliche oder elektronische Mitteilung, die einen Auftrag an ein Institut enthält, einem Konto einen bestimmten Geldbetrag gutzuschreiben oder diesen für jemanden bereitzuhalten oder den Auftrag durch ein anderes Institut ausführen zu lassen.

Auftraggeber ist derjenige, der den eigentlichen Überweisungsauftrag erteilt.

Bei dem *Begünstigten* handelt es sich um den Endempfänger, der den Betrag in einem anderen Mitgliedstaat als demjenigen erhalten soll, in dem der erste Transferauftrag erteilt wurde, und zwar durch Gutschrift auf seinem Konto oder durch eine Mitteilung, aufgrund deren er die Auszahlung des jeweiligen Betrages verlangen kann.

Erster Grundsatz

Jedes Institut sollte seine Kundschaft in leicht verständlicher und leicht zugänglicher Form über die Kosten grenzüberschreitender Transaktionen informieren.

Dies könnte geschehen durch:

- einen Aushang oder eine andere ständige Form der Bekanntmachung, worin auf die mit grenzüberschreitenden Transaktionen verbundenen Kosten und Fristen hingewiesen und dem Kunden nahegelegt wird, sich zu informieren;
- eine Standardinformation (in Form einer Hinweistafel, einer Broschüre, eines Faltblattes oder eines anderen geeigneten Mittels), aus der die Höhe oder gegebenenfalls der Prozentsatz der Provisionen und Gebühren, die das Institut bei der Ausführung eines grenzüberschreitenden Geldgeschäfts dem Auftraggeber oder dem Begünstigten für die einzelnen Vorgänge in Rechnung stellt, sowie gegebenenfalls die Angben zur Wertstellung hervorgehen;
- außerdem sollten dem Auftraggeber auf Wunsch detaillierte Hinweise (in Form einer Broschüre, eines Faltblattes, eines Vordrucks oder eines sonstigen geeigneten Mittels) zur Vergügung gestellt werden, aus denen hervorgeht, unter welchen Bedingungen das jeweilige Institut den Auftrag auszuführen bereit ist, mit einer Angabe darüber, mit welchen Kosten und Fristen auf seiten der Banken, die dabei zwischengeschaltet werden müssen, zu rechnen ist.

Zweiter Grundsatz

In der Abrechnung über eine grenzüberschreitende Finanztransaktion sollten den Kunden die anfallenden Provisionen und Gebühren sowie der angewandte Wechselkurs genau mitgeteilt werden.

In der Praxis könnte dies so aussehen:

Das Institut spezifiziert in seiner dem Kunden (Auftraggeber oder Begünstigter) ausgehändigten oder zugesandten Abrechnung und sonstigen Belegen:

– den bei der Umrechnung des Betrages in Fremdwährung zugrunde gelegten Wechselkurs,
– den Betrag der vom Institut erhobenen oder in Rechnung gestellten Provision(en),
– die Auflistung und die Höhe der Steuern,
– Art und Höhe der Spesen, die dem Kunden in Rechnung gestellt werden,
– Art und Höhe aller sonstigen in Rechnung gestellten Beträge.

Dritter Grundsatz

1. Unbeschadet der Möglichkeit für den Auftraggeber, eine andere Art der Aufteilung der Provisionen und Gebühren zu wählen, sollte das Institut des Auftraggebers seine Kunden bei der Auftragerteilung darauf hinweisen, daß
– die Provisionen und Gebühren, die es für die Weiterleitung des Auftrags erhebt, entweder zu Lasten des Auftraggebers oder des Begünstigten gehen können;
– die vom Institut des Begünstigten seinem Kunden bei der Auszahlung des Betrages eventuell in Rechnung gestellten Provisionen und Gebühren entweder dem Begünstigten oder dem Auftraggeber in Rechnung gestellt werden können.

2. Hat der Auftraggeber sein Institut jedoch ausdrücklich angewiesen, dem Begünstigten den genauen Betrag gutzuschreiben, den er in seinem Überweisungs- oder Zahlungsauftrag angegeben hat, so wird den Instituten empfohlen, eine Art des Transfers zu wählen, die dies ermöglicht, und den Auftraggeber vor Beginn der Transaktion über den zusätzlichen Betrag zu informieren, der ihm hierfür in Rechnung gestellt wird. Dieser Betrag stellt jedoch nur eine unverbindliche Schätzung für das Institut dar, außer wo es eine Pauschalrechnung anwendet.

Dieser Grundsatz könnte wie folgt gehandhabt werden:
Der Auftraggeber, der wünscht, daß dem Begünstigten der jeweils genaue Betrag gutgeschrieben wird, erhält vorher eine Auskunft, die entweder auf einer Pauschalrechnung oder auf einer Schätzung beruht. Diese berücksichtigen den Durchschnittswert jener Provisionen und Gebühren, die von Instituten im Land des Begünstigten angewendet werden, wenn die verfügbaren Informationen eine genauere Berechnung nicht ermöglichen. Falls sich der geschätzte Betrag niedriger als die tatsächlich entstandenen Gebühren und Kosten herausstellt, kann der Unterschiedsbetrag nur dem Auftraggeber in Rechnung gestellt werden.

Vierter Grundsatz

1. Jedes zwischengeschaltete Institut sollte einen Transferauftrag spätestens zwei Arbeitstage nach Eingang des entsprechenden Betrages bearbeiten oder dem auftraggebenden Institut sowie dem Institut des Auftraggebers (falls diese nicht identisch sind) mitteilen, daß es den Auftrag ablehnt oder daß mit einer Verzögerung zu rechnen ist, es sei denn, daß eine anderslautende terminliche Weisung oder ein Fall höherer Gewalt vorliegt.

2. Falls sich Verzögerungen bei der Ausführung des Auftrages ergeben, sollte dem Auftraggeber ein Teil der Transferkosten erstattet werden.

Dieser Grundsatz könnte wie folgt verwirklicht werden:

Das Institut des Auftraggebers überweist dem Institut des Begünstigten oder einem eventuell zwischengeschalteten Institut den Betrag des Transferauftrags nach Ablauf von zwei Arbeitstagen, sofern das Institut des Begünstigten (oder das zwischengeschaltete Institut) nicht innerhalb einer Frist von zwei Arbeitstagen nach Eingang des Transferauftrags mitteilt, daß es den Auftrag ablehnt.

Das Empängerinstitut – sofern es nicht das Institut des Begünstigten ist und nicht mitgeteilt hat, daß es den Auftrag ablehnt – erteilt ebenfalls innerhalb von zwei Arbeitstagen nach Eingang der zu überweisenden Summe dem Institut des Begünstigten oder einem anderen zwischengeschalteten Institut einen neuen Transferauftrag, der die notwendigen Weisungen für die weitere ordnungsgemäße Abwicklung des Auftrags enthält.

Fünfter Grundsatz

1. Das Institut des Begünstigten sollte die im Zusammenhang mit dem Überweisungs- oder Zahlungsauftrag anfallenden Arbeiten spätestens innerhalb eines Arbeitstages nach Eingang des entsprechenden Betrages erledigen, sofern der Auftrag nicht einen späteren Zeitpunkt für die Ausführung vorsieht.

2. Ist das Institut des Begünstigten nicht in der Lage, den ihm erteilten Auftrag in der in Absatz 1 vorgesehenen Frist zu erledigen, sollte es so bald wie möglich das auftraggebende Institut sowie das Institut des Auftraggebers, falls diese nicht identisch sind, über die Gründe der Nichtausführung oder der Verzögerung informieren.

Sechster Grundsatz

1. Jedes Institut, das an einer grenzüberschreitenden Finanztransaktion beteiligt ist, sollte in der Lage sein, über Beschwerden des Auftraggebers oder des Begünstigten über die Ausführung oder die Abrechnung der Transaktion rasch zu entscheiden.

2. Wird einer Beschwerde nicht abgeholfen oder bleibt sie drei Monate lang unbeantwortet, so können sich die Beschwerdeführer an eine der Stellen der Mitgliedstaaten wenden, die Kundenreklamationen entgegennehmen. Das Verzeichnis und die Anschrift dieser Stellen sollte auf Anfrage in allen Instituten erhältlich sein, die grenzüberschreitende Geldgeschäfte tätigen.

Eine Möglichkeit der Anwendung dieses Grundsatzes könnte darin bestehen, die Bearbeitung von Beschwerden Einrichtungen zu übertragen, die von den beteiligten Parteien unabhängig sind und

– dem öffentlichen Sektor (Verwaltungsstelle, Ministerium),
– der Zentralbank,
– einer speziellen Instanz wie dem Ombudsmann oder
– einem Kontaktausschuß zwischen den Vertretern der Banken und der Kunden

angegliedert sind.

9. Empfehlung der Kommission vom 17. November 1988 zu Zahlungssystemen, insbesondere zu den Beziehungen zwischen Karteninhabern und Kartenausstellern

(88/590/EWG)

Die Kommission der Europäischen Gemeinschaften –

gestützt auf den Vertrag zur Gründung der Europäischen Wirtschaftsgemeinschaft, insbesondere auf Artikel 155 zweiter Gedankenstrich,
in Erwägung nachstehender Gründe:
Eines der Hauptziele der Gemeinschaft ist die Vollendung des Binnenmarktes bis 1992, wobei Zahlungssysteme eine wesentliche Rolle spielen.

Nach Ziffer 18 des Anhangs der Entschließung des Rates vom 14. April 1975 zum ersten Programm der Europäischen Wirtschaftsgemeinschaft für eine Politik zum Schutz und zur Unterrichtung der Verbraucher,[1] sollte der Schutz der wirtschaftlichen Interessen der Verbraucher auf folgenden Grundsätzen basieren:[2] (i) Die Käufer von Waren und Dienstleistungen sind vor Standardverträgen, insbesondere vor dem Ausschluß wesentlicher Rechte in Verträgen, zu schützen; (ii) der Verbraucher ist vor Schädigung seiner wirtschaftlichen Interessen durch unzureichende Dienstleistungen zu schützen, und (iii) die Präsentation sowie die Förderung des Absatzes von Waren und Dienstleistungen, einschließlich finanzieller Dienstleistungen, sind so zu gestalten, daß sie denjenigen, dem sie angeboten werden oder von dem sie bestellt worden sind, weder unmittelbar noch mittelbar täuschen. In Ziffer 24 des Anhangs zu dem genannten ersten Programm ist festgelegt, daß dem Schutz der Verbraucher vor mißbräuchlichen Handelspraktiken, unter anderem hinsichtlich der Vertragsbedingungen, bei der Durchführung des Programms Vorrang einzuräumen ist.

In ihrem Weißbuch zur „Vollendung des Binnenmarktes",[3] das dem Rat im Juni 1985 zugeleitet wurde, spricht die Kommission unter Ziffer

---

1 ABl. Nr. C 92 vom 25. 4. 1975, S. 1.
2 Bekräftigt in Ziffer 28 des zweiten Programms (ABl. Nr. C 133 vom 3. 6. 1981, S. 1.)

121 von neuen Technologien, die das europäische Marketing- und Ver-
triebssystem verändern und einen angemessenen Verbraucherschutz
notwendig machen werden, sowie unter Ziffer 122 von Electronic Banking, Zahlungskarten und Videotext.

In ihrem Grundsatzdokument „Ein neuer Impuls für die Verbraucher-
schutzpolitik", das dem Rat der Europäischen Gemeinschaften im Juli
1985 vorgelegt wurde[4] und das Gegenstand einer Entschließung des Rates
vom 23. Juni 1986[5] war, spricht die Kommission unter Ziffer 34 vom
elektronischen Zahlungsverkehr und kündigt in einem im Anhang bei-
gefügten Zeitplan hierzu einen Vorschlag für eine Richtlinie an, die vom
Rat im Jahre 1989 verabschiedet werden soll. Der finanzielle Verbraucherschutz im Bereich der Zahlungssysteme und bestimmter anderer Dienstleistungen für Verbraucher sollte rascher realisiert werden. Die Formen
von Finanzdienstleistungen, einschließlich Selbstbedienungssysteme, und
die Medien für den Kauf von Waren und Dienstleistungen, die gegenwärtig auf den Märkten der Mitgliedstaaten (zum Teil sogar beim Verbraucher zu Hause) Verwendung finden, werden zu je nach Mitgliedstaat
unterschiedlichen Vertrags- und Verbraucherschutzbedingungen angeboten.

In den letzten Jahren hat sich die Art der Finanzdienstleistungen, die
den Verbrauchern zur Verfügung stehen und von diesen benutzt werden, insbesondere in bezug auf die Zahlungsmethoden und den Kauf
von Waren und Dienstleistungen, erheblich geändert. Neue Formen haben sich herausgebildet und finden immer weitere Verbreitung.

Die diesbezüglichen Vertragsbedingungen weisen nicht nur von Mitgliedstaat zu Mitgliedstaat (und zum Teil sogar innerhalb ein und desselben Mitgliedstaates) Unterschiede auf, sondern sind auch in einigen
Fällen nachteilig für die Verbraucher. Ein effektiver Verbraucherschutz
kann durch gemeinsame Vorschriften für alle diese Formen von Finanzdienstleistungen erreicht werden.

Der Verbraucher sollte über die Vertragsbedingungen, gegebenenfalls
einschließlich der von ihm für diese Dienstleistungen zu tragenden Gebühren und sonstigen Kosten, und über seine vertraglichen Rechte und
Pflichten angemessen informiert werden. Diese Informationen sollten
den Verbraucher unmißverständlich über den Umfang seiner Pflichten als

---

3 Dok. KOM(85) 310 endg. vom 14. 6. 1985
4 Dok. KOM(85) 314 endg. vom 27. 6. 1985
5 ABl. Nr.C 167 vom 5. 7. 1986, S. 1.

Inhaber (nachstehend: „vertraglich gebundener Inhaber") einer Karte oder eines anderen Instruments, mit dem er Zahlungen an Dritte leisten und bestimmte Finanzdienstleistungen für sich selbst tätigen kann, unterrichten.

Weiter verbessert wird der Schutz des Verbrauchers als vertraglich gebundener Inhaber dadurch, daß derartige Verträge schriftlich geschlossen und daß darin zumindest bestimmte vertragliche Bedingungen, unter anderem hinsichtlich des Zeitraums, in dem Transaktionen normalerweise gutgeschrieben, belastet oder in Rechnung gestellt werden, aufgeführt werden.

Zahlungsinstrumente, seien es Plastikkarten oder Instrumente in anderer Form, sollten einer Person nur auf deren Antrag zugestellt werden. Der Vertrag zwischen dieser Person und dem Aussteller des Zahlungsinstruments sollte erst dann bindend sein, wenn der Antragsteller das Zahlungsinstrument erhalten hat und die Vertragsbedingungen kennt.

Angesichts der Art der sowohl bei der Herstellung als auch bei der Benutzung der Zahlungsinstrumente gegenwärtig verwendeten Technologien ist es wesentlich, daß die mit diesen Instrumenten getätigten Transaktionen aufgezeichnet werden, so daß sie zurückverfolgt und Fehler berichtigt werden können. Der vertraglich gebundene Inhaber hat keinen Zugang zu diesen Aufzeichnungen, und der Beweis dafür, daß eine Transaktion korrekt erfaßt und verbucht und nicht durch einen technischen Defekt oder sonstigen Mangel beeinträchtigt worden ist, sollte folglich von der Person erbracht werden, die ihm im Rahmen eines Vertrages das Zahlungsinstrument liefert, das heißt vom Aussteller.

Zahlungsaufträge, die von einem vertraglich gebundenen Inhaber auf elektronischem Wege erteilt werden, sollten unwiderruflich sein, so daß die dadurch veranlaßte Zahlung nicht rückgängig zu machen ist. Der vertraglich gebundene Inhaber sollte Aufzeichnungen über die Transaktionen erhalten, die er mit Hilfe eines Zahlungsinstruments tätigt.

Erforderlich sind gemeinsame Regeln bezüglich der Haftung des Ausstellers für Nichtausführung oder mangelhafte Ausführung der Zahlungsaufträge eines vertraglich gebundenen Inhabers und damit zusammenhängender Transaktionen sowie für Transaktionen, die vom vertraglich gebundenen Inhaber nicht genehmigt worden sind, stets vorbehaltlich der eigenen Verpflichtungen des vertraglich gebundenen Inhabers im Falle von Verlust, Diebstahl oder Fälschung von Zahlungsinstrumenten.

Erforderlich sind gemeinsame Vertragsbedingungen ferner bezüglich der Folgen, die ein Verlust, ein Diebstahl oder eine Fälschung seines Zahlungsinstruments für den vertraglich gebundenen Inhaber hat.

Damit elektronische Zahlungsnetze international funktionieren und Zahlungsinstrumente international verwendet werden können, muß die Möglichkeit bestehen, daß gewisse Mindestdaten über einen vertraglich gebundenen Inhaber, allerdings nur unter bestimmten Bedingungen, grenzüberschreitend weitergegeben werden.

Die Kommission wird beobachten, wie diese Empfehlung angewandt wird, und, falls ihr die Anwendung nach zwölf Monaten nicht zufriedenstellend erscheint, entsprechende Maßnahmen ergreifen –

gibt folgende Empfehlung:

Spätestens zwölf Monate nach dem Datum dieser Empfehlung:

1. arbeiten die Aussteller von Zahlungsinstrumenten und die Systemanbieter nach den im Anhang enthaltenen Bestimmungen;

2. sorgen die Mitgliedstaaten, um die im Anhang aufgeführten Transaktionen zu erleichtern, dafür, daß Daten über die vertraglich gebundenen Inhaber weitergegeben werden können, wobei diese Daten jedoch
– auf das notwendige Minimum zu beschränken und
– von allen Personen denen sie bei derartigen Transaktionen zur Kenntnis gebracht werden, vertraulich zu behandeln sind.

Anhang

1. Dieser Anhang bezieht sich auf folgende Transaktionen:
   – elektronische Zahlungen mit Hilfe einer Karte, insbesondere an Verkaufspunkten („point of sale" – POS);
   – Barauszahlungen sowie Bar- und Scheckeinzahlungen und damit zusammenhängende Transaktionen an elektronischen Geräten wie Bargeldautomaten und Bankautomaten;
   – nichtelektronische kartengesteuerte Zahlungen einschließlich von Zahlungsvorgängen, bei denen eine Unterschrift erforderlich ist und über die ein Beleg ausgestellt wird; ausgenommen sind jedoch Karten, die lediglich als Sicherheit per Scheck dienen;
   – elektronische Zahlungen, die eine Person ohne Verwendung einer Karte tätigt (z.B. „home banking").

2. Im Sinne dieses Anhangs gelten folgende Definitionen:
„Zahlungsinstrument": eine Karte oder ein anderes Medium, mit deren (dessen) Hilfe der Benutzer eine Transaktion der in Absatz 1 genannten Art tätigen kann;

„Aussteller": eine Person, die in Ausübung ihrer Geschäftstätigkeit einer anderen Person im Rahmen eines mit dieser geschlossenen Vertrags ein Zahlungsinstrument zur Verfügung stellt;

„Systemanbieter": eine Person, die ein Finanzprodukt unter einem spezifischen Handelsnamen, gewöhnlich mit einem Netz, zur Verfügung stellt und damit die Möglichkeit gibt, Zahlungsinstrumente für die vorgenannten Transaktionen zu benutzen;

„vertraglich gebundener Inhaber": eine Person, die im Rahmen eines zwischen ihr und dem Aussteller geschlossenen Vertrags Inhaber eines Zahlungsinstruments ist;

„Kundenkreditkarte": eine Karte, die von einem Einzelhändler oder einer Gruppe von Einzelhändlern für ihre Kunden ausgestellt wird, um diesen, ohne Zugang zu einem Bankkonto zu gewähren, die Bezahlung von Waren und Dienstleistungen zu ermöglichen oder zu erleichtern, die sie ausschließlich bei dem ausstellenden Einzelhändler oder den ausstellenden Einzelhändlern bzw. bei Einzelhändlern kaufen, die sich vertraglich verpflichten, die Karte zu akzeptieren.

3.1. Jeder Aussteller hat für die Ausstellung und Verwendung der Zahlungsinstrumente schriftlich vollständige und faire Vertragsbedingungen festzulegen.

3.2. Diese Vertragsbedingungen sind
– leichtverständlich und klar abzufassen;
– in der Sprache bzw. in den Sprachen abzufassen, die in den Regionen, wo die Vertragsbedingungen geboten werden, für derartige oder ähnliche Zwecke gewöhnlich Verwendung finden.

3.3. In den Vertragsbedingungen ist die Berechnungsgrundlage für die Gebühr (einschließlich der Zinsen) – sofern eine solche erhoben wird – festzulegen, die der vertraglich gebundene Inhaber an den Aussteller zu entrichten hat.

3.4. In den Vertragsbedingungen ist anzugeben:
– ob die Transaktionen dem Konto des vertraglich gebundenen Inhabers unverzüglich belastet bzw. gutgeschrieben werden, und falls dies nicht zutrifft, innerhalb welchen Zeitraums die Belastung bzw. Gutschrift erfolgt;
– der Zeitraum, innerhalb dessen bei Transaktionen, die zur Ausstellung von Rechnungen an den vertraglich gebundenen Inhaber führen, die Fakturierung vorgenommen wird.

3.5. Die Vertragsbedingungen dürfen nur im Einvernehmen der Vertragsparteien geändert werden; ein solches Einvernehmen wird jedoch angenomen, wenn der Aussteller eine Änderung der Vertragsbedingungen vorschlägt und der vertraglich gebundene Inhaber, nachdem er eine entsprechende Mitteilung erhalten hat, weiterhin von dem Zahlungsinstrument Gebrauch macht.

4.1. Die Vertragsbedingungen sollen den vertraglich gebundenen Inhaber gegenüber dem Aussteller dazu verpflichten:

a) alle angemessenen Schritte zur sicheren Aufbewahrung des Zahlungsinstruments und der Mittel (beispielsweise einer persönlichen Identifikationsnummer oder eines Code) zu treffen, mit deren Hilfe dieses verwendet werden kann;

b) den Aussteller oder eine Zentrale unverzüglich zu unterrichten, nachdem er festgestellt hat:

– Verlust, Diebstahl oder Fälschung des Zahlungsinstruments oder der Mittel, mit deren Hilfe dieses verwendet werden kann;

– unbefugte Transaktionen auf seinem Konto;

– Irrtümer oder sonstige Unregelmäßigkeiten in der Kontoführung durch den Aussteller;

c) auf dem Zahlungsinstrument nicht seine persönliche Identifikationsnummer oder seinen Code – sofern vorhanden – zu vermerken und diese Daten auch nicht auf Dingen zu notieren, die er gewöhnlich zusammen mit dem Zahlungsinstrument aufbewahrt oder bei sich hat, insbesondere dann, wenn damit zu rechnen ist, daß sie zusammen verlorengehen oder gestohlen bzw. gefälscht werden;

d) Weisungen, die er mit Hilfe seines Zahlungsinstruments erteilt hat, nicht zu widerrufen.

4.2. In den Vertragsbedingungen ist festzulegen, daß der vertraglich gebundene Inhaber – vorausgesetzt, er kommt seinen Verpflichtungen gemäß Unterabsatz 1 Buchstabe a), b) erster Gedankenstrich und c) dieses Absatzes nach und handelt nicht grob fahrlässig oder betrügerisch bei der Verwendung seines Zahlungsinstruments – für Schäden, die aus einer solchen Verwendung resultieren, nach entsprechender Meldung nicht haftbar ist.

4.3. Die Vertragsbedingungen sollen den Aussteller gegenüber dem vertraglich gebundenen Inhaber verpflichten, dessen persönliche Identifikationsnummer, dessen Code oder sonstige vertrauliche Daten – sofern vorhanden – nur diesem selbst mitzuteilen.

5. Ein Zahlungsinstrument ist einer Person nur auf deren Antrag zuzustellen, und der Vertrag zwischen dem Aussteller und dem vertraglich gebundenen Inhaber hat als zu dem Zeitpunkt geschlossen zu gelten, an dem der Antragsteller das Zahlungsinstrument und ein Exemplar der von ihm akzeptierten Vertragsbedingungen erhalten hat.

6.1. Die Aussteller haben im Zusammenhang mit den in Absatz 1 genannten Transaktionen interne Aufzeichnungen zu führen oder führen zu lassen, die hinreichende Aufschlüsse geben, damit die Transaktionen verfolgt und Irrtümer berichtigt werden können. Zu diesem Zweck haben die Aussteller, falls notwendig, entsprechende Regelungen mit den Systemanbietern zu treffen.

6.2. Bei Streitigkeiten mit einem vertraglich gebundenen Inhaber wegen der Haftung für eine unbefugte elektronische Zahlungsübertragung im Zusammenhang mit einer der in Absatz 1 erster, zweiter und vierter Gedankenstrich genannten Transaktionen ist es Sache des Ausstellers zu beweisen, daß die Transaktion korrekt erfaßt und verbucht und nicht durch einen technischen Defekt oder sonstigen Mangel beeinträchtigt worden ist.

6.3. Dem vertraglich gebundenen Inhaber ist, wenn er diese verlangt, über jede seiner Transaktionen entweder sofort oder kurz nach deren Abwicklung eine Aufzeichnung auszuhändigen; bei POS-Zahlungen genügt jedoch die Kassenquittung, die der Einzelhändler zum Zeitpunkt des Einkaufs ausstellt und die Angaben zum Zahlungsinstrument enthält.

7.1. Vorbehaltlich der Absätze 4 und 8 haftet der Aussteller gegenüber einem vertraglich gebundenen Inhaber
– für die Nichtausführung oder die fehlerhafte Ausführung von dessen Transaktion der in Absatz 1 genannten Art auch dann, wenn die Transaktion an elektronischen Geräten veranlaßt wird, die nicht der direkten oder ausschließlichen Kontrolle des Ausstellers unterstehen;
– für den vertraglich gebundenen Inhaber nicht genehmigte Transaktionen.

7.2. Vorbehaltlich von Absatz 7.3 ist die in Absatz 7.1 genannte Haftung wie folgt zu begrenzen:
– im Falle der Nichtausführung oder der fehlerhaften Ausführung einer Transaktion ist die Haftung auf den Betrag der nicht ausgeführten oder fehlerhaft ausgeführten Transaktion begrenzt;
– im Falle einer unbefugten Transaktion erstreckt sich die Haftung auf den Betrag, der erforderlich ist, um für den vertraglich gebundenen Inhaber die Position wiederherzustellen, in der er sich vor der unbefugten Transaktion befand.

7.3. Jegliche weitergehenden finanziellen Folgen, insbesondere Fragen im Zusammenhang mit dem Umfang des Schadens, für den Schadenersatz zu zahlen ist, sind nach den gesetzlichen Bestimmungen zu regeln, denen der zwischen Aussteller und vertraglich gebundenem Inhaber geschlossene Vertrag unterliegt.

8.1. Jeder Aussteller hat seinen Kunden Möglichkeiten zur Verfügung zu stellen, mit deren Hilfe diese einen Verlust, einen Diebstahl oder eine Fälschung ihres Zahlungsinstruments zu jeder Tages- und Nachtzeit melden können; bei Kundenkreditkarten brauchen diese Möglichkeiten zur Schadensmeldung jedoch nur während der Geschäftszeit des Ausstellers verfügbar zu sein.

8.2. Der vertraglich gebundene Inhaber ist, sobald er den Aussteller oder eine Zentrale gemäß Absatz 4.1 Buchstabe b) benachrichtigt hat, danach nicht mehr haftbar; diese Bestimmung gilt jedoch nicht, wenn er grob fahrlässig oder betrügerisch gehandelt hat.

8.3. Der vertraglich gebundene Inhaber hat den Schaden zu tragen, der bis zum Zeitpunkt der Meldung infolge des Verlustes, des Diebstahls oder der Fälschung des Zahlungsinstruments entstanden ist; seine Haftung wird jedoch, außer bei grob fahrlässigem oder betrügerischem Handeln, auf den Gegenwert von 150 ECU pro Fall begrenzt.

8.4. Der Aussteller ist verpflichtet, bei Eingang einer Meldung – selbst wenn der vertraglich gebundene Inhaber grob fahrlässig oder betrügerisch gehandelt hat –, alle ihm zur Verfügung stehenden Maßnahmen zu ergreifen, um eine weitere Benutzung des Zahlungsinstruments zu unterbinden.

10. Empfehlung der Kommission
vom 8. Dezember 1987 für einen Verhaltenskodex im Bereich des elektronischen Zahlungsverkehrs (Beziehungen zwischen Finanzinstituten, Händlern/Dienstleistungserbringern und Verbrauchern)

(87/598/EWG)

Die Kommission der Europäischen Gemeinschaften –

gestützt auf den Vertrag zur Gründung der Europäischen Wirtschaftsgemeinschaft, insbesondere auf Artikel 155 zweiter Gedankenstrich,
in Erwägung nachstehender Gründe:
Im Weißbuch über die Vollendung des Binnenmarktes hat sich die Kommission verpflichtet, Vorschläge vorzulegen, die auf die Anpassung der Innovationen und der Rechtsvorschriften im Bereich der neuen Zahlungsmittel an die Dimension des großen Binnenmarktes abzielen.
Am 12. Januar 1987 legte die Kommission dem Rat die Mitteilung „Trümpfe für Europa: neue Kartenzahlungssysteme" vor.[1]
Da die technologische Entwicklung in engem Zusammenhang mit der Vereinheitlichung des Binnenmarktes steht, muß der elektronische Zahlungsverkehr zur raschen Modernisierung der Bankendienste, des Handels und des Telekommunikations- und Informationssektors beitragen.
Auch die Verbraucher können von dieser Entwicklung Vorteile erwarten.
Die Aktion der Gemeinschaft sollte darüber hinaus den Nutzen eines großen Marktes erbringen.
Die Verbreitung der neuen Zahlungsmittel ist überdies ein wesentlicher Beitrag zur Kapitalmarkt- und Währungsintegration sowie zum weiteren Ausbau des „Europas der Bürger".
Der freie Waren- und Kapitalverkehr kann nur dann in vollem Umfang wirksam werden, wenn er sich auf die technologische Infrastruktur der neuen Zahlungsmittel stützen kann.

---

1 KOM(86), 754 endg.

Diese neuen Zahlungsmittel müssen den am Wirtschaftsleben Beteiligten in allen Mitgliedstaaten unter gleichwertigen Bedingungen zur Verfügung gestellt werden, wenngleich sich die Kommission der Tatsache bewußt ist, daß die Entwicklung der Zahlungskarten (also der Karten mit Magnetstreifen und/oder Mikroschaltung) in den einzelnen Mitgliedstaaten eine recht unterschiedliche Bedeutung haben kann und daß sicherlich auch andere Möglichkeiten denkbar sind.

Gleichwohl müssen alle Beteiligten zu einer Einigung auf bestimmte Normen und Benutzungsregeln beitragen, die im Interesse der europäischen Verbraucher eine Kompatibilität und eine gegenseitige Ergänzung der einzelnen Zahlungssysteme ermöglicht.

Es ist außerdem erforderlich, bestimmte Grundprinzipien und Normen für ein loyales Verhalten in den Beziehungen zwischen Finanzinstituten (Banken und Kreditanstalten), Händlern bzw. Dienstleistungserbringern und Verbrauchern, die Inhaber von Karten sind, festzulegen.

Damit kann eine rasche und effiziente Entwicklung der neuen Technologien gefördert werden.

Dennoch sollte auch vermieden werden, daß eine unkontrollierte und uneinheitliche Entwicklung dieser Technologien dazu führt, daß die sich bietende Gelegenheit zur Verwirklichung der angestrebten Kompatibilität der europäischen elektronischen Zahlungssysteme ungenutzt bleibt.

Die Kompatibilität der Karten und der Zusammenschluß der europäischen Netze muß verwirklicht werden, damit eine gegenseitige Öffnung der einzelnen Systeme und eine Vereinheitlichung der wichtigsten Benutzungsbedingungen möglich wird.

Da es in erster Linie Sache der Banken und der sonstigen beteiligten Finanzinstitutionen ist, darüber zu entscheiden, die Systeme kompatibel zu machen, hat die Kommission nur die Aufgabe, zu gewährleisten, daß die Fortschritte auf diesem Weg den freien Wettbewerb innerhalb des europäischen Marktes nicht beeinträchtigen.

Würde die Gemeinschaft versuchen, schon jetzt starre und detaillierte Regeln für das Funktionieren der noch im Wandel befindlichen Systeme festzulegen, so bestünde die Gefahr, daß diese rasch überholt sind und überdies die Entwicklung des elektronischen Zahlungsverkehrs behindern. Gleichwohl erscheint es zweckmäßig, Grundprinzipien für den Schutz der Verbraucher auf diesem Gebiet festzulegen.

Die Kommission muß ferner im gegenwärtigen Stadium darüber wachen, daß die einschlägige Entwicklung im Einklang mit den Regeln des EWG-Vertrags verläuft und daß sie im europäischen Interesse versucht, einen Konsens über die Entwicklung dieser Systeme zu erreichen und zu vertiefen.

Da die Entwicklung dieser neuen Technologien noch nicht in allen Mitgliedstaaten im großen Maßstab stattgefunden hat, ist es noch nicht möglich, mit der erforderlichen Genauigkeit alle spezifischen Probleme zu ermitteln, die vor allem im Endstadium des Netzaufbaus und der Benutzung der neuen Zahlungsmittel auftreten können. Daher soll eine mehr auf Anreizen beruhende Verfahrensweise wie dieser Verhaltenskodex durch seine Flexibilität eine leichtere Anpassung an die Entwicklung dieser neuen Technologien ermöglichen –

gibt folgende Empfehlung:

Alle am Wirtschaftsleben Beteiligten sollten sich an die Bestimmungen des folgenden „Europäischen Verhaltenskodexes im Bereich des elektronischen Zahlungsverkehrs" halten:

Europäischer Verhaltenskodex im Bereich des
Elektronischen Zahlungsverkehrs

I. Zielsetzung des Kodexes

1. Der Kodex faßt die Voraussetzungen zusammen, die gegeben sein müssen, um eine Entwicklung der neuen Zahlungsmittel zu ermöglichen, die allen am Wirtschaftsleben Beteiligten Partnern nutzt und die:
   – den Verbrauchern Sicherheit und Bequemlichkeit bietet;
   – den Leistungserbringern und Emittenten größere Produktivität und Sicherheit ermöglichen;
   – der europäischen Industrie einen zukunftsträchtigen Markt eröffnet.
2. Die Grundsätze der Loyalität müssen vor allem berücksichtigt werden, die die elektronischen Zahlungsmittel entwickeln oder sie benutzen.
3. Die technologische Entwicklung muß sich auf ein europäisches Konzept der elektronischen Zahlungsmittel mit einem möglichst weitreichenden Verbund stützen, um jede Abschottung der Systeme und damit der Märkte zu vermeiden.

II. Begriffsbestimmungen

Im Sinne dieses Kodex sind:

1. Elektronischer Zahlungsverkehr: alle Zahlungen mit Hilfe einer Karte, die einen Magnetstreifen oder einen Mikroprozessor enthält, an einem Endgerät für den elektronischen Zahlungsverkehr (EPT) oder an einem Kassenterminal.

Dieser Kodex gilt nicht nur für:
 - Karten zur alleinigen Benutzung, die nicht der obenstehenden Begriffsbestimmung für elektronische Karten entsprechen,
 - Karten, die für andere Zwecke als die sofortige Zahlung oder die Terminzahlung bestimmt sind,
 - Zahlungen mit Hilfe eines Schecks, der durch eine Scheckkarte garantiert wird,
 - Zahlungen mit Lochkarten (Fakturiermaschinen).

2. Emittent: alle Kreditinstitute oder Kartenausgabestellen, die Karten für den elektronischen Zahlungsverkehr ausstellen; alle Unternehmen des produzierenden Gewerbes oder des Dienstleistungsgewerbes, die ebenfalls solche Karten ausstellen können;

3. Leistungserbringer: Handels- oder Dienstleistungsunternehmen;

4. Verbraucher: die Karteninhaber;

5. Netzzusammenschluß: eine Situation, in der es möglich ist, Karten, die in einem Mitgliedstaat ausgegeben werden und/oder die zu einem bestimmten Kartensystem gehören, in anderen Mitgliedstaaten und/oder in Netzen zu benutzen, die durch ein anderes System aufgebaut wurden; dies setzt eine technologische Kompatibilität der in den einzelnen Systemen verwendeten Karten und Lesegeräte sowie eine Öffnung dieser Systeme durch Vereinbarungen, die auf dem Prinzip der Gegenseitigkeit beruhen, voraus.

III. Allgemeine Grundsätze

1. Verträge

a) Die von den Emittenten oder ihren Vertretern geschlossenen Verträge bedürfen der Schriftform; zuvor muß ein entsprechender Antrag gestellt werden. In den Verträgen müssen die allgemeinen Geschäftsbedingungen und die besonderen Bedingungen der Vereinbarung genau festgelegt werden.

b) Sie sind in der (den) Amtssprache(n) des Mitgliedstaates, in dem die Geschäftsverbindung geknüpft wird, abzufassen.

c) Jede Festsetzung von Gebührenordnungen muß in überschaubarer Form erfolgen und die realen Kosten und Risiken berücksichtigen, ohne daß dies zu Einschränkungen des freien Wettbewerbs führt.

d) Die besonderen Kündigungsbedingungen des Vertrages müssen angegeben werden und den Parteien vor Abschluß des Vertrages bekanntgemacht werden.

e) Alle Bedingungen sind, soweit sie nicht gegen geltendes Recht verstoßen, frei zu vereinbaren und im Vertrag unmißverständlich niederzulegen.

2. Netzzusammenschluß

Der Netzzusammenschluß muß nach Ablauf einer bestimmten Frist[1] zumindest in der Gemeinschaft umfassend und allgemein sein, um den Dienstleistungserbringern und Verbrauchern die Möglichkeit zu geben, frei zu wählen, welchem (welchen) Netz(en) oder Emittenten er sich anschließen will, wobei jedes Endgerät in der Lage ist, jede Karte zu bearbeiten.

3. Geräte

a) Die Endgeräte für die elektronische Zahlung müssen die Übertragung der Zahlung durchführen, registrieren und kontrollieren und können in ein Kassenterminal integriert sein.

b) Der Dienstleistungserbringer muß die Möglichkeit haben, sich, wenn er dies wünscht, mit einem einzigen universellen Endgerät zu begnügen.

c) Der Dienstleistungserbringer muß die Möglichkeit haben, Kassenterminals frei zu wählen. Es muß ihm freistehen, diese zu mieten oder zu erwerben, unter der einzigen Bedingung, daß die Geräte auf die Übereinstimmung mit den Anforderungen des gesamten Zahlungssystems und ihre Eingliederung in den Prozeß des Netzzusammenschlusses geprüft sind.

4. Datenschutz und Sicherheit

a) Die elektronische Zahlung ist irreversibel. Die mit Hilfe einer elektronischen Karte gegebene Zahlungsanweisung ist endgültig, so daß jeder Einspruch ausgeschlossen ist.

b) Die der Bank und/oder dem Emittenten im Augenblick der Zahlung übermittelten Daten dürfen den Schutz der Privatsphäre in keinem Falle gefährden. Sie beschränken sich strikt auf die für Schecks und Überweisungen üblicherweise vorgesehenen Informationen.

---

1 D.h. bis zum 31. Dezember 1992, der Frist für die Vollendung des Binnenmarktes.

c) Alle Probleme, die sich im Zusammenhang mit dem Datenschutz und der Sicherheit stellen, müssen zu jedem Zeitpunkt eindeutig erklärt und in den vertraglichen Vereinbarungen zwischen den Parteien geklärt werden.

d) Die Verträge dürfen die unternehmerische Freiheit und den freien Wettbewerb der Dienstleistungserbringer nicht in Frage stellen.

5. Angemessener Zugang zum System

a) Alle betroffenen Dienstleistungserbringer müssen unabhängig von ihrer wirtschaftlichen Bedeutung in gleicher Weise Zugang zum elektronischen Zahlungsverkehr haben. Der Zugang darf einem Leistungserbringer nur aus einem rechtmäßigen Grunde verweigert werden.

b) Die Gebühren für die gleichen Dienstleistungen bei Operationen innerhalb eines Mitgliedstaates und bei grenzüberschreitenden Operationen im Zahlungsverkehr mit anderen Ländern der Gemeinschaft dürfen – insbesondere in den Grenzgebieten – keinen ungerechtfertigten Unterschied zwischen den betreffenden internen und grenzüberschreitenden Dienstleistungen machen.

IV. Ergänzende Bestimmungen

1. Betreffend die Beziehungen zwischen Emittenten und Leistungserbringern

a) Um die Öffnung zwischen unterschiedlichen Kartensystemen zu fördern, ist dafür Sorge zu tragen, daß die Verträge zwischen Emitenten und Leistungserbringern keine Ausschließlichkeitsklauseln enthalten, die fordern, daß sich der Dienstleistungserbringer auf das System beschränkt, mit dem er eine Vereinbarung abgeschlossen hat.

b) Die Verträge müssen es den Dienstleistungserbringern ermöglichen, einen effektiven Wettbewerb zwischen den verschiedenen Emittenten zu nutzen. Obligatorische Verpflichtungen sind nur dann zulässig, wenn sie aus technischen Gründen für das Funktionieren des Systems unerläßlich sind.

2. Betreffend die Beziehungen zwischen Verbrauchern und Emittenten

Der Verbraucher, der Inhaber einer Karte ist, muß hinsichtlich des Emittenten alle angemessenen Vorkehrungen treffen, um die Sicherheit der ausgestellten Karte zu gewährleisten und die besonderen Bedingungen (Verlust oder Diebstahl der Karte) des von ihm unterzeichneten Vertrages beachten.

3. Betreffend die Beziehungen zwischen Leistungserbringern und Verbrauchern
   Der Leistungserbringer macht der Kundschaft durch Anschlag in
   leicht sichtbarer Weise die Karten oder die Kartenzeichen bekannt,
   an die er angeschlossen und zu deren Annahme er verpflichtet ist.

Stichwortverzeichnis